Friedrich Merz

Nur wer sich ändert, wird bestehen

Friedrich Merz

Nur wer sich ändert, wird bestehen

Vom Ende der Wohlstandsillusion –
Kursbestimmung für unsere Zukunft

HERDER

FREIBURG · BASEL · WIEN

Alle Rechte vorbehalten – Printed in Germany
© Verlag Herder Freiburg im Breisgau 2004
www.herder.de
Satz: Barbara Herrmann, Freiburg
Druck und Bindung: fgb · freiburger graphische betriebe 2004
www.fgb.de
ISBN: 3-451-028550-9

Inhalt

Vorwort

Wie kann der aus dem Lot geratene Sozialstaat so reformiert werden, dass unsere Gesellschaft menschlich und wohlhabend zugleich bleiben kann? Wie ist das Verhältnis von Freiheit, Gerechtigkeit und Solidarität in einer Zeit wirtschaftlichen Umbruchs gesellschaftspolitisch neu zu justieren? Welche Perspektiven sollen gelten, wenn es um den Zusammenhang von Ökonomie, Politik und einer wertorientierten Zukunftsgestaltung geht? Diese Fragen treiben heute viele Menschen um. Das vorliegende Buch will finanz- und wirtschaftspolitische Themen so darstellen, dass sich Antworten auf solche Fragen ergeben. Es gibt mir Gelegenheit, die eigenen Gedanken in einem größeren Zusammenhang zu erläutern und die politischen Aufgaben, vor denen unser Land steht, aus meiner Sicht darzulegen. Es gibt dem Leser, so hoffe ich jedenfalls, einen etwas tieferen Einblick in meine Beurteilung unserer gegenwärtigen Lage, als dies in der unvermeidlich kürzeren Berichterstattung der Medien möglich ist. Ich habe versucht, die aus meiner Sicht notwendigen Schlussfolgerungen zu ziehen. So ist dieses Buch über einen Zeitraum von fast einem Jahr parallel zu manchen aktuellen politischen Auseinandersetzungen entstanden.

Wer Enthüllungen erwartet, wird enttäuscht werden. Dem Buch ist bewusst kein Namensverzeichnis hinzugefügt, denn ich habe bis auf wenige Ausnahmen darauf verzichtet, Namen aktiver Politiker zu nennen. Mir ging und geht es ausschließlich um die Darstellung und die Lösung von Sachproblemen.

Ich bedanke mich bei meiner Familie für ihr Verständnis, dass die Arbeit an diesem Buch auch manches Wochenende in Anspruch genommen hat. Ich danke dem Verlag für die gute und zuverlässige Betreuung. Die Agentur Keil & Keil in Hamburg hat mir alle organisatorischen Probleme abgenommen. Und ohne die Unterstützung meiner Mitarbeiter, vor allem die Hilfe von Gert Leis, aber auch die von Michael Eilfort, Hermann Gauss, Michael Kossens und Julia Große-Wilde, wäre das Buch ebenfalls nicht möglich gewesen. Allen danke ich für ihre kritische Begleitung, für ihre Hilfe und Unterstützung.

Berlin, im August 2004

Wer die Zukunft sichern will, muss die Reformdebatte führen

Zwei Nachkriegsgenerationen haben in einer der längsten Friedensphasen unserer Geschichte in Deutschland nichts anderes kennen gelernt als steigenden Wohlstand, immer höheren sozialen Ausgleich und immer größere gesellschaftliche Freiheiten. Nie zuvor ging es uns so gut wie in der Bundesrepublik vierzig Jahre nach der Staatsgründung. Das Wohlstandsgefälle zwischen Deutschland Ost und Deutschland West und der Systemgegensatz begründete die Überlegenheit unseres westlichen Systems so sehr, dass wir glaubten, die Fortsetzung dieses Weges der ständigen Mehrung unseres Wohlstandes für völlig selbstverständlich halten zu können. Die Wiederherstellung der staatlichen Einheit unseres Landes, die damit einhergehenden, völlig unterschätzten finanziellen und sozialen Herausforderungen und nicht zuletzt der ungeheure Wettbewerbsdruck durch die europäische Integration und die Globalisierung stellen uns heute vor Probleme, die wir zuvor nicht wahrgenommen haben oder nicht wahrnehmen wollten. Es sind Probleme, an denen wir jetzt scheitern könnten. Junge Wissenschaftler wie der Historiker Paul Nolte, junge Journalisten wie der Spiegel-Redakteur Gabor Steingart oder der FAZ-Mitherausgeber Frank Schirrmacher diskutieren längst nicht mehr darüber, ob er stattfindet, sondern nur noch darüber, warum er stattfindet: der „historische Niedergang des einstigen Superstars Deutschland". In der Politik, so scheint es, ist diese Debatte bisher nicht wirklich angekommen. Noch immer wird von maßgeblichen Politikern in Deutschland der Eindruck vermittelt, es handele sich um ein kurzfristiges Phänomen, schon in Kürze gehe es wieder aufwärts. Dabei begleitet uns das Problem einer anhaltenden Arbeitslosigkeit mittlerweile seit mehr als 30 Jahren. Seit der ersten Ölpreiskrise im Jahr 1973 steigt die Arbeitslosigkeit in Deutschland kontinuierlich an. In den siebziger Jahren des letzten Jahrhunderts stieg sie auf rund eine Million, in den achtziger Jahren auf zwei Millionen, in den neunziger auf weit über drei Millionen, seit dem Jahrtausendwechsel müssen wir uns an permanent über zum Teil deutlich über vier Millionen gewöhnen. Allein erhebungstechnische Veränderungen in der Statistik und die demographische Entwicklung haben bisher verhindert, dass die Fünf-Millionen-Grenze erreicht und überschritten wurde: Seit geraumer Zeit sinkt die Zahl der Beschäftigten schneller als die Zahl der Arbeitslosen steigt. Zu Beginn des Jahres 2004 sind nur noch etwas mehr als 26 Millionen Menschen in Deutschland in einem sozialversicherungspflichtigen Arbeitsverhältnis beschäftigt. Dem stehen knapp fünf Millionen Arbeitslose gegenüber und zusätzlich knapp drei Millionen Sozialhilfeempfänger, die mit den statistisch erfassten Arbeitslosen nur zum Teil identisch sind. Außerdem wollen mittlerweile zwanzig Millionen Rentner und Pensionäre ihre monatlichen Alterseinkommen pünktlich überwiesen bekommen. Nie zuvor in der deutschen Geschichte mussten so wenige Beschäftigte und Erwerbstätige das Sozialprodukt für so viele erwirtschaften, die nicht mehr am Erwerbsleben teilnehmen.

Gegen diese ständige Überforderung der arbeitenden Bevölkerung müsste sich eigentlich der geballte Protest der Betroffenen und vor allem der Gewerkschaften richten. Stattdessen protestieren am ersten April-Wochenende 2004 im Rahmen des „Europäischen Aktionstages" der Gewerkschaften allein in Deutschland eine halbe Million Menschen gegen „Sozialabbau" beziehungsweise das, was sie dafür halten. Dabei war bis Anfang

2004 zu Lasten der Arbeitnehmer in Deutschland jedenfalls durch politische Entscheidungen noch gar nichts wirklich anders geworden, sieht man einmal ab von zehn Euro Praxisgebühr einmal im Quartal für alle Arztbesuche, im Jahr also nicht mehr als den Gegenwert von acht Schachteln Zigaretten. Grund zum Protest hätten allein die Rentner, die jetzt erstmalig wirkliche Wohlstandsverluste erleiden und deren Alterseinkommen schon mittelfristig derart drastisch sinken werden, dass – wenn nicht schnell und wirksam gegengesteuert wird – Altersarmut in Deutschland ganz anders als noch heute eine reale Gefahr wird.

Gleichzeitig bleiben seit Jahren die Wachstumsraten in Deutschland hinter den durchschnittlichen Wachstumsraten der Staaten in der Europäischen Union weit zurück. Mittlerweile ist das Pro-Kopf-Einkommen der Deutschen unter den europäischen Durchschnitt abgesunken. Mit den USA wagen wir uns kaum noch zu vergleichen, reflexartig wird von fast allen Seiten ja auch sofort eingewendet, wir wollten schließlich auch keine „amerikanischen Verhältnisse".

Was ist los in Deutschland? Wie konnte es dazu kommen, dass dieses früher so erfolgreiche Land einen solchen Niedergang erlebt? Warum kommen wir aus der Krise trotz ständiger und zum Teil hektischer Gesetzgebungsarbeit nicht heraus? Wo bleibt die einst so gerühmte Leistungskraft und Kreativität, wo die Spitzenleistungen in der Forschung und in den Universitäten? Was ist mit den deutschen Gewerkschaften los, die gegen die kleinsten Reformschritte einer Regierung, die ihr politisch näher steht als alle früheren Bundesregierungen, zu Massenprotesten und Streiks aufrufen? Warum reagieren die deutschen Manager so widersprüchlich und hilflos in der wichtigsten gesellschaftspolitischen Debatte, die es in diesem Land seit langem zu führen gilt? Wo sind die deutschen Intellektuellen, die früher fast jeden Weltgeist zu erklären wussten? Warum gelingt es uns fünfzehn Jahre nach der Einheit nicht, den Osten zu stabilisieren? Und schließlich: Was hat das alles für Folgen für eine Europäische Union, die im Dienste einer politischen Ordnung und der wirtschaftlichen Perspektive des Kontinents so wichtig ist wie nie zuvor, wenn das Land in der geopolitischen Mitte Europas so schwach bleibt und gleichzeitig in der Außen- und Europapolitik konfus und widersprüchlich wird?

Ich will in den folgenden Kapiteln dieses Buches versuchen, auf einige dieser Fragen eine Antwort zu geben. Ein Drittel der fünfzehn Jahre meiner bisherigen Zeit als Parlamentarier habe ich im Europäischen Parlament verbracht, zwei Drittel im Deutschen Bundestag. Noch nie waren die abendlichen Veranstaltungen und Diskussionen in diesen Jahren mit den politisch interessierten Bürgern so voller Ungewissheit und Zukunftssorgen. Die Staatsverschuldung wird erstmalig zum Thema und zum Gegenstand besorgter Fragen aus dem Publikum. „Wie sollen wir denn jemals wieder herunterkommen von dieser unvorstellbaren Verschuldung von 1,4 Billionen Euro?" so werden wir gefragt. Noch nie habe ich das Gefühl einer die Grundfesten erschütternden wirtschaftlichen Krise so deutlich empfunden wie zur Zeit. Wenn wir im 21. Jahrhundert noch ein Land der Freiheit, des Friedens, des Wohlstands und der sozialen Gerechtigkeit sein wollen, dann muss sich in kurzer Zeit sehr viel ändern. Und wenn wir Abgeordnete es ernst nehmen mit dem Mandat unserer Wähler, dann müssen gerade wir unsere Gedanken sortieren, die Lage richtig und ohne falsche Rücksicht beschreiben und bereit sein, Antworten zu geben. Abschließend richtige Antworten gibt es auf dieser Welt ebensowenig wie abschließende Gerechtigkeit. Jeder von uns handelt auf der Grundlage seines eigenen Erfahrungshorizontes, seiner persönlichen und beruflichen Prägung und seiner subjektiven Einschätzung. Die Antworten können und werden deshalb nicht immer auf ungeteilte Zustimmung stoßen. Aber wir tragen auch unseren Kindern gegenüber Verantwortung dafür, dass wir aus einer nüchternen Beschreibung der Lage heraus endlich handeln.

Erstes Kapitel

Die Befindlichkeit:
Sorgen und Zukunftsängste

Die Volksseele in Deutschland ist in einer merkwürdigen Verfassung. Wie Mehltau liegt seit geraumer Zeit eine schwermütige Stimmung über dem Land. Von Aufbruchstimmung ist nichts zu spüren. Es gibt keine positive Grundstimmung in der Bevölkerung, keinen Optimismus, der ansteckt. Die meisten Menschen in unserem Land sehen der Zukunft mit mehr oder weniger großen Sorgen entgegen. Gleichzeitig wird im Lande so ausgiebig gefeiert wie kaum woanders. Die jährlichen Volksfeste entfalten große Anziehungskraft auf alle Generationen. Die seit dem Jahrtausendwechsel vor dem Brandenburger Tor zu Silvester stattfindende Party zieht jedes Mal hunderttausende an, die das neue Jahr ausgelassen und fröhlich begrüßen. Es gibt nicht nur eine Renaissance der Volksmusik und zahllose Schlagerwettbewerbe, es gibt Konzerte und musikalische Aufführungen in immer größeren Hallen, ja sogar im Gelsenkirchener Fußballstadion, glanzvolle Festspiele selbst in Mittelstädten ziehen die Menschen ebenso an wie großartige Opern in viermal so vielen Opernhäusern wie in ganz Amerika. Wir haben die besten Sinfonieorchester der Welt, und noch die Konzerte von Universitäts-, Schul- und Jugendorchestern beweisen hohes Niveau: Dies alles zeugt von einem lebendigen Kulturleben, wie es in kaum einem anderen Land der Welt anzutreffen ist. Und trotzdem überwiegen im deutschen Alltag Schwermut, Pessimismus und Zukunftsangst. Woran liegt das?

Nun, zum einen ist mittlerweile fast jede Familie in Deutschland in irgendeiner Weise vom Thema Arbeitslosigkeit betroffen. Entweder leidet die ganze Familie darunter, dass ein Elternteil oder beide, unter Umständen schon seit langer Zeit, arbeitslos sind, oder dass die Kinder keine Lehrstelle bzw. keine erste Stelle nach der Ausbildung haben. Die, denen dieses Schicksal bisher erspart geblieben ist, haben oftmals – begründet oder unbegründet – Sorge um ihren Arbeitsplatz. Die Zahl der Alleinerziehenden, in der Regel der allein erziehenden Frauen, nimmt von Jahr zu Jahr zu. Die finanzielle Lage gerade dieser Familien ist häufig alles andere als rosig und angenehm. Die Arbeitslosigkeit der schlecht oder gering Qualifizierten steigt überdurchschnittlich. Das Thema Arbeitslosigkeit steht in allen Umfragen seit Jahren mit bisher einmaliger Konstanz auf Platz eins der Sorgen, die sich die Menschen machen. Dabei wissen die wenigsten um die Gründe und Zusammenhänge der hohen Arbeitslosigkeit, es sind eher gefühlsmäßige Zuordnungen der Verantwortung an *die* Politik, *die* Unternehmer, *die* Wirtschaft. Nach dreißig Jahren der Gewöhnung an hohe Arbeitslosigkeit wird praktisch niemandem mehr zugetraut, das Problem irgendwann zu lösen. Damit macht sich in Teilen der Bevölkerung ein gewisser Fatalismus breit. Viele Menschen resignieren, fügen sich in ihr Schicksal und versuchen im Kleinen das Beste daraus zu machen. Gerade sie wenden sich der Tausch- und Schattenwirtschaft zu.

Dagegen nimmt der Leistungsdruck in den Unternehmen rapide zu. Von denjenigen, die im operativen Geschäft für die Ergebnisse zuständig sind, werden in immer kürzeren Zeiträumen immer höhere Leistungen oder bessere Ergebnisse erwartet. Die Arbeitszeiten werden mit immer weniger Mitarbeitern optimiert und die Leistungsanforderungen werden angehoben. Nicht nur die Vorstände und Geschäftsführer, auch viele der Mitarbeiter haben regelmäßig Kontakt zum europäischen und außereuropäischen Ausland und erkennen, wie dort die Dinge häufig besser und ertragreicher laufen. Auch viele Schüler, Lehrlinge und Studenten erbringen erstklassige Schul- und Ausbildungsleistungen. Viele von ihnen verbringen Teile der Ausbildung im Ausland – und bleiben oft genug länger dort als geplant: Sie trauen unserem Land und unserer Gesellschaft den Wandel von der Passivität hin zur aktiven Gestaltung der Zukunft nicht mehr zu.

Vertraute Werte und Orientierungen gehen verloren

Ganz sicher steckt in allen diesen Verhaltensmustern ein hohes Maß an Unsicherheit. Der rasche Wandel der vertrauten Werte und Ordnungen erzeugt einen Verlust an Orientierung. Was vor wenigen Jahrzehnten noch völlig selbstverständlich war, eine heimatnahe Schul- und Berufsausbildung etwa, die soziale Vorprägung durch das Elternhaus, die örtliche Gemeinschaft, in die man hineingeboren wurde und in der man aufwuchs, religiöse Bindungen und Regeln, an die man sich schlicht zu halten hatte, das alles ist einem sich beschleunigenden Wandel unterworfen. Alles ist möglich, nichts ist mehr selbstverständlich. Auch die Medien haben ihren Anteil daran, dass dieses Gefühl immer weiter verbreitet wird. Die Freiheiten sind in der Tat wesentlich größer geworden. Sie erfordern aber auch sehr viel mehr Mut zu Entscheidungen, auch zu Entscheidungen, die schon in frühen Lebensjahren getroffen werden müssen. Eltern können ihren Kindern dabei immer weniger helfen, weil ihnen große Teile der neuen Arbeitswelt fremd geblieben oder im Verlaufe ihres Berufslebens fremd geworden sind. Die Verweildauer an den Arbeitsstätten wird kürzer. Dreißig-, vierzig- oder gar fünfzigjährige Betriebsjubiläen, zwei Generationen in einem Betrieb, in dem schon der Großvater „geschafft" hat, werden immer mehr zur Ausnahme. Dafür wird der häufige Wechsel des Arbeitsplatzes und des Wohnortes von der Ausnahme zur Regel. Nicht nur die Eltern, auch und vor allem die Kinder müssen sich auf diese Weise immer häufiger ein neues soziales Umfeld erarbeiten. Schul- und Lernschwierigkeiten der Kinder nehmen im gleichen Maße zu wie ihre sozialen Kompetenzen abnehmen. Die Jugendämter und Jugendrichter können ein beredtes Zeugnis von diesen Veränderungen ablegen.

Auch die feste Bindung in Vereinen schwindet zugunsten der Bereitschaft, sich ad hoc zu engagieren und das vor allem dann, wenn es um Dinge geht, die einen auch persönlich betreffen. Darunter leidet vor allem die früher feste Struktur der örtlichen Gemeinschaften. Die Kirchen bekommen dies besonders zu spüren. Sie verlieren in raschem Tempo Autorität und Mitglieder. Fast jedes Bistum, fast jede Landeskirche ist heute, auch in der Folge dieser Entwicklung, von erheblichen finanziellen Sorgen geplagt. Berlin ist in einer besonders prekären Lage: Von den rund dreieinhalb Millionen Einwohnern bekennen sich nur noch 350.000 zur Mitgliedschaft in der katholischen und nur noch rund 900.000 zur Mitgliedschaft in der evangelischen Kirche.

Gerade das doch eigentlich so notwendige soziale Engagement der Kirchen muss deshalb überall zurückgenommen werden, sei es in der Familienbetreuung, den Kindergärten, den Schulen, den karitativen und sozialen Einrichtungen. Wo die „Gegenleistung" für Mitgliedschaft und Kirchensteuern ausbleibt, nimmt die Bereitschaft zum Austritt aus der Kirche noch weiter zu; dies vor allem dann, wenn in den Augen der Mitglieder die religiös-pastoralen Aufgaben der Kirchen hinter vordergründig gesellschaftlichen oder gesellschaftspolitischen Ansprüchen zurücktreten. Diese Ansprüche können andere besser bedienen. Und so blüht das Geschäft mit Esoterik und Lebensberatern aller Art. „Sorge Dich nicht, lebe", das Buch von Dale Carnegie, einem früheren Trainer für freies Sprechen in New

York, steht seit seinem ersten Erscheinen im Jahr 1948 (!) heute immer noch ganz vorn in allen Bestseller-Listen. Aktuelle und schon in der Titelformulierung programmatische Bücher wie „Mensch bleiben" von Dietrich Grönemeyer oder „Simplify your life" von Küstenmacher und Seiwert erreichen in kürzester Zeit hohe Verkaufszahlen. Es gibt zahlreiche Indizien, die belegen: Die Abwendung von den Kirchen, aber auch von anderen früher das Leben bestimmenden sozialen Bindungen und gesellschaftlichen Ordnungen vollzieht sich nicht ersatzlos.

Das Gespenst einer maroden Wirtschaft und einer kalten Gesellschaft

Bücher wie die eben genannten sind auch Ausdruck der Suche der Menschen nach Orientierung und Halt, den sie anderswo nicht mehr finden. Die Gesellschaft wird als zunehmend kalt empfunden. Der erhöhte Wettbewerbsdruck und der Stellenabbau in den Betrieben, der als „Sozialabbau" gebrandmarkte Umbau des Sozialstaates, die Berichte über die Bedrohung unserer Umwelt, die täglichen Bilder in unseren Wohnzimmern von den Krisenherden und von Not und Elend in der Welt, gleichzeitig die Berichte über das angeblich oder tatsächlich unbeschwerte Leben einer kleinen wohlhabenden Oberschicht – all das erzeugt bei vielen Menschen nicht nur ein Gefühl der Unsicherheit, sondern auch der Ungerechtigkeit und des Benachteiligtseins. Obwohl der durchschnittliche Wohlstand der Bevölkerung jahrelang zugenommen hat und im internationalen Vergleich immer noch hoch ist, nimmt die Zufriedenheit nicht etwa zu, sondern ab.

Neben dem subjektiven Gefühl zunehmender Ungerechtigkeit und Ungleichheit gibt es objektive Gründe zur Besorgnis: Man kann es jeden Tag in den Medien verfolgen, wie Unterneh-

men in den Konkurs gehen, man sieht die Betriebsgebäude ver-
fallen. In allen deutschen Städten stehen mittlerweile Laden-
lokale leer, zum Teil in den besten Innenstadtlagen und an
Standorten, an denen über Jahrzehnte erfolgreiche Betriebe das
Stadtbild mitgeprägt haben. Nicht nur im Osten, auch in groß-
flächigen Regionen der früheren Kohle- und Stahlindustrie des
Westens fallen Industrieruinen und Brachflächen unübersehbar
ins Auge. Gleichzeitig schwindet der Zusammenhalt der Menschen untereinander. Die Verteilungskämpfe nehmen zu, auch
die Auseinandersetzungen zwischen den Generationen werden
schärfer. So konnte vor einigen Jahren nur mit Mühe verhindert
werden, dass die Junge Union auf einem ihrer Deutschlandtage,
der Delegiertenversammlung auf Bundesebene, den Generatio-
nenvertrag „kündigte". Das, was als ein durchaus berechtigtes
politisches Signal und als Aufruf für Reformen verstanden sein
wollte, wäre als reine Kampfansage an die ältere Generation in-
terpretiert worden und hätte jede Diskussion innerhalb und außerhalb der politischen Parteien nicht leichter, sondern sehr viel
schwerer gemacht. Dass diese Diskussionen stattfinden, erkennt
man an den innerparteilichen Auseinandersetzungen in beiden
großen Volksparteien über Generationengerechtigkeit und Demographie. Alle Reformen jüngeren Datums, etwa der Rentenversicherung und der Krankenversicherung, bewegten sich immer auch entlang der Frage, ob die jüngere Generation nicht
überfordert wird.

Demgegenüber sind die Inseln, auf denen Neues entsteht
und neue Werte geschöpft werden, zu klein und unscheinbar.
Während des Booms der New Economy hat es manche Übertreibung gegeben, aber auch manchen beeindruckenden und
bleibenden Erfolg. Es sind sehr interessante und zukunftsfähige
Unternehmen entstanden, vor allem solche, die auf der Basis des
Internet arbeiten. Viele junge Menschen haben seitdem die

Chancen der Selbständigkeit und des Unternehmer-Seins erkannt und mit Erfolg genutzt. Auch in manchem Dienstleistungsberuf gibt es neue Chancen und neue Beschäftigung. Aber alles zusammen ist immer noch zu wenig. Es stellt sich kein positives Gesamtbild ein, die düsteren Farben beherrschen das Bild.

Die Ökonomisierung aller Lebensbereiche?

Diejenigen, die gerade wegen dieses Befundes auf die Notwendigkeit von Veränderungen und Anpassungen an globale Prozesse hinweisen, bekommen dafür immer wieder den Einwand entgegengehalten, man könne doch nun nicht alle Lebensbereiche den Gesetzen der Ökonomie unterwerfen. „Erst der Mensch, dann der Markt!" ist ein besonders beliebter Ausruf vor allem derer, die sich den Gesetzen einer marktwirtschaftlichen Ordnung am liebsten ganz entziehen würden.

Nun ist und bleibt das biblische Wort ohne Zweifel richtig, dass der Mensch nicht nur vom Brot allein lebt. Aber ohne Brot lebt er eben auch nicht und jenseits aller persönlichen Bindungen und Bezüge braucht es schon gewisse materielle Grundlagen für ein menschenwürdiges Dasein. Vermutlich bäumt sich mit dem Protest gegen die „Ökonomisierung aller Lebensbereiche" aber auch Angst auf: Angst, im Wettbewerb zu versagen, Angst vor den Anforderungen der Leistungsgesellschaft schlechthin, Angst vor materieller Not. Diese Angst ist nur zu verständlich. Der Verlust des Arbeitsplatzes, verbunden mit der möglichen Konsequenz, plötzlich und unerwartet vor dem Nichts zu stehen und soziale Bindungen zu verlieren, das ist für viele in Deutschland bittere Realität. Aber auch viele, die im Beruf stehen und dort gebraucht werden, erleben einen Gegensatz von Markt und Menschlichkeit. So klagen zum Beispiel die Angehörigen der Pflegeberufe oft genug und verständlicherweise darüber, dass sie nicht genug Zeit für Zuwendung und persönliche Gespräche mit den Pflegebedürftigen haben, dass ihre Pflegeleistungen im Minutentakt gemessen und nur danach auch bezahlt werden.

Der Widerstand gegen die Gesetzmäßigkeiten des Marktes ist vermutlich aber auch oft genug Flucht vor der Wirklichkeit: Irgendwo muss es doch schön warm und angenehm sein, ohne dass man dafür ständig etwas leisten muss. Diese Sehnsucht vieler Menschen ist auch wieder nur zu verständlich, denn es gibt den privaten Bereich, der eben nicht nur nach den Gesetzen des Marktes lebt und auch nicht nur danach ausgerichtet sein darf. Der Mensch braucht das Eingebettetsein in größere Gemeinschaften, der katholische Sozialwissenschaftler Oswald von Nell-Breuning spricht vom „gesellschaftlichen Widerlager", auf das sich der Mensch stützen könne. Ein erfolgreicher Manager, ein mit Aufträgen vollkommen ausgelasteter Freiberufler, auch ein im Beruf anerkannter und fleißiger Arbeitnehmer – sie alle würden verkümmern und letztendlich auch im Beruf versagen, wenn sie nicht neben ihrer Privatsphäre in einer größeren Gemeinschaft als Persönlichkeiten „jenseits von Angebot und Nachfrage" Anerkennung und Zuwendung finden würden.

So bedingen sich Ökonomie und gesellschaftlicher Raum gegenseitig. Wirtschaft ist nicht alles, aber – um das bekannte Wort von Karl Schiller erneut zu bemühen – ohne Wirtschaft ist alles nichts. Viel zu viele träumen sich eine bessere Welt herbei, frei von Streit, Konkurrenz, Neid, Eifersucht und Habgier. Es werden Wunschträume bleiben. Der Mensch ist immer homo oeconomicus und zugleich der Gemeinschaft verhaftet, in der er lebt. Gerade die marktwirtschaftliche Ordnung ist – ich meine: als einzige – in der Lage, diese Interessen miteinander zum Ausgleich zu bringen. Darauf wird im Kapitel V noch näher einzugehen sein.

Mobilität und Flexibilität gegen den sozialen Zusammenhalt?

Ein ähnliches Vorurteil wie gegen „die Ökonomisierung aller Lebensbereiche" hält sich hartnäckig gegen die Forderungen nach mehr Mobilität und Flexibilität. Hierdurch werde – so wird nicht zuletzt von kirchlicher Seite eingewandt – der soziale Zusammenhalt in den Familien und den örtlichen Gemeinschaften gefährdet.

Unsere hoch arbeitsteilige Wirtschaft hat in der Tat die Anforderungen an die Beschäftigten in den letzten Jahren immer weiter steigen lassen. Die relativ gut ausgebaute Infrastruktur unseres Landes lässt es auch zumutbar erscheinen, jeden Tag weite Wege zum Arbeitsplatz in Kauf zu nehmen. Die Pendlerströme reißen nicht ab und überfüllen zu den Hauptverkehrszeiten Straßen, Flughäfen, Bahnhöfe, Busse und Bahnen. Die morgendlichen und abendlichen Staumeldungen im Rundfunk dauern manchmal länger als die Hauptnachrichten. Von vielen Arbeitnehmern wird zudem verlangt, dass sie im Schichtdienst arbeiten, an wechselnden Einsatzorten zur Verfügung stehen und möglicherweise sogar an einen anderen Ort umziehen, um ihren Arbeitsplatz zu behalten. Für Arbeitslose sind die Zumutbarkeitsregeln drastisch verschärft worden, sie müssen heute anders als früher schon nach kurzer Zeit der Arbeitslosigkeit fast jeden Job annehmen, denen man ihnen anbietet, auch wenn sie deutlich höher qualifiziert sind.

Ohne Zweifel: Der Wind ist rauher geworden im Arbeitsleben in Deutschland. Aber warum wird darüber fast nur geklagt? Warum werden nicht auch die Chancen gesehen, die mit der neuen Stelle und einem neuen persönlichen Umfeld verbunden sind? Und warum kümmern sich zum Beispiel die Kirchen nicht auch und vielleicht sogar vorrangig um die, die mit ihren Familien umziehen mussten und in eine neue Gemeinschaft integriert werden wollen? Welche Überraschung und Zustimmung könnte die Kirche auslösen, wenn der Ortspfarrer der erste wäre, der eine neu hinzugezogene Familie besucht, mit Rat und Tat zur Seite steht, wenn es um Kindergarten und Schule, Vereinsleben und gute Nachbarschaft geht? Es gibt diese Besuchsdienste in einigen Gemeinden, Allgemeingut der Kirchen sind sie bisher nicht geworden. Und solche Impulse müssten sich nicht nur auf die Kirchen beschränken.

Zugegeben, beruflich veranlasste Umzüge haben auch gravierende Nachteile vor allem dann, wenn sie häufig stattfinden und kaum Gelegenheit besteht, an einem Ort festere Wurzeln zu schlagen. Wie sehr Kinder darunter leiden, bemerkt man oft erst nach Jahren, wenn die Veränderungen verarbeitet sind. Anders als etwa in den Vereinigten Staaten sind die lokalen Bindungen bei uns fester und tiefer. Aber in einer notwendigen Veränderung auch die Chancen zu sehen, sich auf neue Herausforderungen zu freuen, das müsste uns doch vielleicht ein wenig besser gelingen. Daraus können sogar neuer sozialer Zusammenhalt und neue Freundschaften entstehen.

Ausbildung – und keine Arbeitstelle

Große und zum Teil berechtigte Sorgen machen sich vor allem viele junge Menschen um ihren zukünftigen Beruf und ihre zukünftige Arbeitsstelle. So, wie bei den bereits im Erwerbsleben stehenden Erwachsenen die Sorge um den Arbeitsplatz seit langer Zeit zu den Hauptsorgen zählt, so wird bereits in den Schulen voller Sorgen über Ausbildungs- und Beschäftigungschancen diskutiert. Wer ein Stimmungsbild über die Gesellschaft bekommen will, der sollte als Politiker wie als Verantwortlicher in der Wirtschaft regelmäßig Schulen besuchen. In den Gesprächen mit Schülerinnen und Schülern und in der Begegnung mit der heutigen Generation der Lehrer lässt sich sehr viel ablesen und gleichzeitig sehr viel lernen. Ich mache immer wieder bei solchen Schulbesuchen die Erfahrung, dass die Schüler oftmals besser motiviert sind als ihre Lehrer. Es gibt in den meisten Klassen auch ein beachtliches Interesse an Politik und politischen Zusammenhängen. Politische Diskussionen mit Schülern sind meistens sehr fruchtbar und von beachtlicher Toleranz geprägt. Aber viele Schüler sorgen sich selbst dann um ihre Zukunft, wenn sie in der Schule gute Leistungen erbringen. Auch bei den Schülerinnen und Schülern überwiegt die Skepsis und oftmals einfach Angst um ihre Chancen auf dem Arbeitsmarkt. Wenn dann in den Schulen noch Lehrermangel herrscht, wenn noch nicht einmal die im Stundenplan ausgewiesenen Unterrichtsstunden erteilt werden, wenn Kinder morgens um elf Uhr schon wieder vor der Haustür stehen, weil Unterricht ausfällt, dann dürfen wir uns über solche Irritationen und über mangelnde Motivation der Kinder nicht wundern.

Leider werden viele Kinder von ihren Eltern auf einen Bildungsweg geschickt, der ihren Begabungen und Fähigkeiten nicht entspricht. Über Jahre hat sich in den Köpfen festgesetzt, dass der Mensch eigentlich erst beim Abiturienten anfängt und seine Vollendung im akademischen Studium erfährt. Welch ein Unsinn und welch eine Versündigung an den Kindern, die ganz andere als theoretische Begabungen haben! Viele Kinder sind auf der weiterführenden Haupt- und Realschule und anschließend in einer Berufsausbildung viel besser aufgehoben, dort, wo sie ihren handwerklich-praktischen Begabungen entsprechend ausgebildet werden. Die Universitäten leiden unter hohen Abbrecherquoten von im Durchschnitt einem Drittel. In manchen Studiengängen machen mehr als der Hälfte der Studenten nie Examen. Vor allem trifft es die jungen Menschen selbst, die vom falschen Ehrgeiz – nicht selten vom falschen Ehrgeiz der Eltern! – beseelt in eine Ausbildung gehen, in der sie dann in einem Lebensalter scheitern, das ihnen kaum noch eine Korrektur hin zu einer handwerklich-technischen oder kaufmännischen Ausbildung ermöglicht. So sind die Universitäten hoffnungslos überfüllt und viele Handwerksbetriebe finden die Lehrlinge nicht mehr, die sie dringend bräuchten und aus denen eines Tages erfolgreiche Betriebsleiter, Meister oder selbständige Unternehmer werden könnten.

Familien in der Defensive

Auch den meisten Familien in Deutschland geht es nicht gut. Die deutsche Gesellschaft ist nicht wirklich kinderfreundlich. Der Pädagoge Werner Ross hat Leuten, die Kinderlärm als störend empfinden, einmal empfohlen, den Lärm der Kleinen wie Vogelgezwitscher zu hören, mit musikalischen Ohren sozusagen. Übertragen könnte man sagen: Der Lärm von Kindern müsste Musik in den Ohren der älteren Generation sein, denn von der Zahl der Kinder hängt ihr Wohlstand im Alter ab. Stattdessen werden Kinder viel zu oft als störend empfunden. Sie stehen der „Selbstverwirklichung" mancher Eltern im Wege und sind für sehr viele Eltern ein beträchtliches finanzielles Risiko, ja, man kann sagen: Kinderreichtum ist in Deutschland nicht der einzige, wohl aber der sicherste Weg zu relativer Armut. Dies betrifft insbesondere Familien mit nur geringem Erwerbseinkommen. Zwar sind in den letzten Jahren die Kindergeldzahlungen immer wieder erhöht worden. Aber das Kindergeld deckt in Familien mit niedrigen Einkommen den zusätzlichen finanziellen Bedarf, der durch Kinder entsteht, nicht. So lange das so ist, brauchen wir uns über die niedrige Geburtenrate und über die auf dem Kopf stehende Alterspyramide nicht zu wundern. Dies alles sind bewusste Lebensentscheidungen mittlerweile der zweiten Elterngeneration. Im Jahr 1965 setzte der sogenannte „Pillenknick" ein. In der Sprache der Statistik: Die Zahl der Geburten pro Frau sank innerhalb eines Jahrzehnts von 2,1 auf 1,3. Seit fast dreißig Jahren bewegt sie sich jetzt auf diesem Niveau mit nur marginalen Schwankungen nach oben und unten.

Die Konsequenz der Entwicklung: Familien geraten in die Minderheit und diejenigen, die sich für mehr Kinder aussprechen, in die Kritik. Der frühere Verfassungsrichter Paul Kirchhof gehört zu denen, die am deutlichsten auf die Folgen einer an Kindern armen Gesellschaft hinweisen: „Das Kind verkörpert Erneuerungsfähigkeit und Zukunftshoffnung; Kinderlosigkeit steht für Resignation und kollektive Selbstaufgabe. Dies zu sagen, ist nicht charmant, vielleicht sogar rücksichtslos gegenüber denen, die aus guten persönlichen Gründen keine Kinder wollen oder keine Kinder haben können. Das Dilemma unserer Gesellschaft ist aber so dramatisch, dass die ideelle und materielle Verarmung unseres Gemeinwesens durch wachsende Kinderlosigkeit nicht verschwiegen werden darf." Kirchhof sieht nicht nur die gesellschaftlichen Folgen der wachsenden Zahl kinderloser Frauen und Männer: „Wer sich allein des Berufs wegen gegen ein Kind entscheidet," so schreibt er, „sollte sorgfältig bedenken, ob er damit nicht seiner Biografie einen weniger glücklichen Verlauf gibt."

Wer es, wie der bayerische Ministerpräsident, dann auch noch wagt, von der Notwendigkeit einer „Bevölkerungspolitik" zu sprechen, der sieht sich schnell Vergleichen mit den Nationalsozialisten und ihrer Rassenpolitik ausgesetzt. Dabei bräuchten wir nichts dringender als einen Konsens darüber, dass wir als Gesellschaft nur eine Zukunft haben, wenn die Bedingungen für Kinder und ihre Eltern nachhaltig verbessert werden. Man muss nicht gleich vom sterbenden Volk sprechen, aber wenn jede Generation ein Drittel kleiner ist als die vorhergehende, dann werden wir uns auf Veränderungen in fast allen Lebensbereichen einzustellen haben, die sich heute erst langsam abzeichnen, an Bedeutung aber schnell zunehmen werden. Kinderreiche Familien wird es dann nur noch vereinzelt in gut verdienenden Schichten geben, in den finanziell weniger gut ausgestatteten Familien werden die Probleme in dem Maße zunehmen wie ihre gesellschaftliche Anerkennung abnehmen wird.

Neue Unsicherheiten im Alter?

Dabei ist die ältere Generation alles andere als selbstgewiss und zuversichtlich im Hinblick auf die eigenen Lebens- und Wohlstandsperspektiven im Alter. „Die Rente ist sicher" – diese seinerzeit wohl ernst gemeinte Beschwichtigung wird angesichts der aktuellen Lage der Rentenversicherung von den Älteren mittlerweile nur noch als blanker Hohn empfunden, von den Jüngeren als Realsatire verwendet. Das Vertrauen jedenfalls in die Erfüllbarkeit der Leistungsversprechen, die mit den Beitragszahlungen abgegeben wurden, ist auf einem Tiefpunkt angekommen. 84 Prozent der repräsentativ Befragten sind nach einer neueren Umfrage des Instituts für Demoskopie in Allensbach überzeugt, dass es in Zukunft aus diesen Systemen nur noch eine geringe Grundrente geben wird und man verstärkt privat für das Alter vorsorgen muss; 78 Prozent meinen, dass die Menschen in Zukunft länger arbeiten müssen und nicht mehr so früh in Rente gehen können, über 70 Prozent glauben, dass trotzdem die Renten- und Krankenkassenbeiträge weiter steigen werden. Und fast die Hälfte aller Befragten meinen, dass es wohl zu Spannungen und Verteilungskonflikten zwischen den Generationen kommen werde.

Erste Anzeichen konkreter Veränderungen sind gerade für die ältere Generation auch schon deutlich spürbar. Zwar geht es der Rentner- und Pensionärsgeneration nach wie vor relativ gut, besser immerhin als jeder Rentnergeneration vorher. Aber die Alterseinkommen sind von mehreren Seiten einem steigenden Druck ausgesetzt. So sind mehrere Rentenanpassungen in den letzten Jahren ausgesetzt und gekürzt worden, zum Teil sind die Erhöhungen erst zeitlich versetzt in Kraft getreten. Die Absenkung des Leistungsniveaus der gesetzlichen Rente, die einstmals bruttolohnbezogen und von dem Gedanken geprägt war, dass die Rentner an der allgemeinen Steigerung des Wohlstandsniveaus auch im Alter teilnehmen sollten, hat nur zum kleinen Teil etwas mit den Konsequenzen der deutschen Einheit bzw. ihrer Finanzierung zu tun. Richtig bleibt, dass die Überleitung des Rentensystems auf die neuen Länder nach dem Vorbild der Rentenreform des Jahres 1956 in der alten Bundesrepublik einige zusätzliche Probleme und Lasten für die Rentenkassen gebracht hat. Für das sich verschlechternde Verhältnis zwischen Beitragszahlern und Leistungsempfängern ist aber nicht der Osten verantwortlich, sondern die Lage im Westen und im ganzen Land.

Seit dem Jahr 2004 sind die Renten schließlich zu einem höheren Teil mit Kranken- und Pflegeversicherungsbeiträgen belastet. Ab 2005 sind größere Teile der Renten anders als bisher und in der Erfüllung einer Entscheidung des Bundesverfassungsgerichts auch zusätzlich einkommensteuerpflichtig. Das alles verkürzt die zur Verfügung stehenden Alterseinkommen spürbar. Da aber weder die Rentner von heute noch die von morgen wissen, wohin diese Veränderungen insgesamt einmal führen sollen, da kein Ziel und kein Sinn in all den Maßnahmen erkennbar wird, nehmen die Unsicherheiten weiter zu. Die gefühlten Einschränkungen sind schon heute größer als die tatsächlichen. Die überwiegend ausgabenstarken älteren Jahrgänge reagieren darauf mit Kaufzurückhaltung und Erhöhung ihrer Sparquote, die Rentnerhaushalte mit heute schon kleinen Renten noch einmal mit Einschränkungen und Verzicht.

Bedrohungen der Sicherheit und der Freiheit

Und schließlich sehen wir uns einer ganz neuen Bedrohung unserer Sicherheit und unserer Freiheit ausgesetzt. Krieg, so wie ihn die Generation meiner Eltern noch erlebt hat, gehört für das wiedervereinigte Europa vermutlich der Vergangenheit an. Denn die Erweiterung der Europäischen Union um zehn neue Mitgliedstaaten am 01. Mai 2004 hat nicht allein eine ökonomische Bedeutung; sie ist vor allem die Vollendung des weltweit größten Friedenswerkes, das es nach den Erfahrungen des Zweiten Weltkrieges je gegeben hat. Die Europäische Union ist bei allen Schwierigkeiten und bei aller Unvollkommenheit zuerst eine auf Dauer angelegte Friedens- und Freiheitsordnung, die so attraktiv ist, dass selbst Russland, Weißrussland und die Ukraine Mitglied werden wollen. Aber die freiheitlichen Gesellschaften werden heute vom fundamentalistisch-fanatischen Terrorismus existentiell bedroht. Nicht mehr allein die USA, Israel und der Nahe Osten, auch Europa ist zum Schauplatz schwerster terroristischer Anschläge auf die Zivilbevölkerung geworden. Anders als der Terrorismus der siebziger und achtziger Jahre des letzten Jahrhunderts ist der islamistische Terror weltweit organisiert. Er verfügt offenbar über nahezu unbegrenzte finanzielle Mittel, ist technisch exzellent ausgerüstet und kann seine Akteure aus einem unüberschaubar großen Reservoir fanatisierter und gewaltbereiter Menschen rekrutieren, unter denen viele bereit sind, bei Anschlägen auch das eigene Leben einzusetzen. Täuschen wir uns nicht: Diese Art der Bedrohung unserer Sicherheit und unserer Freiheit wird uns lange, vielleicht über viele Jahre in Atem halten und beschäftigen. Von „asymmetrischer Kriegsführung" zu sprechen, ist dabei nicht übertrieben. Es ist ein Krieg gegen unsere Freiheit, gegen unsere Form zu leben, gegen unsere offenen Gesellschaften, gegen die Werte der Aufklärung und des Humanismus, gegen alles, was unsere Zivilisation und unsere politische Ordnung ausmacht. Wir sind durch unsere Freiheit und unsere Offenheit auch viel verletzlicher geworden als früher. Genau dies nutzen die Terroristen aus, wissend, dass wir zu unserem Schutz nicht alles tun können, was zu tun möglich wäre, ohne den Charakter unserer freiheitlichen Gesellschaft durch uns selbst zu gefährden. Der Verteidigungswille auch unseres Volkes wird auf eine uns bisher völlig unbekannte Probe gestellt. Denn wie die Untersuchungen über die Attentäter vom 11. September 2001 zeigen, müssen wir damit rechnen, dass die Feinde unseres demokratischen und sozialen Rechtsstaates in der Anonymität der Großstädte und Mietskasernen in unserer Nachbarschaft leben. Sie finden ein förderndes Umfeld im Schutze sich zunehmend von der einheimischen Bevölkerung isolierender Parallelgesellschaften. Den zum Teil übertriebenen Sorgen um die eigene Zukunft steht in Deutschland eine beunruhigende Sorglosigkeit beim Thema innere Sicherheit gegenüber. Aus den Träumereien von multikultureller Gesellschaft und friedlichem Miteinander aller Menschen in Deutschland werden wir spätestens dann herausgerissen werden, wenn nach dem ersten schweren Anschlag gegen zivile Einrichtungen die Fernsehbilder nicht mehr aus New York, Washington, Tel Aviv oder Madrid kommen, sondern aus Frankfurt, Berlin, Köln, München oder Stuttgart. Dann wird der Schock ebenso groß sein wie die hektische und aufgeregte Suche nach Schuldigen und Versäumnissen. Spätestens nach den offiziellen Trauerfeierlichkeiten würde der Ruf nach der harten Hand gegen alle Fremden erfolgen, selbst solchen, die in Deutschland besser integriert sind als manche Deutsche. Dies wiederum würde die erfolgreichen Bemühungen um die Integration großer Teile der Ausländer in Deutschland, die sich längst fest eingefügt haben in unsere Gesellschaft, gefährden und ein Radikalisierungspotential schaffen, das heute gar nicht vorhanden ist.

Angesichts eines solchen, keineswegs unrealistischen Szenarios ist meine Überzeugung: Es ist besser, wenn wir die Lage unseres Landes vorher ungeschminkt analysieren und die zu ziehenden Konsequenzen daraus offen und wo nötig auch kontrovers diskutieren. Am Ende des Diskussionsprozesses müssen dann aber auch Entscheidungen stehen, die getroffen und durchgehalten werden. Wir haben nicht mehr viel Zeit.

Zweites Kapitel

Die Entfremdung:
„Ihr da oben – wir da unten"

Viele wissen um den Zustand unseres Landes und unserer Gesellschaft. Seit Jahren, zum Teil seit Jahrzehnten, wird darüber geschrieben und gesprochen. An Warnungen hat es nicht gefehlt. Daraus wird die These entwickelt, wir hätten allein ein politisches Durchsetzungsproblem, kein Erkenntnisproblem. Ich halte diese These für falsch. Jedenfalls trifft sie nur für einen kleinen Teil der Bevölkerung zu, nicht für die Mehrheit. Die Mehrheit der Bevölkerung hält die Wachstums- und Beschäftigungskrise unseres Landes vor allem für ein temporäres Konsumproblem und für ein Verteilungsproblem, vielleicht auch noch für ein Problem der Weltkonjunktur. Wäre der Wohlstand gleichmäßiger verteilt, so die weit verbreitete Auffassung, wäre schon für alle gut gesorgt.

Eine gespaltene Gesellschaft

Und in der Tat geht es manchen in Deutschland richtig gut. Einige Mutige und Wagemutige sind im Hype der New Economy reich geworden, einige wenige sind es sogar geblieben. Sehr viel mehr konnten auf das vorhandene Vermögen ihrer Eltern aufbauen, in ererbten Unternehmen, aus Grund- und Anteilsbesitz. Aber auch manche, die mit weniger guten Ausgangsvoraussetzungen gestartet sind, konnten durch Karriere im Beruf und ordentliche Bezahlung zu beachtlichem Wohlstand kommen. Selten hat das deutsche Volk über einen so wohlhabenden Mittelstand verfügt. Immer noch haben gut ausgebildete junge Menschen in Deutschland gute und sehr gute Aufstiegschancen.

Dies alles darf aber nicht darüber hinwegtäuschen, dass die Abstände zwischen „oben" und „unten" nach wie vor groß sind. Die Nettoeinkommen der Arbeitnehmer in Deutschland sind seit gut zehn Jahren nicht mehr gestiegen. Trotzdem steigen die Bruttoarbeitskosten kontinuierlich weiter an. Auf die gesamtwirtschaftlichen makroökonomischen Folgen dieses Sachverhalts wird im nächsten Kapitel noch einzugehen sein. Für die Bevölkerung werden die unmittelbaren Auswirkungen dieser Entwicklung mittlerweile spürbar: Das nach Abzug aller festen Kosten frei verfügbare Einkommen der privaten Haushalte in Deutschland sinkt. In immer mehr privaten Haushalten reicht das frei verfügbare Einkommen nicht mehr aus, um den Bedarf des täglichen Lebens zu decken. Der Lebensstandard ist oftmals höher als das Einkommen erlaubt, zu viele Anschaffungen sind mit Krediten finanziert. So gelten mittlerweile 1,9 Millionen private Hauhalte, davon 870.000 in den neuen Ländern einschließlich Berlin, nach Untersuchungen des Hamburger Instituts für Finanzdienstleistungen als überschuldet.

Leider verfügen wir hinsichtlich der Einkommens- und Wohlstandsverteilung in Deutschland nur über unzureichendes und zum Teil veraltetes Datenmaterial. So stützt sich der erste Armuts- und Reichtumsbericht der Bundesregierung vom 8. Mai 2001 im Wesentlichen auf die Lohn- und Einkommensteuerstatistik des Jahres 1995 bzw. auf die Einkommens- und Verbrauchsstichprobe des Statistischen Bundesamtes von 1998. Danach gab es 1995 in Deutschland rund 27 000 Einkommensmillionäre mit einem durchschnittlichen Bruttoeinkommen von 2,7 Millionen D-Mark. Das waren 0,09 Prozent aller Steuerpflichtigen – keine wirklich große Zahl. Unter Berücksichtigung der zu zahlenden Steuern und Abgaben waren es gar nur knapp 13.000 Netto-Einkommensmillionäre. Hingegen bezogen rund 620.000 Steuerpflichtige oder rund 2,7 Prozent ein Haushaltsnettoeinkommen von unter 10.000 D-Mark. Insgesamt kommt der Armuts- und Reichtumsbericht zu dem Ergebnis, dass die „Verteilung des Privatvermögens in Westdeutschland langfristig tendenziell gleichmäßiger geworden ist", auch wenn dies in der Bevölkerung gefühlsmäßig vielfach anders wahrgenommen und von Teilen der Medien auch so transportiert wird.

Dabei ist es kurios, wie in Deutschland die Abgrenzung zwischen „Reichen" und „Armen" vorgenommen wird. Danach gilt derjenige als reich, der mehr als das Doppelte des Nettodurchschnittseinkommens verdient und derjenige als arm, der weniger als die Hälfte des Nettodurchschnittseinkommens verdient. Diese Abgrenzung ist höchst angreifbar; denn wenn – theoretisch betrachtet – plötzlich einige Einkommensmillionäre aus dem Ausland zuzögen, würde sich das Nettodurchschnittseinkommen schlagartig erhöhen und ohne jede Veränderung an ihrer Lebenssituation auch die Zahl der „Armen". Es gälte plötzlich als arm, wer vorher noch ein statistisch als auskömmlich angesehenes Einkommen hatte. Und umgekehrt würde sich – wiederum im Modell betrachtet – die Zahl der „Reichen" schlagartig erhöhen, wenn einige Tausend Geringverdiener nach Osteuropa auswandern würden. Armut und Reichtum in Deutschland sind in diesem Modell deshalb immer relativ. Trotzdem ist wahr, dass die Vermögensverteilung in Deutschland nach wie vor ungleich ist. Rund zwei Prozent der Bevölkerung verfügen über rund 20 Prozent des gesamten Privatvermögens. Das untere Fünftel der Bevölkerung verfügt dagegen über keinerlei Vermögenswerte. Auch wenn der Gesellschaftsforscher Meinhard Miegel und andere völlig zu Recht darauf verweisen, dass heute in Deutschland schon derjenige als „arm" gilt, der ein verfügbares Einkommen etwa aus der Sozialhilfe bezieht, das der Kaufkraft eines Facharbeiterlohnes der siebziger Jahre entspricht, so bleibt doch der Befund, dass das Ziel, Vermögen möglichst in jeder Arbeitnehmerhand zu bilden, bislang noch nicht erreicht ist.

Arbeitslosigkeit und Managergehälter

Diese Zusammenhänge werden von der Bevölkerung mehr gefühlt als gekannt. Armut ist in Deutschland bis auf Ausnahmen nicht öffentlich sichtbar. Die statistischen Daten offenbaren auch nicht die Einkommen und die Vermögensbildung in der Schattenwirtschaft. Gäbe es sie nicht, dann wäre es um beträchtliche Teile der Bevölkerung deutlich schlechter bestellt. Die Menschen wissen sich jedoch zu helfen und kehren zur Tausch- und Schattenwirtschaft zurück.

Dagegen wird eine Debatte in Deutschland seit Jahr und Tag geführt, die keinen Stammtisch unberührt lässt und wo jedermann mitredet: Die Managergehälter! Spätestens seit den „peanuts" der Handwerkerrechnungen im Skandal des Bauunternehmers Schneider und der Abfindung für den scheidenden Mannesmann-Chef nach der Übernahme durch Vodafone wird über die Bezahlung von Führungskräften leidenschaftlich und kontrovers diskutiert. Und wenn die extrem niedrigen Tariflöhne in ausgewählten Berufen, z. B. im Friseurhandwerk, mit den Gehältern der Chefs der Deutschen Bank und von Daimler-Chrysler verglichen werden, dann hat die Boulevardpresse ein Thema, mit dem sich Auflage machen lässt. Interessanterweise wird dabei nie der Vergleich mit den Bezügen der Spitzensportler gewählt und auch nie das Einkommen der Journalisten in Deutschland thematisiert, sondern immer nur das der

Manager und natürlich die Bezüge und Pensionsansprüche der Politiker.

Die Debatte über die Gehälter sollte mit einer Überlegung beginnen und zugleich versachlicht werden: Es gibt – jedenfalls in dieser Welt – nicht den „gerechten Lohn". Wer wollte ihn denn festsetzen? Jede Bezahlung ist Ergebnis eines Suchprozesses im Markt. Jede Entlohnung einer Leistung setzt Anbieter der Leistung voraus und Zahlungswillige, die bereit sind, den geforderten Betrag zu entrichten.

Wenn allerdings die schlecht bezahlte Friseuse trotzdem von Arbeitslosigkeit betroffen ist und auf ein noch niedrigeres Arbeitslosengeld verwiesen wird, und der gut bezahlte Manager beim Verlust seines Arbeitsplatzes nachher mehr bekommt als er vorher hatte, dann wird die Sache unwuchtig. Es kommt hinzu: Der Dienstleister lebt allein vom Geld, das ihm seine Kunden für seine persönliche Dienstleistung gegeben haben und das sie bereit waren, aus eigener Tasche zu zahlen; die Aufsichtsräte der Unternehmen, die für die Bezahlung der Vorstände zuständig sind, verfügen nicht über eigenes Geld, sondern in der Regel über das der nicht in ihrem Eigentum stehenden Unternehmen. Sie haben gegenüber den Eigentümern, den Aktionären, eine besondere Vermögensbetreuungspflicht. Und wenn trotz aller Diskussion um die *corporate governance*, also um Verhaltensstandards zur Unternehmensführung und –überwachung, die Aufsichtsräte und Vorstände immer noch überkreuz in den Gremien verschiedener Unternehmen sitzen und sich gegenseitig zugleich beaufsichtigen und die Gehälter festsetzen, dann ist die notwendige Verantwortung nicht klar genug getrennt und daher auch kaum noch wahrnehmbar. Deshalb akzeptieren große Teile der Bevölkerung die Unterschiede nicht mehr, die zwischen „oben" und „unten" bestehen. Es wird unter solchen Voraussetzungen auch immer schwieriger, sie zu erklären und zu begründen.

Einzelinteressen gegen das Gemeinwohl

Nur zu leicht macht sich der Eindruck breit, dass da eine geschlossene Gesellschaft unterwegs ist und Einzelinteressen rücksichtslos gegen das Gemeinwohl durchgesetzt werden. Manchen Beteiligten scheint es mittlerweile auch völlig gleichgültig zu sein, welchen Eindruck ihr Verhalten in der Öffentlichkeit hinterlässt. Sie übersehen dabei, dass auch das von ihnen geführte oder kontrollierte Unternehmen nur in einem Umfeld fortbestehen kann, das für das Unternehmen grundsätzlich positiv ist. Abschottung nach außen und ein von der Welt drum herum unabhängiges Innenleben, das gefährdet auf Dauer den Bestand des Unternehmens selbst. Ja, wir setzen uns sogar der Gefahr einer Sinn- und Akzeptanzkrise der gesamten marktwirtschaftlichen Ordnung aus, wenn ihre maßgeblichen Repräsentanten, und das sind nun einmal auch die in der Öffentlichkeit weithin bekannten Manager, nicht erkennen lassen, dass sie mit steigender Größe ihrer Unternehmen auch eine höhere gesellschaftspolitische Verantwortung tragen. Viele erkennen dies und handeln danach. Führungskräfte der Industrie können zugleich sehr erfolgreiche Manager sein *und* Vorbilder in der Öffentlichkeit. Diese Öffentlichkeit aber ist misstrauisch geworden, ja sie ist – nicht zuletzt aufgrund eigener Lebens- und Berufserfahrungen – sehr viel kritischer geworden. Die Medien helfen in den wenigsten Fällen, ein objektives Bild des Sachverhalts oder der Personen zu zeichnen. Ein Fehltritt oder eine falsche Bemerkung wirkt länger nach als hundert gute Beispiele, über die nicht berichtet wird. Und trotzdem oder gerade deswegen muss durch eine entsprechende Praxis wieder deutlich werden: Das Handeln der verantwortlichen Führungskräfte in der Wirtschaft, in der Wissenschaft, in der Politik und auch in der Publizistik hat sich mindestens genauso am Gemeinwohl zu orientieren wie an den eigenen Interessen des Fortkommens und des Geldverdienens. Beides ist nicht unanständig. Im Gegenteil, das Eigeninteresse jedes Menschen ist der Treibsatz, der unseren Wohlstand insgesamt steigen lässt. Das Eigeninteresse darf sich aber nicht gegen das Gemeinwohl richten, die gebündelten Interessen einiger weniger schon gar nicht.

Es würde also schon helfen, wenn gerade die bekannten Führungspersönlichkeiten der deutschen Wirtschaft auch öffentlich dafür einstehen, dass es ihnen in erster Linie darauf ankommt, mit dem von ihnen geführten Unternehmen beizutragen zu allgemeinem Wachstum und Wohlstand in Deutschland. Überhaupt jeder, der in Politik, Wirtschaft und Wissenschaft besondere Aufgaben übernommen hat, steht in der Pflicht, deutlich zu machen, dass das Gemeinwohl mehr ist als die Summe aller individuellen Erfolge. Der Mensch kann nur im Zusammenwirken mit anderen seine Lebenserfüllung finden. Unsere Gesellschaft ist kein Null-Summen-Spiel, in der der eine gewinnt, was der andere verliert. Wir sind alle einem gemeinsamen Gut, dem *bonum commune* verpflichtet, wir wollen gemeinsam Ziele erreichen, die wir nur im Zusammenwirken miteinander und nicht allein in der Konkurrenz gegeneinander erreichen können. Wenn diese Maxime des Handelns wieder als allgemein verbindlich erkennbar würde, wäre es auch kaum ein Problem, große Gehaltsunterschiede zu rechtfertigen. Derjenige, der einen überdurchschnittlichen Beitrag für das Land, für sein Unternehmen und dessen Mitarbeiter, für den wissenschaftlichen und technischen Fortschritt leistet, muss auch eine besondere Anerkennung dafür erfahren. Diese Anerkennung ist zugleich Anreiz für andere, durch ihre Arbeit ebenfalls Überdurchschnittliches zu erreichen.

Profilierungsspektakel und Machterhalt

Die Notwendigkeit, das eigene Verhalten am Gemeinwohl auszurichten, haben natürlich viele Akteure erkannt. Die Bundesregierung hat im Jahr 2001 deshalb eine Kommission berufen, die sich mit der Auflösung der Verflechtungen in der deutschen Wirtschaft befassen und Vorschläge zu den zukünftigen Anforderungen an die Vorstände und Aufsichtsräte machen sollte. Die Kommission wurde von einem der profiliertesten und besten Unternehmensführer geleitet, den dieses Land aufzubieten hat. Die Vorschläge der Kommission sind in einen Kodex eingeflossen, der freiwillig ist und gesetzliche Regelungen überflüssig machen soll. Ob es dabei bleiben kann, muss man zunächst abwarten. Denn es darf nicht ein im Wesentlichen für die interessierte und besorgte Öffentlichkeit bestimmtes Profilierungsspektakel sein, das die Machtstrukturen weitgehend unbehelligt weiter bestehen lässt. Immerhin wenden rund neunzig Prozent der deutschen Unternehmen die neuen Regeln der *corporate governance* wenigstens teilweise an. Dabei ist die Veröffentlichung der individuellen Vorstandsgehälter eher von voyeuristischem Wert. Viel wichtiger ist, dass das System von *checks and balances* zwischen Kontrollierten und Kontrolleuren wieder funktioniert. Und das funktioniert so lange nicht, wie die Aufsichtsräte nicht wirklich unabhängig und fachlich qualifiziert die Vorstände kontrollieren und die Interessen der Eigentümer wirksam gerade dann vertreten, wenn der Vorstand Fehlentscheidungen vorbereitet oder schon getroffen hat.

Das hier angesprochene Thema ist auch deshalb so wichtig, weil es in seiner Bedeutung bei weitem nicht nur einzelne Unternehmen allein angeht. Besonders die großen Unternehmen entscheiden mit über das Schicksal und die Zukunft des ganzen Landes. Der Wert der größten 30 Aktiengesellschaften umfasst etwa das Doppelte des Bundeshaushaltes. DaimlerChrysler allein erzielt weltweit einen Umsatz von knapp 140 Milliarden Euro, das entspricht fast sieben Prozent unseres Sozialproduktes. Wenn sich diese Unternehmen und ihre Führung auf Dauer dem Ruf nach „demokratischer Kontrolle" entziehen wollen, dann muss die Kontrolle in den Unternehmen selbst vor allem durch die Aktionäre und unabhängige Vertreter der Aktionäre in den Aufsichtsräten besser funktionieren. Die bisherige Diskussion darüber kann daher erst ein Anfang sein.

„Die planlosen Eliten"

Manchmal allerdings muss man den Eindruck gewinnen, die Eliten unseres Landes wollen oder können die vor uns liegenden Aufgaben gar nicht gemeinsam lösen. Vor allem scheint zwischen den Führungseliten des Landes immer noch Sprachlosigkeit zu herrschen. Dafür wird in der Abwesenheit des jeweils anderen umso heftiger über dessen Schwächen geklagt und gelästert. Wenn kein Politiker dabei ist, wird über „die Politiker" gerade in Kreisen der Wirtschaft oft genug nur noch voller Verachtung gesprochen. In Gegenwart der Betroffenen erlahmt der „Männerstolz vor Königsthronen" dann regelmäßig und schlägt um in devote Verehrung. Dies wiederum ist nicht allein, aber auch ein Grund dafür, dass „die Wirtschaft" in Kreisen der Politik immer mehr an Ansehen und Vertrauen verliert. Die Wissenschaft fühlt sich von beiden nicht genügend ernst genommen und die Rechtsprechung verliert sich in Einzelentscheidungen, die zur durchgängigen Verrechtlichung unseres Lebens beitragen, ohne dass damit die Fundamente der Gesellschaft wirklich gesichert würden. Alle gemeinsam beklagen sich wiederum über den Zustand von Verwaltung und Behörden, die Verantwortung nicht mehr wahrnehmen vor lauter Angst, Fehler zu machen. Bei Stellenbesetzungen im gesamten öffentlichen Sektor sind Quoten und gute Beziehungen oft genug an die Stelle von Qualifikation und Leistungsbereitschaft getreten. Man hat fast den Eindruck: Die Journalisten allein könnten es richtig, wenn sie nur dürften. Bis dahin beschränken sie sich freilich auf die Beschreibung der Lage im Allgemeinen und die Unzulänglichkeit des gerade handelnden Personals im besonderen. Die Kultur befasst sich nur am Rande mit der Lage und macht sie – mehr oder weniger eindrucksvoll – zum Gegenstand von Persiflage und Kabarett.

Natürlich ist dies alles ein wenig übertrieben und zugespitzt. Aber es hat schon eine beklemmende Aktualität, wenn man das Buch von den „planlosen Eliten" aus dem Jahr 1992 zur Hand nimmt und heute im Abstand von mehr als einem Jahrzehnt darin liest. Dieses Buch wurde geschrieben von drei Persönlichkeiten, die aus ganz unterschiedlichen politischen Richtungen kamen. Und dennoch haben sie in fast allem – bis auf die viel zu optimistische Einschätzung der Entwicklung in Japan – Recht behalten. Manches von dem, was sie damals warnend aufgeschrieben haben, ist heute noch aktueller geworden.

Es gibt natürlich auch Beispiele dafür, dass auch in Deutschland der die eigenen Wirkungsgrenzen überschreitende Dialog der Gesellschaft funktioniert. So haben wir in den letzten Jahren eine sehr intensive Debatte über die Zukunft der Gen- und Biotechnologie geführt. Daran haben sich alle relevanten Wissenschaften aktiv beteiligt. Zum Teil hat diese Debatte mehr in den Feuilletons und Wissenschaftsbeilagen der Zeitungen als in ihren Wirtschaftsteilen stattgefunden. Es war aber gerade für die Politik äußerst hilfreich, dass sich neben den Naturwissenschaftlern, den Kirchen und den Sozialethikern auch ein so namhafter und international anerkannter Philosoph wie Jürgen Habermas zu dieser Thematik zu Wort gemeldet hat und in seiner Beurteilung der Gentechnik eine Position erkennbar wurde, die bis dahin vor allem von den Kirchen vertreten worden war. Ein Ersatz für spätere parlamentarische Entscheidungen war das nicht, aber – und mehr konnte es nicht sein – eine große Hilfestellung für jeden, der vor die Notwendigkeit einer solchen Entscheidung gestellt ist.

Warum findet dieser fach- und themenübergreifende Dialog nicht öfter statt? Themen gibt es doch genug: Die Zukunft Europas etwa, die nach der Überwindung der Teilung des Kontinents erkennbar im Ungewissen liegt; die Globalisierung mit ihren Chancen und ihren Risiken; die Zukunft der armen Länder der Welt mit ihren korrupten oder unfähigen politischen Systemen und den Eingriffsmöglichkeiten von außen. Das und vieles mehr verdient eine vertiefende gesellschaftspolitische Diskussion gerade in Deutschland und aus Deutschland heraus. Auch in dieser Hinsicht werden von einem Land von der politischen Bedeutung und dem wirtschaftlichen Gewicht Deutschlands Ideen, Perspektiven und Lösungsvorschläge erwartet.

In Deutschland müssten wir schließlich auch darüber diskutieren, mit welchen Produkten und mit welchen Unternehmen wir in Zukunft Geld verdienen und unseren Wohlstand sichern wollen. Nach dem Zusammenschluss von Aventis und Sanofi, Unternehmensnamen, die große Teile der deutschen Öffentlichkeit überhaupt erst zur Kenntnis genommen haben, als der Kleinere den Größeren mit tatkräftiger Hilfe der französischen Regierung übernommen hat, geht die Debatte über Industriepolitik von vorne los und endet auch gleich wieder. Wir beklagen immer öfter und immer besorgter die Abwanderung der Industrie. Zum Teil kann man den Eindruck einer regelrechten De-Industrialisierung unseres Landes haben. Was geschieht dagegen konkret? Einen organisierten Dialog zwischen Wirtschaft, Wissenschaft und Politik gibt es in Deutschland nicht. Wir klagen über zu geringe Aufwendungen und Erfolge in Forschung und Entwicklung. Was geschieht dagegen konkret? Die Bundesregierung schönt die Zahlen und vergisst ihr Wahlkampfversprechen von 1998, die staatlichen Mittel in Forschung und Innovation innerhalb von fünf Jahren zu verdoppeln. Das allein ist problematisch genug, aber noch schlimmer ist: Es fällt niemandem so richtig auf.

Auch das kann man in dem mehr als ein Jahrzehnt alten Buch nachlesen: Das Plädoyer für „Elitehochschulen" ist ebenso alt wie folgenlos. Die Voraussetzungen für die oftmals in Jahrhunderten herangewachsenen Elitehochschulen nach dem Vorbild von Harvard, Oxford und Ecole Nationale d'Administration fehlten in Deutschland damals wie heute. Auch die zarten Pflänzchen der privaten Hochschulen mickern vor sich hin, heute wie damals, und es gibt nichts und niemanden, der sich der Veränderung der Voraussetzungen mit Nachdruck und Erfolg annimmt. Der Bund verweist auf die Zuständigkeiten der Länder, die sich ihrerseits mit der Finanzierung der staatlichen Hochschulen für bereits überfordert erklären. Sicher, es gibt Ausnahmen. Aber von einer Landschaft privater Hochschulen, die von privaten Geldern, Studiengebühren und der geldwerten Treue ihrer Ehemaligen leben, sind wir sehr weit entfernt. Nach rund fünfjähriger Diskussion ist es der rot-grünen Bundesregierung dafür gelungen, ein Verbot von Studiengebühren in das Hochschulrahmengesetz aufzunehmen, gegen das verschiedene Bundesländer jetzt erst einmal das Bundesverfassungsgericht bemühen müssen. Wie schön, dass wir uns mit so wichtigen Dingen beschäftigen!

Mitbestimmung: Manager und Gewerkschaften im Zwiespalt

Manche Lösungen scheitern schon an den falschen institutionellen Voraussetzungen. Die in den großen Unternehmen in Deutschland praktizierte Mitbestimmung wird demnächst dreißig Jahre alt. Ein Exportschlager ist daraus nicht geworden. Im Gegenteil, die deutsche Mitbestimmung gerät zunehmend unter Druck der internationalen und europäischen Entwicklung. So hat der Europäische Gerichtshof entschieden, dass in jedem Land der Europäischen Union jedes Unternehmen rechts- und parteifähig ist, das irgendeine Rechtsform besitzt, die in einem Mitgliedstaat Gültigkeit besitzt. Damit ist eine über mehrere Jahrzehnte ausgefeilte Rechtspraxis in Deutschland, die das Gesellschafts- und Unternehmensrecht der Rechtsordnung unterwarf, die am Sitz des Unternehmens galt, mit einem Schlag obsolet geworden. Es ist absehbar, dass damit auch das Recht der Mitbestimmung der Arbeitnehmer in Deutschland betroffen sein wird. Die Unternehmen werden sich in Deutschland in Zukunft verschiedene Formen der Arbeitnehmerbeteiligung aussuchen können, auch solche, die ohne einen nach dem Mitbestimmungsmodell zusammengesetzten Aufsichtsrat auskommen.

Gerade die Gewerkschaften sollten diese Entwicklung nicht allein als Bedrohung ihrer Besitzstände ansehen, sondern auch als Chance zur Neubestimmung ihrer Position. Es könnte richtig sein, auch in den Unternehmen wieder klarer zu unterscheiden zwischen der Verantwortung der Anteilseigner und der Interessenwahrnehmung durch die Arbeitnehmervertreter. Jedenfalls klingt etwa die Kritik an überhöhten Vorstandsbezügen wenig glaubwürdig, wenn alle diese Entscheidungen von der Arbeitnehmerseite in den mitbestimmten Aufsichtsräten mit getroffen wurden und verantwortet werden. Die Vorstandsmitglieder selbst sind natürlich nicht unabhängig von der Arbeitnehmerseite, auch wenn sie theoretisch allein von der Anteilseignerseite bestellt werden könnten. Aber die Ausübung des Zweitstimmrechts des Vorsitzenden des Aufsichtsrates ist die seltene Ausnahme in deutschen Unternehmen, die Suche nach Konsens mit der Arbeitnehmerseite der Normalfall. Das mag dem allgemeinen Bedürfnis nach Konsens entsprechen; aber es korrumpiert auch beide Seiten auf der ständigen Suche nach Kompromissen. Es ist in einem solchen System völlig normal, dass Vorstände auch an die nächste Verlängerung ihrer Verträge denken und deshalb die Arbeitnehmerseite nicht verprellen wollen; der frühere Vorsitzende der IG Metall saß dafür in Düsseldorf mit auf der Anklagebank und sah sich dem Vorwurf der Beihilfe zur Untreue ausgesetzt, weil hohe Abfindungen für ausscheidende Manager nach der Fusion zwischen Mannesmann und Vodafone ohne seine Zustimmung im Mannesmann-Aufsichtsrat nicht beschlossen werden durften.

So befinden sich Manager wie Gewerkschaftsfunktionäre im Widerspruch zwischen Anspruch und Wirklichkeit: Das Mitbestimmungssystem zwingt sie zur Zusammenarbeit, auch wenn diese Zusammenarbeit oft im kleinsten gemeinsamen Nenner der gegenseitigen Interessen endet. Den Anforderungen an das Wohl des Unternehmens als Ganzes wird damit gewiß nicht immer entsprochen. Das wissen die Vorstände genauso gut wie die Gewerkschafts- und Arbeitnehmervertreter. Öffentlich sprechen sie beide darüber nur höchst ungern, denn die Anteilseignerseite will es sich natürlich mit den Arbeitnehmervertretern nicht verderben und die Gewerkschaften finanzieren ihre gewerkschaftseigene Stiftung auch über die Aufsichtsratsvergütungen, die ihre Vertreter in den Aufsichtsräten abführen müssen. So entstehen Institutionen, die sich selbst genug sind und die eine unternehmensinterne Bürokratie ebenso züchten wie informelle Parallelstrukturen. Denn natürlich suchen sich die Vorstände Gremien und Einrichtungen, in denen sie ohne Arbeitnehmervertreter das besprechen können, was sie besprechen wollen. Im internationalen Vergleich sind die Wasserköpfe in deutschen Unternehmen – auch wenn dies gewiss nicht ausschließlich mit der Mitbestimmung und der Betriebsratsarbeit zu tun hat – am größten.

Die Diktatur der Bürokratie

Unübertroffen ist die Fähigkeit unseres Landes und unserer Gesellschaft im Aufbau staatlicher Bürokratie. Das Wort setzt sich ja bekanntlich zusammen aus dem französischen *bureau* und dem griechischen Wort *kratia,* Herrschaft. Es bezeichnet genau dies: die Herrschaft der Schreibtische über die Menschen. Die Krake der Bürokratie besetzt jedes Vakuum, das irgendwo entsteht, und baut ihre Position systematisch weiter aus. Max Weber hat die Bürokratie noch als die rationale Form der legalen Herrschaft im Staat und auch für Unternehmen bezeichnet und analysiert. Im Verlauf der Jahrzehnte ist aus dem guten Willen, ein gerechtes und korruptionsfreies System der Staatsverwaltung zu etablieren, ein unüberschaubares Dickicht von Gesetzen, Verordnungen und Verwaltungsvorschriften geworden, das jede private Initiative zu erwürgen und Neues im Keim zu ersticken droht. Alle Versuche, die Verwaltung systematisch zu entbürokratisieren, sind bis heute gescheitert. Dafür sind Berge von neuen Akten und Publikationen über Bürokratieabbau entstanden, die natürlich ihrerseits eine Entbürokratisierungs-Bürokratie erfordert haben. Jede Diskussion über Bürokratieabbau hat nämlich bisher zunächst mit dem Aufbau einer bürokratieinternen Apparatur begonnen. Es wurden wieder Stellen geschaffen, Gremien berufen, Experten benannt, Anhörungen durchgeführt, Enquète-Kommissionen eingesetzt, Sekretariate eingerichtet, umfangreiche Stellungnahmen erarbeitet, Zusammenfassungen diskutiert, Empfehlungen ausgesprochen – und zu den Akten gelegt. In ganz regelmäßigen Abständen kommt das Thema wieder auf die Tagesordnung, die letzte Variante der Bundesregierung heißt „Masterplan Bürokratieabbau". Ein wesentlicher Inhalt dieses „Masterplans" ist der Vorschlag, das Ladenschlussgesetz jetzt doch ganz aufzuheben. Pflichtgemäß richtet sich dagegen der Protest der Gewerkschaften, und demnächst werden dazu – zum wievielten Mal eigentlich? – umfassende Anhörungen im Ausschuss für Wirtschaft und Arbeit des Bundestages stattfinden. So dreht sich eine Gesellschaft ständig um sich selbst und merkt nicht, wie schnell der Wandel andernorts stattfindet.

Der Würgegriff des Steuerstaates

Diese Beschäftigung mit uns selbst wird allerdings immer teurer. Der Bund und seine Verwaltung, sechzehn Länder, innerhalb der Länder weitere staatliche Mittel- und Sonderbehörden in unübersehbarer Zahl, 323 Landkreise und kreisfreie Städte, 116 kreisangehörige Städte und weitere 12.511 selbständige Städte und Gemeinden in Deutschland, alle mit eigener Verwaltung, zum größten Teil mit eigenen Parlamenten und Volksvertretungen. Vermutlich gibt es in keinem zweiten Land dieser Welt eine so zergliederte und kleinteilige Verwaltung wie bei uns. Selbst die vielen Verwaltungsreformen und Verkleinerungen der Parlamente, die es ja entgegen der weit verbreiteten Einschätzung in der Bevölkerung tatsächlich gegeben hat, konnten nicht verhindern, dass uns immer noch 4,8 Millionen Beamte und Angestellte betreuen und verwalten. Ein solcher Staatsapparat will und muss bezahlt werden. Der gesamte öffentliche Dienst einschließlich der Versorgungszahlungen an die Pensionäre kostete uns im Jahr 2003 185 Milliarden Euro. Die Personal- und Versorgungskosten belasten vor allem die Haushalte der Länder, die ja die Hauptlast der Bürokratie zu tragen haben. Im laufenden Etat des Landes Nordrhein-Westfalen etwa beanspruchen die Personalkosten und Versorgungsbezüge der Pensionäre bereits fast 20 Milliarden Euro, das entspricht 41,3 Prozent des gesamten Landesetats! Dabei sind die Personalkosten der Hochschulen und des Bau- und Liegenschaftsbetriebs, die über Globalbudgets verfügen, mit ca. 30.000 zusätzlichen Stellen noch nicht einmal berücksichtigt.

So kann es niemanden überraschen, dass der Staat mit seinen Steuereinnahmen nicht auskommt. Die Steuereinnahmen werden in Kürze den Betrag von 450 Milliarden Euro erreichen. Entgegen dem Eindruck, der mit den zweifachen jährlichen Steuerschätzungen verbunden ist, sinken die Steuereinnahmen des Staates ja bis auf wenige Ausnahmejahre nicht. Sie steigen kontinuierlich weiter an, allerdings nicht immer in der Höhe der jeweils zuvor errechneten Steuerschätzung. Die Schätzungen müssen nicht zuletzt wegen der viel zu optimistischen Konjunkturerwartungen der Bundesregierung regelmäßig nach unten korrigiert werden, die Steuereinnahmen steigen – wenn auch langsam – weiter an. Deutschland ist im internationalen Vergleich auch das einzige Land, das seit geraumer Zeit auf fast jede neue Herausforderung mit Steuererhöhungen reagiert: Die Probleme in der Rentenversicherung sollen mit „Ökosteuern" gelöst werden, das „Anti-Terror-Paket" nach dem 11. September 2001 wird mit einer Erhöhung der Tabaksteuer finanziert, für die Beseitigung der Flutschäden an der Elbe wird die schon beschlossene Senkung der Einkommensteuer rückgängig gemacht, die Gesundheitsreform des Jahres 2003 wird wieder mit einer Tabaksteuererhöhung finanziert. Der Ausbildungsplatzmisere sollte mit einer Ausbildungsplatzabgabe begegnet werden. Und es vergeht kaum eine Woche, in der nicht auch über die Wiedereinführung der Vermögensteuer und eine Erhöhung der Erbschaftsteuer diskutiert wird. Neben den hohen Sozialversicherungsbeiträgen belasten direkte und indirekte Steuern die privaten Haushalte und die Betriebe in unserem Land derart hoch, dass jede besondere Leistung, jede zusätzliche Initiative unter dem Druck der Abgabenbelastung erstickt wird. Den wenigsten Menschen in unserem Land macht es da noch wirklich Freude zu arbeiten. Kaum einer ist noch bereit, bei voller Steuer- und Abgabenbelastung eine Stunde mehr zu arbeiten. Man kann es den Menschen nicht verübeln. Sie wollen nicht mehr als die Hälfte von dem, was sie erarbeiten, in staatliche Kassen einzahlen. „Wer mehr als die Hälfte seines Einkommens an das Finanzamt abführen muss, ist mehr darauf bedacht, Steuern zu sparen, als darauf, Geld zu verdienen." So hat es schon vor Jahren Hans-Karl Schneider, einer der führenden deutschen Nationalökonomen und langjähriger Vorsitzender des Sachverständigenrats, sehr zutreffend festgestellt. Auch heute noch verwenden die Steuerzahler viel Energie darauf, Wege und Winkelzüge ausfindig zu machen, um der hohen Steuerlast auszuweichen. Die meisten Arbeitnehmer allerdings haben kaum eine Möglichkeit, die Gestaltungsspielräume unseres Steuersystems auszunutzen und sich ärmer zu rechnen als sie tatsächlich sind. Über das Lohnsteuerabzugsverfahren sind sie dem Zugriff des Steuerstaates fast hilflos ausgesetzt. Schon der durchschnittliche Facharbeiter erreicht mit dem oberen Teil seines Gehaltes den Spitzensteuersatz von 45 Prozent. Mit Solidaritätszuschlag und Kirchensteuer werden daraus schnell mehr als 50 Prozent. Wer hat da noch wirklich Freude an der Arbeit, an zusätzlicher Leistung, an Fortbildung und nachfolgender Beförderung?

Das öffentliche Palaver

Nur eine Einrichtung scheint uneingeschränkte Zustimmung zu genießen, nämlich die politische Talk-Show in unseren Fernsehanstalten. Ich war zufällig Gast der 200. Sendung von Sabine Christiansen im Sommer 2003. Bevor wir in das Thema des Abends eingestiegen sind, hatte ich der Moderatorin zunächst einmal zum Geburtstag der Sendung gratuliert und hinzugefügt, dass diese Sendung zu meiner Freude und zu meinem Bedauern zugleich mittlerweile auf die politische Meinungsbildung in Deutschland mehr Einfluss hat als alle Bundestagsdebatten zusammen. Mein Bedauern darüber ist im Beifall weitgehend untergegangen, dafür fand in den Tagen danach wenigstens in den Feuilletons verschiedener Zeitungen eine lebhafte Debatte darüber statt, warum dieses (Miss-)Verhältnis zwischen Talkshow und Parlament so entstanden ist.

Natürlich kann man einer Fernsehanstalt und einer Moderatorin zu ihrem Konzept nur gratulieren, wenn sich eine Fernsehsendung so etabliert und konstant solche Einschaltquoten bringt. Es gibt auch kaum einen Sender, der eine irgendwie ähnlich geartete politische Talk-Runde nicht im Programm hat. Talkshows sind Ausdruck der Medialisierung der Gesellschaft und der Gefühlsregungen in dieser Gesellschaft. Wenigstens über die Talkshows nimmt ein großer Teil der Bevölkerung noch am politischen Geschehen teil. Bundeskanzler Schröder hat – mittlerweile vermutlich zu seinem eigenen Bedauern – eingeräumt, zum Regieren brauche er nur „BILD und Glotze".

Das Talken und die Show werden immer mehr zum Politik-

Ersatz. Manche Regierungsmitglieder sitzen mehr in Talk-Shows als auf der Regierungsbank im Parlament. Bedenklich ist auch der vielfach zu beobachtende Alarmismus, der die Diskussionen oft genug prägt, die Oberflächlichkeit, mit der die Themen im Palaver der ständigen Unterbrechungen und Schuldzuweisungen behandelt werden und vor allem die Folgenlosigkeit der Debatte selbst. „Schön, dass wir einmal darüber geredet haben", könnte der Schlusssatz jeder Sendung dieser Art sein. Ja, und dann? Was folgt daraus? Ändert sich etwas? Oder wird derselbe Zustand wenige Tage später in leicht veränderter Besetzung der Teilnehmer erneut wortreich und folgenlos beschrieben?

Bedeutungsverlust der Parlamente

Über diese Entwicklung dürfen wir Parlamentarier uns allerdings nicht beschweren. Gegen den Bedeutungsverlust der Parlamente, leider eben auch des Deutschen Bundestages, haben wir bisher viel zu wenig unternommen, zum Teil haben wir ihn selbst herbeigeführt. Warum lassen wir zu, dass immer mehr Entscheidungen in Kommissionen und tatsächlichen oder vermeintlichen Expertengremien außerhalb des Parlaments vorbereitet werden? Warum lässt es die Parlamentsmehrheit zu, dass die Regierung sie oft genug nur noch zum Abnicken von Entscheidungen bemüht, die anderenorts längst gefallen sind? Warum besteht die Parlamentsmehrheit nicht darauf, dass die Regierung nach der Kabinetts-Sitzung zunächst im Parlament Rede und Antwort steht und erst dann in die Bundespressekonferenz geht? In Londoner Unterhaus ist „Prime Minister's question time" die auch für Journalisten interessanteste Parlamentsdebatte in jeder Woche. Unsere Regierungsbefragung zur selben Zeit am Mittwoch mittag findet weitgehend unter Ausschluss der Öffentlichkeit statt. Das gilt genauso für die regelmäßig anschließend stattfindende „Aktuelle Stunde". Die Regierungsfraktionen haben ausschließlich den Auftrag, dafür zu sorgen, dass ein eventueller Antrag der Opposition, ein bestimmtes Regierungsmitglied herbeizuzitieren, die notwendige Mehrheit *nicht* findet!

Dürfen wir uns also darüber wundern, dass das Interesse an der Politik, vor allem das Interesse am Parlament so gering ausfällt? Wenn aber das Parlament als Zwischeninstanz und vermittelndes Bindeglied zwischen Regierung und Regierten ausfällt, fehlt die wichtigste Institution in der Demokratie schlechthin, die die Meinungsbildung auf der Grundlage von Rede und Gegenrede in der Gesellschaft ermöglichen und befördern kann. Talkshows, Nachrichten, Zeitungen, Interviews und Bücher können immer nur Ersatz sein, um Fakten zu benennen, Entwicklungen aufzuzeigen und die sich daraus ergebenden Konsequenzen zur Diskussion zu stellen. Das Parlament ist durch nichts zu ersetzen. Wir müssen dieser „Bühne der Nation" schnell wieder die Bedeutung verschaffen, die ihr gebührt. Nur so lässt sich auch das Misstrauen der Bevölkerung gegen die von ihr gewählten Volksvertreter langfristig wieder abbauen. Und die Bevölkerung selbst muss dazu beitragen, denn es sind nicht die Abgeordneten in persona, die die Aufmerksamkeit verdienen, sondern die Abgeordneten in summa als „Vertreter des ganzen Volkes", wie es in unserem Grundgesetz heißt. Diesen repräsentativen Auftrag kann ihnen keine Talkshow abnehmen.

Drittes Kapitel

Die Fakten: Das Ende der Illusionen

Beschäftigen wir uns also zuerst mit den Fakten. Jedes Unternehmen, das in eine Krise gerät, analysiert zunächst seine Lage. Dazu werden häufig Berater von außen hinzugezogen. Für unseren Staat gilt im Prinzip nichts anderes. Wer in verantwortlicher politischer Position unsere Probleme lösen will, muss sich zunächst einen Überblick über die Lage verschaffen. Wer dies selbst nicht hinreichend zu tun vermag, der kann sich der Einschätzung und des Rates zahlreicher Experten und Fachleute bedienen. Es gehört zu den Privilegien der Bundespolitik, auf eine besonders umfangreiche Expertise zugreifen zu können. Insbesondere mit dem Sachverständigenrat zur Begutachtung der gesamtwirtschaftlichen Entwicklung, der im Jahr 1963 auf der Grundlage eines Gesetzes eingerichtet wurde, steht dem Bund ein hervorragend qualifiziertes, unabhängiges Sachverständigengremium der Politikberatung zur Verfügung, das im November eines jeden Jahres in einem umfangreichen Jahresgutachten darstellt, wie im Rahmen der marktwirtschaftlichen Ordnung gleichzeitig Stabilität des Preisniveaus, hoher Beschäftigungsstand und außenwirtschaftliches Gleichgewicht bei stetigem und angemessenem Wachstum gewährleistet werden können. Der Sachverständigenrat kann von sich aus oder auf Bitten der Bundesregierung auch jederzeit Sondergutachten zu bestimmten Problemstellungen anfertigen. Die führenden Wirtschaftsforschungsinstitute veröffentlichen darüber hinaus im Frühjahr und im Herbst jeden Jahres je ein Gutachten, in dem sie die Lage der Weltwirtschaft und der deutschen Volkswirtschaft analysieren. Die Gutachten enthalten regelmäßig auch Empfehlungen und Hinweise für die Bundesregierung und die Tarifvertragsparteien, wie die Wachstumsdynamik gestärkt und die Beschäftigungskrise überwunden werden könnte.

Wirtschaftswissenschaft: Guter Rat und wenig Beachtung

Für die Bundesregierung, die gesetzgebenden Körperschaften und die Öffentlichkeit stehen damit Erkenntnisse und Entscheidungsgrundlagen zur Verfügung, die in ihrer Qualität in kaum einem anderen Land der Welt überboten werden dürften.

Liest man insbesondere die Jahresgutachten des Sachverständigenrats und die Frühjahrs- und Herbstgutachten der Wirtschaftsforschungsinstitute seit der deutschen Wiedervereinigung heute noch einmal nach, so kann kein Zweifel daran bestehen, dass sich Deutschland in den letzten Jahren vorhersehbar in eine immer schwierigere Lage hineinmanövriert hat. Die Gutachter mahnen seit Jahren strukturelle Reformen insbesondere der Rahmenbedingungen unseres Arbeitsmarktes und der Sozialsysteme an. Aber immer wieder hat sich das Ritual wiederholt: Die Gutachten werden feierlich und medienwirksam an den Bundeskanzler und den Bundeswirtschaftsminister übergeben, der Jahreswirtschaftsbericht wird wenigstens noch einmal im Parlament zur Aussprache gestellt, Regierung wie Opposition zitieren Textquellen zur Bestätigung der jeweils eigenen Position, und danach verschwindet die Arbeit von Monaten in den Archiven der Regierung. Dabei hätte die Beachtung der Warnungen und Hinweise, die die Wirtschaftswissenschaftler seit vielen Jahren aufschreiben, uns manches Problem ersparen können. Wir schieben seit Jahren Aufgaben vor uns her, die seit langem hätten angepackt werden müssen. Irgendwann kommt das Ausmaß der Versäumnisse und Fehlentscheidungen dann in ganz einfachen Sachverhalten zum Ausdruck, auf dem Arbeitsmarkt zuerst, dann in der Konsumzurückhaltung, in steigenden Insolvenzzahlen, in den spürbaren Wohlstandsverlusten für immer größere Teile der Bevölkerung. „Die Stunde der Wahrheit im Land der Lügen" – so lautete die Überschrift der Titelgeschichte im SPIEGEL zur Jahresmitte 2003. Wer diesen Text heute liest, wird nicht weiter behaupten können, die Hinweise und Warnungen der letzten Jahre seien die übliche Schwarzmalerei der Opposition und das typisch deutsche Lamento gewesen.

Es wird auch niemand ernsthaft behaupten wollen, dass die gesellschaftspolitische Orientierung im Sinne von an allgemein gültigen und anerkannten Werten und Maßstäben des Miteinanders der Bürger zugenommen hat. Im Gegenteil, die Erosion des Fundaments ist unübersehbar, eines Fundaments, das über lange Zeit Sicherheit und Vertrauen vermittelt hat. Das Vertrauen in die Urteilskraft und Integrität der Führungspersönlichkeiten in Politik, Wirtschaft, Wissenschaft und Publizistik war ein Bestandteil dieser Sicherheit. Von diesem Vertrauen ist nicht viel übriggeblieben. Die Menschen wenden sich in großer Zahl von denen ab, die Autorität aufgrund von Glaubwürdigkeit besitzen sollten. Der innere Zusammenhalt unserer Gesellschaft leidet darunter in beträchtlichem Maße. Zum Teil wird dem Egoismus in einer Weise das Wort geredet, die jeden beunruhigen muss, der sich mit den langfristigen Trends gesellschaftlicher Entwicklungen und Fehlentwicklungen beschäftigt. Schon in den Kindergärten und Schulen klagen die Erzieher und Lehrer darüber, dass sich das Sozialverhalten der Kinder deutlich verändert hat. Auch im Beruf und im Lebensalltag machen wir die Erfahrung: Das eigene Fortkommen und der eigene Vorteil werden rücksichtsloser durchgesetzt als früher, Maß und Mitte zu halten, liegt nicht im Trend. Zum Teil wenden sich die Eliten einfach ab von diesem Staat und dieser Gesellschaft; das Schicksal ihres Landes scheint vielen mittlerweile ziemlich gleichgültig geworden zu sein. Dabei sind die Alarmzeichen mittlerweile unübersehbar. Die Krise lässt sich ziemlich präzise, ohne Übertreibung und ohne Schönfärberei ganz nüchtern beschreiben.

Die Wachstumslücke wird größer

Seit Jahren schwächelt das Wachstum der deutschen Wirtschaft den meisten Mitgliedstaaten der EU hinterher. Früher lagen wir in der Spitzengruppe, dann nur noch im Durchschnitt, seit einigen Jahren konkurrieren wir mit ein oder zwei anderen Mitgliedstaaten in der EU um Europas rote Laterne. So ist die durchschnittliche Wachstumsrate des deutschen Bruttoinlandsproduktes je Einwohner im Durchschnitt der neunziger Jahre um 0,7 Prozentpunkte niedriger als im Euro-Raum ohne Deutschland. Der Abstand zu den Wachstumsregionen Europas und zu den Vereinigten Staaten von Amerika hat dabei insbesondere seit der zweiten Hälfte der neunziger Jahre deutlich zugenommen.

Der Sachverständigenrat und die EU-Kommission weisen zu Recht darauf hin, dass ein Teil der deutschen Wachstumsschwäche auf die vereinigungsbedingten Sonderlasten zurückzuführen ist. So erweist sich insbesondere die wirtschaftliche Entwicklung in Ostdeutschland seit 1996 als Wachstumsbremse: Der ostdeutsche Aufholprozess ist ins Stocken geraten, obwohl der jährliche West-Ost-Transfer nach wie vor bei etwa 4 Prozent des Bruttoinlandsproduktes oder rund 90 Milliarden Euro liegt. Mit dieser Sonderlast, die nicht Ergebnis der deutschen Einheit ist, sondern Folge der vierzigjährigen Teilung und Herrschaft des real existierenden Sozialismus, muss Deutschland trotzdem in einem immer schärfer werdenden internationalen Wettbewerb bestehen. Bis auf die vereinigungsbedingte Sonderkonjunktur zu Beginn der neunziger Jahre, die eine zum Teil kreditfinanzierte Konsum- und Nachholkonjunktur des Ostens war, fällt Deutschland im internationalen Vergleich der Wachstumsraten aber auch einein- halb Jahrzehnte nach Maueröffnung und Währungsunion weiter zurück. Der Wohlstand sinkt im Vergleich zu anderen Industrie- nationen. Dies zeigt sich mittlerweile im Bruttoinlandsprodukt pro Kopf der Bevölkerung. Seit 2003 liegt Deutschland im Kreis der 15 EU-Mitgliedstaaten vor der Osterweiterung nur noch auf Rang 11. Zehn Mitgliedstaaten der EU sind mittlerweile an uns vorbeigezogen. Nur Italien, Spanien, Portugal und Griechenland haben ein niedrigeres Bruttoinlandsprodukt pro Kopf als Deutschland! Im Jahr 2003 hat der Staat – so weist die Bundes- bank in ihrem Monatsbericht Juni 2003 nach – erstmals mehr Sachvermögen verbraucht als aufgebaut. Deutschland lebt von der Substanz.

Man kann aus guten Gründen bezweifeln, dass allein mit Wirtschaftswachstum unsere Beschäftigungskrise zu lösen ist. Auf den Zusammenhang von Wachstum und Beschäftigung wird im vierten Kapitel noch näher einzugehen sein. Aber ohne Wachstum wird keines unserer Probleme zu lösen sein, und der europäische wie der internationale Vergleich zeigen eben eine sich vergrößernde Wachstumslücke zu unseren wichtigsten Kon- kurrenten auf den Weltmärkten.

Eigenkapitalschwäche und Unternehmensinsolvenzen auf Rekordniveau

Die Wachstumsschwäche hat die Zahl der Unternehmensinsolvenzen in den Jahren nach der Wiedervereinigung dramatisch ansteigen lassen. Im Jahr 1991 waren es noch etwa 13.000 Unternehmen, die den Gang zum Konkursrichter antreten mussten, im Jahr darauf schon über 20.000, im Jahr 1999 war die Schwelle zu 30.000 fast erreicht, im Jahr 2003 waren es schon fast 40.000! Ist uns eigentlich klar, was hinter diesen Zahlen steckt? Natürlich waren insbesondere in den neunziger Jahren viele Unternehmen in der Konkursstatistik dabei, die den Boom der *new economy* nicht überlebt haben. Aber heute sind es immer mehr Unternehmen, die zum Teil über mehrere Generationen erfolgreich geführt wurden, Mittelstand im klassischen Sinn, eigentümergeführte Unternehmen, in denen der letzte Euro Eigenkapital aufgezehrt wurde in der Hoffnung, man könne den Betrieb doch noch retten. Und plötzlich stehen bekannte, alteingesessene Unternehmen in der Insolvenz und zahlreiche Mitarbeiterinnen und Mitarbeiter verlieren ihren als sicher eingeschätzten Arbeitsplatz. Vor allem in Städten, in denen einzelne größere Unternehmen über lange Zeit den Arbeitsmarkt bestimmt haben, kann eine solche Insolvenz schlagartig eine ganze Region treffen und vor nahezu unlösbare Probleme stellen.

Wenn mittelständische Unternehmen eine solche Insolvenz oder die stille Liquidation abwenden können, sind sie oftmals Adressat einer Übernahme durch größere Konkurrenten, die häufig gar nicht die Fortführung des Unternehmens, sondern die „Marktbereinigung" in der Weise im Sinn haben, dass der Betrieb nach der Übernahme ausgeschlachtet und geschlossen wird. Das deutsche Arbeits- und Unternehmensrecht macht die vollständige Schließung eines Unternehmens leichter als die teilweise Fortführung mit reduzierter Belegschaft.

Zwar sind wir von spektakulären Großinsolvenzen in den letzten Jahren verschont geblieben, auch wenn sich Schieflagen wie die von Philipp Holzmann und Babcock-Borsig jeden Tag wiederholen können. Die hohe Zahl der Insolvenzen im Mittelstand beschädigt die Volkswirtschaft und den Arbeitsmarkt aber mindestens genauso wie die einzelner Großunternehmen, die nicht weitergeführt werden können. Von den großen Industrieunternehmen, die wir in Deutschland brauchen und die nicht gegen den Mittelstand ausgespielt werden dürfen, ist aufgrund ihrer internationalen Verflechtungen in den nächsten Jahren die Bereitstellung zusätzlicher Arbeitsplätze in Deutschland nicht zu erwarten. Wir können froh sein, wenn der Bestand an Industriearbeitsplätzen im Inland einigermaßen gehalten wird; zur Zeit ist dies eher unwahrscheinlich. Wenn überhaupt neue Arbeitsplätze in größerem Umfang entstehen könnten, dann wäre dies in den mittleren und kleinen Unternehmen möglich. Sie leiden aber unter einer viel zu geringen Ausstattung mit Eigenkapital. Wenn sie die gegenwärtige Krise überleben, dann steckt in dieser Eigenkapitalschwäche selbst im Aufschwung schon der Keim für die nächste Existenzgefährdung, denn Unternehmen mit zu wenig Eigenkapital können nicht schnell genug wachsen und müssen deshalb gerade in guten Zeiten Marktanteile abgeben statt neue hinzugewinnen zu können. So ist mit und ohne Aufschwung ein Ende der hohen Zahl an Unternehmensinsolvenzen nicht in Sicht.

Trotzdem werden jedes Jahr viele Unternehmen neu gegründet. Erstaunlich viele junge Leute haben den Mut zur Selbständigkeit, vielleicht ist es manchmal auch eine Frage fehlender Alternativen. Doch auch bei den Neugründungen hat sich einiges verändert. Zum einen ist die Zahl der Existenzgründungen in Deutschland in den letzten Jahren weiter gesunken. Zum anderen hat der Anteil der Unternehmen, der mit staatlichen Zuschüssen gegründet wurde, deutlich zugenommen. Damit sinkt die Selbständigenquote bereinigt um die sogenannten „Ich-AGs", die ebenfalls in großer Zahl wieder aufgeben, in Deutschland von niedrigem Niveau kommend weiter drastisch ab.

Nur die Schattenwirtschaft boomt

Es gibt dagegen einen Sektor unserer Volkswirtschaft, der wirklich boomt. Ob Hausputz, Umzug, Dauerwelle, Renovierung oder gleich der ganze Neubau – immer mehr Bundesbürger wechseln in die Tausch- und Schattenwirtschaft. Fast jeder sechste Deutsche, so ergeben übereinstimmend Untersuchungen und Schätzungen der Forschungsinstitute und der Bundesregierung, arbeitet schwarz. Einer jüngeren Emnid-Umfrage zufolge haben zwei Drittel der Bundesbürger Verständnis für Schwarzarbeit. Und dementsprechend entwickelt sich die Wertschöpfung in der Schattenwirtschaft. Waren es vor 10 Jahren noch 240 Milliarden Euro, so ist es 2003 schon ein geschätztes Sozialprodukt im Wert von fast 370 Milliarden Euro, das an der Sozialversicherung und dem Finanzamt vorbei erarbeitet wird. Nicht nur der absolute Wert, auch der relative Anteil der Schwarzarbeit am Sozialprodukt steigt: Mehr als 17 Prozent unseres Bruttoinlandsprodukts (1993: 13,9 Prozent) wird mittlerweile in der Schattenwirtschaft erzielt. Dies entspricht einem Äquivalent von rund sechs Millionen Vollzeitarbeitsplätzen!

Dabei ist Schwarzarbeit keineswegs auf die Tätigkeit von einzelnen Arbeitnehmern am Wochenende beschränkt. Oft genug fragen selbst Handwerksmeister, ob es denn auch ohne Rechnung geht. Am Wochenende stellen dieselben Unternehmer, die sich über die Schwarzarbeit beklagen, ihren Mitarbeitern Maschinen und Arbeitsgeräte zur Verfügung in der naiven Annahme, es gehe um Arbeiten am eigenen Haus oder um Nachbarschaftshilfe. Auch wenn man der Schattenwirtschaft als marktwirtschaftliches Korrektiv, als Vollbeschäftigungsalternative zum überregulierten Arbeitsmarkt mit hoher Arbeitslosigkeit und als Einkommensausgleich vor allem für die unteren Einkommensgruppen durchaus positive Aspekte abgewinnen kann, so zeigt sie doch mit ihrem wachsenden Umfang das Staatsversagen im ersten Arbeitsmarkt. Dem Staat entgehen auf diese Weise Steuereinnahmen im höheren zweistelligen Milliardenbereich, den Sozialversicherungen werden Beiträge in ähnlicher Größenordnung vorenthalten, den Arbeitnehmern fehlt der Unfallversicherungsschutz, den Auftraggebern der Gewährleistungsanspruch und allen zusammen das Unrechtsbewusstsein.

Tarifpolitik in der Mitverantwortung

Mit verschärften Strafbestimmungen wird dem Problem allerdings nicht beizukommen sein. Es handelt sich bei der Abwanderung in die Schattenwirtschaft um ein Massenphänomen, das sich nicht mit voranschreitender Strafanfälligkeit immer größerer Teile der Bevölkerung erklären lässt. Es sind vielmehr die Ausweichreaktionen der Marktteilnehmer auf allen Seiten, die das Verhältnis von Leistung und Gegenleistung im regulären Arbeitsmarkt als nicht mehr angemessen empfinden. Vor vierzig Jahren musste ein Arbeitnehmer noch 1,5 Stunden arbeiten, um dafür eine reguläre Handwerkerstunde in seinem Haus bezahlen zu können. Heute muss ein Arbeitnehmer zwischen 4,5 und 6 Stunden arbeiten, um von seinem Nettoverdienst die Verrechnungspreise eines Handwerksbetriebes für eine Stunde Arbeit in seinem Haus bezahlen zu können.

Für diese Entwicklung sind die stark gestiegenen Steuern und die gleichfalls stark gestiegenen Sozialversicherungsbeiträge verantwortlich. Aber auch die Tarifvertragsparteien müssen sich fragen lassen, ob sie nicht mit ihrer Tarifpolitik der letzten Jahrzehnte maßgeblich dazu beigetragen haben, dass vor allem einfache Dienstleistungen in Deutschland nicht mehr bezahlbar sind. Die Lohnpolitik hat lange Zeit die unteren Einkommen überproportional angehoben. Zum Teil wurde über mehrere Jahre hin ein Sockelbetrag für alle vereinbart, der natürlich die unteren Lohn- und Einkommensgruppen besonders stark begünstigt hat. Im Ergebnis führte dies aber dazu, dass systematisch die unteren Teile des Arbeitsmarktes stillgelegt wurden, in denen der Lohnanstieg über dem Produktivitätszuwachs lag. Irgendwann waren diese Arbeitsplätze nicht mehr zu halten und wurden entweder durch Maschinen ersetzt oder in das billigere Ausland verlagert. Das Nachsehen haben bis heute die gering und schlecht Qualifizierten, denen man die Arbeitsplätze systematisch wegtarifiert hat. Einfache Dienstleistungsarbeiten, vor allem in privaten Haushalten, sind heute praktisch nicht mehr bezahlbar, jedenfalls nicht mit regulärer, steuer- und sozialversicherungsehrlicher Arbeit. Und so bleibt das größte Potential an Beschäftigung, nämlich die Arbeit in privaten Haushalten, im regulären Arbeitsmarkt für die meisten unbezahlbar und für die Beschäftigten ziemlich unattraktiv. Wer heute im privaten Haushalt eine Halbtagsstelle regulär anbietet und dafür acht Euro Stundenlohn zahlt, muss im Monat rund 1035 Euro aufwenden, von denen der Arbeitnehmer je nach Steuerklasse und Einkommen des Ehepartners, denn in der Regel handelt es sich ja um den zweiten Job in der Familie, nur zwischen 620 und 680 Euro ausgezahlt bekommt. Da ist die Versuchung groß, gleich 800 Euro brutto für netto zu vereinbaren.

Arbeitslosigkeit steigt – Beschäftigung sinkt

Und so steigt die Arbeitslosigkeit und sinkt die Zahl der Beschäftigten in Deutschland kontinuierlich weiter. Mit steigender Arbeitslosigkeit ist unser Land seit nunmehr dreißig Jahren, seit der ersten Ölpreiskrise im Jahr 1973 konfrontiert. In jedem Jahrzehnt stieg die Arbeitslosigkeit seitdem um etwa eine Million. Heute verharrt die Arbeitslosigkeit beständig oberhalb der 4-Millionen-Grenze.

Das ganze Ausmaß der Beschäftigungskrise ist damit aber nur unvollkommen beschrieben, denn die Arbeitslosenstatistik ist immer weniger aussagekräftig und verschleiert eher die wahre Lage auf dem Arbeitsmarkt. Die Statistik ist nämlich sehr manipulationsanfällig, denn es werden nur die „Arbeitssuchenden" erfaßt, und die kann man fast beliebig reduzieren, etwa indem alle Teilnehmer an Fortbildungs- und Umschulungsmaßnahmen aus der Arbeitslosenzählung herausgenommen werden und alle über 58-jährigen Arbeitslosen eine Erklärung unterschreiben, dass sie eigentlich gar nicht mehr arbeiten wollen. Ebenso werden diejenigen, die an Arbeitsbeschaffungs- und Strukturanpassungsprogrammen teilnehmen, nicht als arbeitslos gezählt. Tatsächlich dürfte die Arbeitslosigkeit in Deutschland gegenwärtig bei über sechs Millionen liegen.

Aber wie auch immer man die Arbeitslosenstatistik abfasst, wirklichen Aufschluss über die Lage auf dem Arbeitsmarkt gibt nicht die Zahl der Arbeitslosen, sondern die der sozialversicherungspflichtig Beschäftigten in der Volkswirtschaft, denn auf ihren Schultern lastet das gesamte System der solidarischen Absicherung durch Renten-, Kranken-, Pflege- und Arbeitslosenversicherung. Die Zahl der Beschäftigten befindet sich in Deutschland seit geraumer Zeit im freien Fall. Mit gerade etwas mehr als 26 Millionen im Frühsommer 2004 ist ein historischer

Tiefstand erreicht. Wenn von 82 Millionen Bewohnern eines Landes nur noch wenig mehr als 26 Millionen Menschen oder eine Minderheit von 32 Prozent der Bevölkerung eine sozialversicherungspflichtige Beschäftigung ausüben, dann wird das Ausmaß der tiefen strukturellen Krise unseres Arbeitsmarktes nur zu deutlich.

Außenhandel verliert an Bedeutung

Diejenigen, die uns dagegen gern nachweisen möchten, dass es der deutschen Volkswirtschaft ja gar nicht so schlecht gehe, verweisen regelmäßig auf die Exportstatistik. Anfang 2004 brach geradezu regierungsamtlicher Jubel aus: Im Jahr 2003 seien wir wieder Exportweltmeister gewesen!

Die wesentliche Ursache für die veränderten Exportzahlen wird aber verschwiegen: Von 2001 bis 2003 ist der Euro gegenüber dem Dollar um 26 Prozent teurer geworden, gegenüber dem Yen um 21 Prozent. Allein durch diese Veränderung der Wechselkurse hat sich der Wert der deutschen Exporte deutlich erhöht, ohne dass die Menge zugenommen hat. Die Aufwertung des Euro hat gleichzeitig dazu geführt, dass die in Dollar fakturierten Importe mit einem um 21 Prozent niedrigeren Euro-Wert in der deutschen Außenhandelsbilanz dargestellt werden.

In Wahrheit sinkt der reale Wert der deutschen Exporte seit rund einer Dekade kontinuierlich ab. Nach Berechnungen der Bundesbank ist der deutsche Anteil am realen Export in den Euro-Raum von knapp 30 Prozent zu Beginn der neunziger Jahre auf gut 25 Prozent im Jahr 2003 gesunken. Der Anteil der deutschen Wirtschaft am Welthandel lag zu Beginn der neunziger Jahre noch bei gut 12 Prozent, heute liegt er nur noch bei gut 9 Prozent. Der Welthandel wächst schneller als der deutsche Anteil mithalten kann. Unsere Position auf den Weltmärkten verbessert sich nicht, sie verschlechtert sich in einem anhaltenden, langfristigen Trend.

Die in diesem Zusammenhang aufgestellte Behauptung, diese Entwicklung sei doch geradezu zwangsläufig, denn wenn andere Länder mit ihren Volkswirtschaften aufholen und wettbewerbsfähig werden, dann müssten doch die bisher erfolgreichen Länder Marktanteile abgeben, geht von einer viel zu statischen Betrachtung aus. Die Weltwirtschaft wächst seit geraumer Zeit wieder ziemlich dynamisch, angetrieben aus Asien, vor allem aus China und Indien, langsam auch wieder von Japan und Amerika. Der Aufholprozess der bisher Schwächeren, auch zum Beispiel der osteuropäischen Staaten, muss nicht zwangsläufig zu Lasten der bisher Stärkeren gehen, im Gegenteil: Die Länder, die jetzt ihre Märkte öffnen, können ihren Bedarf an Investitions- und Konsumgütern gar nicht aus eigener Kraft decken. Dort ergeben sich Chancen, die andere erkennbar besser nutzen als wir, nicht zuletzt auch mit einer wesentlich aggressiveren staatlichen Exportunterstützung. Der Kuchen wächst und mit wachsendem Kuchen könnte unser Teil am Kuchen mitwachsen. Er tut es nicht, weil unsere internationale Wettbewerbsfähigkeit im Durchschnitt – von einigen Branchen, die erfolgreich sind, abgesehen – sinkt. Wir werden nicht schlechter, aber andere sind mittlerweile gleich gut oder besser!

Osteuropa subventioniert Deutschland

Betrachtet man den Außenhandel noch etwas genauer und trennt die Wertschöpfungsketten auf, und zwar nach dem Ort der Entstehung der realen Produktionswerte, so ergibt sich ein noch viel ungünstigeres Bild: Die Vorlieferungen aus dem Ausland wachsen nämlich rapide an. Das ifo-Institut für Wirtschaftsforschung in München hat genau untersucht, wie sich die Veränderungen der Fertigungstiefen auswirken, wohin also die Wertschöpfung verlagert wurde. Die Behauptung, der Rückgang der Fertigungstiefe sei vor allem durch eine Verlagerung in den inländischen Dienstleistungssektor ausgeglichen, lässt sich nicht weiter aufrechterhalten. Seit 1995 ist der Vorleistungsimport aus dem Ausland mit 45 Prozent elfmal (!) so schnell gestiegen wie im selben Zeitraum die industrielle Wertschöpfung in Deutschland. Das zeigt ganz eindeutig die dramatisch ansteigende Produktionsverlagerung vor allem in das benachbarte osteuropäische Ausland.

Wie sehr wir mittlerweile abhängig sind von diesen Importen, zeigt insbesondere die deutsche Automobilindustrie. Fast alle deutschen Hersteller verfügen mittlerweile über Motorenwerke und zahlreiche Zulieferer in Osteuropa. Die deutschen Werke, auch symbolträchtige neue Standorte in den neuen Ländern, sind hochmoderne Standorte, aber es sind im Wesentlichen hochautomatisierte Montagewerke. Die Fahrzeugteile mit hoher Wertschöpfung kommen immer mehr aus Osteuropa. Das ganze Auto mit seinem vollen Wert findet sich dann in der Exportstatistik wieder, wenn es z. B. in die USA ausgeführt wird. Der Wert aber, der im Inland tatsächlich entstanden ist, ist zum Teil deutlich unter 50 Prozent abgesunken.

Wäre das Fahrzeug vollständig mit allen Komponenten in Deutschland entstanden, wäre es unverkäuflich. Nur mit einer Mischkalkulation aus hochwertigen, importierten Vorleistungsanteilen mit niedrigen Arbeitskosten und inländischer Wertschöpfung mit hohen Arbeitskosten lassen sich überhaupt noch wettbewerbsfähige Verkaufspreise gegenüber den global auftretenden Wettbewerbern bilden. So subventionieren also osteuropäische Arbeitnehmer mit ihren relativ niedrigen Löhnen und ihrer hohen Wertschöpfung Arbeitsplätze in Deutschland mit hohen Löhnen und zurückgehender eigener Wertschöpfung. Ohne diese Arbeitsteilung wären viele Arbeitsplätze in Deutschland schon längst nicht mehr wettbewerbsfähig. Mit dieser Arbeitsteilung hält der Trend zur Verlagerung der Industrieproduktion in das Ausland an. Die Flucht der deutschen Industrie einschließlich des industriellen Mittelstandes nach Osten ist die Antwort auf die jahrzehntelang praktizierte Verletzung des Grundsatzes, dass nur verteilt werden kann, was vorher erwirtschaftet wurde. Wenn die Bruttoarbeitskosten schneller steigen als die Erträge aus eigener Fertigung, dann ist in einem System offener Märkte die Verlagerung an andere Standorte die einzige Alternative zur Insolvenz.

Die Gesellschaft ist überaltert

Eigentlich müsste sich diese anhaltende Entwicklung, die seit geraumer Zeit auch den Mittelstand einschließt, noch viel härter auf den Arbeitsmärkten und vor allem in der Arbeitslosigkeit bemerkbar machen. Aber ich habe bereits darauf hingewiesen, dass die Arbeitslosenstatistik immer weniger Aufschluss gibt über das tatsächliche Maß des Arbeitsplatzverlustes in Deutschland. Dies hängt auch damit zusammen, dass uns die demographische Entwicklung, also der Altersaufbau unserer Bevölkerung und ihr Regenerationsverhalten, bei der Begrenzung der statistisch erfassten Arbeitslosigkeit vordergründig sogar zugute kommt. Der Arbeitsmarkt wird jährlich um rund 200 000 Personen entlastet, weil aus demographischen Gründen mehr Menschen aus dem Erwerbsleben ausscheiden und in Rente gehen als neue Erwerbstätige hinzukommen – Tendenz steigend. Das schlägt sich auch in der Arbeitslosenstatistik nieder, da die von Arbeitslosigkeit betroffenen jungen Jahrgänge sehr viel kleiner sind als die in das Rentenalter kommenden älteren Jahrgänge mit zum Teil sogar höherer relativer Arbeitslosigkeit.

Die demographische Entwicklung ist gesamtgesellschaftlich wie arbeitsmarktpolitisch aber alles andere als ein Beitrag zur Lösung unserer Probleme. Im Gegenteil, auch demographisch zerbröselt das Fundament, auf dem wir stehen; es zerbröselt vor allem das Fundament der Sozialversicherungssysteme. Zum einen werden die Älteren viel älter als noch bis vor kurzem vorhergesagt. Die Lebenserwartung der Menschen wird immer noch zu niedrig angesetzt. Unsere Lebenserwartung wächst jährlich um rund zwei Monate. Zumindest in Europa und Amerika wird – wenn die Entwicklung anhält – die durchschnittliche Lebenserwartung der Neugeborenen noch innerhalb dieses Jahrhunderts auf annähernd 100 Jahre bei den Männern, bei den Frauen sogar auf über 100 Jahre anwachsen. Zum anderen steuern wir nicht erst auf eine demographische Katastrophe zu, wir sind mittendrin. Der sogenannte „Pillenknick" hat vor vierzig Jahren eingesetzt. Seit der Mitte der siebziger Jahre liegt die durchschnittliche statistische Geburtenrate je Frau in Deutschland nur noch bei 1,3 Kindern. Damit fehlen uns heute bereits über 10 Millionen Menschen in der Altersgruppe der unter Dreißigjährigen. Da diese Generation jetzt in das Alter kommt, in dem sie selbst Kinder bekommen könnte, verschärft sich der demographische Abwärtstrend noch einmal. Jede Generation wird um ein Drittel kleiner als die Generation ihrer Eltern. Kaum ein Volk dieser Erde dezimiert sich gegenwärtig selbst so schnell wie das deutsche. In kaum einem anderen Volk ist der Anteil der sogenannten „Spätgebärenden" unter den Frauen und der Anteil der Frauen, die gar keine Kinder mehr bekommen, so hoch wie in Deutschland. Je nach Szenario der jüngsten Bevölkerungsvorausschätzung des Statistischen Bundesamtes wird die Bevölkerung in unserem Land bis 2050 auf 75 bis möglicherweise sogar 67 Millionen abnehmen. Rund die Hälfte der Bevölkerung wird dann über 50 Jahre alt sein, die Zahl der Pflegebedürftigen wird sich bis dahin fast vervierfachen, die Zahl der über Hundertjährigen wird sich bis dahin verzehnfachen. Diese Entwicklung ist nicht mehr korrigierbar. Sie findet statt, wir müssen nur noch lernen, uns darauf einzustellen und mit ihr umzugehen.

Ein großes Altersheim im Osten?

Die bereits eingetretene Entwicklung ist in den neuen Ländern besonders augenfällig. Der Osten war bereits zu Beginn des 20. Jahrhunderts, also vor den beiden Weltkriegen, dünner besiedelt als der Westen. Nach der Teilung zu Beginn der zweiten Hälfte des letzten Jahrhunderts lebten in Ostdeutschland knapp dreißig Prozent der deutschen Bevölkerung, gut 18 Millionen Menschen von insgesamt etwa 68 Millionen. Die ostdeutsche Bevölkerung ging entgegen der Entwicklung im Westen schon bald nach der Gründung des DDR-Staates kontinuierlich zurück. Zur Zeit des Mauerbaus im Jahr 1961 waren es schon über eine Million weniger, zur Zeit der Wende im Jahr 1989 bereits knapp zwei. Mit 16,6 Millionen Einwohnern betrug der Anteil der ostdeutschen Bevölkerung an der deutschen Gesamtbevölkerung zur Zeit der Wiedervereinigung nur noch etwas mehr als ein Fünftel. Zur Jahrtausendwende, wieder gut zehn Jahre später, sind der drastische Geburtenrückgang und die Abwanderung aus dem Osten erneut in den Zahlen deutlich ablesbar: Mit etwas über 15 Millionen Einwohnern stellt Ostdeutschland jetzt nur noch 18 Prozent der deutschen Wohnbevölkerung.

Anders als in Westdeutschland fallen in Ostdeutschland also zwei Entwicklungen zusammen, die sich gegenseitig verstärken, nämlich eine – leider anhaltende – Abwanderung vornehmlich jüngerer Menschen, die in Westdeutschland bessere Arbeitsmarktchancen sehen, und die in ganz Deutschland viel zu niedrige Geburtenrate. Neben den Problemen, die sich aus einer zu niedrigen Geburtenrate für uns alle ergeben, altert der Osten wegen der Abwanderung in den Westen deutlich schneller als der Westen. Die Folge: Schon in weniger als zehn Jahren wird in Ostdeutschland nur noch etwa jeder siebte Bewohner unter zwanzig Jahre alt sein. Wenn die heutige Generation der Dreißigjährigen im Osten in den Ruhestand tritt, dann wird je nach Ausmaß der Abwanderung junger Menschen der Anteil der Rentner an der Gesamtbevölkerung im Osten bei 40 Prozent oder darüber liegen, im Westen wird es „nur" ein rundes Drittel sein. Es liegt auf der Hand, dass dieser Teil der Gesellschaft noch schwerer von Veränderungen zu überzeugen sein wird als die Bevölkerung insgesamt. Zwar ist der Einwand richtig, dass mancher Ältere im Kopf jünger geblieben ist als mancher junge Mensch. Gleichwohl zeigen alle empirischen Daten, dass junge Gesellschaften schneller und flexibler zu Anpassungen in der Lage sind, technologische Herausforderungen beispielsweise viel schneller bewältigen als andere. Amerika verdankt seinen großen Vorsprung in vielen Schlüsseltechnologien den enormen Forschungserfolgen junger Wissenschaftler, die zudem sehr häufig aus den asiatisch-pazifischen Ländern und nicht zuletzt aus Europa in die USA eingewandert sind. Dagegen fällt Deutschland weiter zurück. Vor allem dem Osten fehlen bis heute, von wenigen Ausnahmen abgesehen, die modernen Forschungs- und Bildungseinrichtungen, die ihn attraktiv für den Zuzug junger Menschen machen. Es bleibt die Ausnahme, dass junge Menschen aus dem Westen nach dem Abitur zum Studium an ostdeutsche Universitäten gehen, dafür werden junge Schulabgänger im Osten, die eine Lehre machen wollen, mit Prämien in den Westen, vornehmlich in den Südwesten abgeworben. So droht dem Osten das Schicksal, zum Altersheim der Republik zu werden. Bei einer ohnehin fast doppelt so hohen Arbeitslosigkeit wie im Westen und immer noch im Durchschnitt niedrigerer Arbeitsproduktivität kommt aus dem Osten auch kein Wachstumsimpuls für die ganze Volkswirtschaft.

Zuwanderung in die Sozialsysteme – Abwanderung der Leistungseliten

Es gibt nicht wenige, die meinen, dass die demographische Entwicklung in unserem Land durch Zuwanderung ausgeglichen werden könnte. Und in der Tat, größere Gruppen der Zuwanderer, die in den letzten Jahrzehnten nach Deutschland gekommen sind, weisen einen ganz anderen Altersaufbau aus als die deutsche Wohnbevölkerung. Insbesondere die große Zahl der in Deutschland lebenden Türken hat in der Regel eine wesentlich größere Zahl von Kindern als ihre deutschen Landsleute. Aber gerade bei dieser größten Gruppe der Ausländer in Deutschland gelingt die Integration in die Gesellschaft und in den Arbeitsmarkt immer weniger. Die Zuwanderung in den letzten dreißig Jahren hat zu einem großen Teil in die Sozialsysteme stattgefunden. Im Jahr 1973 erließ die sozial-liberale Regierung von Willy Brandt eine sogenannte „Anwerbestoppverordnung", um den weiteren Zuzug ausländischer Arbeitskräfte zu beenden. Zu diesem Zeitpunkt lebten in Deutschland gut vier Millionen Ausländer, gut zwei Millionen von ihnen waren sozialversicherungspflichtig beschäftigt. Die Arbeitslosigkeit lag bei 1,2 Prozent, die Ausländerarbeitslosigkeit bei 0,8 Prozent! Heute, gut dreißig Jahre später, leben in Deutschland über sieben Millionen Ausländer, aber es sind immer noch nur zwei Millionen sozialversicherungspflichtig beschäftigt. Natürlich hat es erheblichen Familiennachzug gegeben. Und es gibt auch eine beachtliche Zahl von Selbständigen unter den in Deutschland lebenden Ausländern, von denen viele sehr gut integriert sind und die wir als Unternehmer, Dienstleister und Einzelhändler nicht mehr missen wollen. Aber das alles kann nicht darüber hinwegtäuschen, dass der größere Teil der ungeregelten Zuwanderung in den letzten Jahrzehnten direkt in die Arbeitslosigkeit und damit in die Sozialsysteme stattgefunden hat. Rund ein Fünftel der Sozialhilfebedürftigen besteht mittlerweile aus Ausländern, die Ausländerarbeitslosigkeit liegt mit etwa 13 Prozent deutlich höher als der Anteil der Ausländer an der Wohnbevölkerung!

Selbst wenn diese Entwicklung umgekehrt werden könnte, ist von einem verstärkten Zuzug von Ausländern nach Deutschland keine Lösung der Probleme in Deutschland und keine Veränderung unseres Bevölkerungsaufbaus zu erwarten. Denn auch die bei uns lebenden Italiener, Portugiesen, Spanier, Griechen und viele andere mehr weisen eine immer schlechtere Demographie auf, so dass wir im Wesentlichen nur von den türkischen Mitbewohnern unseres Landes eine Veränderung der Demographie erwarten könnten. Um die Bevölkerungszahl in Deutschland auch nur konstant zu halten, müssten dann aber über einen längeren Zeitraum – so haben es Kurt Biedenkopf, Meinhard Miegel und das Bonner Institut für Gesellschaftspolitik schon vor langer Zeit vorgerechnet – jedes Jahr mindestens 300.000 junge Ausländer gezielt nach Deutschland zum dauerhaften Verbleib eingeladen werden, bis ihre Zahl auf etwa 12 Millionen angewachsen ist. Das Problem der Alterung unserer Gesellschaft wäre damit aber noch nicht gelöst. Lediglich der Anteil der Ausländer an der Wohnbevölkerung würde von heute rund neun Prozent auf dann deutlich über 25 Prozent ansteigen. Da es schon heute zu einer immer größeren Ghetto-Bildung der Ausländer kommt, besonders augenfällig leider bei der türkischen Bevölkerung, würden vor allem in den heute schon überproportional von Ausländern bewohnten Stadtteilen vieler Großstädte und Ballungsräume endgültig Ausländer die Bevölkerungsmehrheit stellen. Das muss für sich genommen kein Nachteil sein. Die USA beweisen, dass Integration in einem Viel-Völker-Staat möglich ist. Aber Amerika ist ein „melting pot of people", dort gibt es Assimilation an den *American Way of Life*, der seinerseits so attraktiv ist, dass vor allem junge Menschen aus Asien in die USA einwandern, häufig genug zuerst über die Universitäten. Aber die USA sind auch wesentlich weniger dicht besiedelt als die meisten Staaten Europas und vor allem als Deutschland. In den USA leben im Staat Montana, der flächenmäßig so groß ist wie Deutschland, nur knapp 900.000 Menschen. Wären die USA so dicht besiedelt wie Deutschland, müssten dort nicht 280 Millionen, sondern über zwei Milliarden Menschen leben. Und da bei uns schon heute die Integration nicht immer besser, sondern fast überall immer schlechter gelingt, würde eine derartige Steigerung des Ausländeranteils in Deutschland zu massiven sozialen, kulturellen und zivilisatorischen Konflikten führen. Ein Ausländeranteil in der genannten Größenordnung würde unser Land und unsere Gesellschaft völlig aus dem Gleichgewicht bringen.

Überforderte Sozialversicherungssysteme

Fände die Zuwanderung zudem weiter und überwiegend in die Sozialsysteme statt, dann wäre deren Zusammenbruch endgültig besiegelt. Auch ohne höheren Ausländeranteil sind unsere Sozialsysteme schon heute strukturell überfordert. Kein Zweig der deutschen Sozialversicherung deckt gegenwärtig die laufenden Ausgaben durch laufende Beitragseinnahmen. Die Rentenversicherung unter Einschluss der Knappschaftsversicherung und der Landwirtschaftlichen Alterskasse beansprucht im Jahr 2004 einen laufenden Zuschuss aus dem Bundeshaushalt von über 80 (!) Milliarden Euro. Trotzdem ist im besonders kritischen Monat Oktober, kurz bevor mit dem 13. Monatsgehalt wieder erhöhte Beiträge in die Rentenkassen fließen, die Zahlungsfähigkeit nicht sichergestellt, da die Pflichtreserve von der Bundesregierung auf wenige Tage zurückgefahren wurde. Der Bund wird der Rentenversicherung einen zusätzlichen Kassenkredit gewähren müssen, um ihre Zahlungsfähigkeit aufrechtzuerhalten. Die Rücklagen der Pflegeversicherung schmelzen dahin wie der Schnee in der Sonne; spätestens 2007 stehen massive Leistungskürzungen, drastische Beitragserhöhungen oder beides an. Die Gesetzlichen Krankenversicherungen verschulden sich trotz Kreditaufnahmeverbot über kurzfristige Kassenkredite bei ihren Banken, der nur geschätzte Schuldenstand liegt derzeit bei über fünf Milliarden Euro. Die Defizite der Arbeitslosenversicherung fallen den Versicherten nicht weiter auf, obwohl eigentlich die Arbeitslosenversicherung angesichts des rapiden Anstiegs der Arbeitslosen seit geraumer Zeit drastisch teurer werden müsste. Aber die Garantiestellung des Bundes gegenüber der Bundesanstalt für Arbeit, heute: Bundesagentur für Arbeit, deckt das Defizit von gegenwärtig ebenfalls mindestens fünf Milliarden Euro und hält den Beitrag seit Jahren bei 6,5 Prozent „stabil".

Schleichend hat sich schließlich über die letzten Jahre das Verhältnis von Beitragszahlern und Leistungsempfängern verändert. Mittlerweile leben nach einer Untersuchung des Münchener ifo-Instituts 41 Prozent der Erwachsenen aus staatlichen oder umlagefinanzierten Transfersystemen, also von Rentenversicherung, Arbeitslosenversicherung, Arbeitslosenhilfe oder Sozialhilfe. Wenn nur noch gut 26 Millionen Menschen oder 32

Prozent der Bevölkerung in Deutschland sozialversicherungspflichtig beschäftigt sind und die ganze Last des Sozialstaats tragen müssen, wird klar, wo unser Problem liegt. Ein solches Miss-
verhältnis zwischen Leistungsempfängern und Beitragszahlern
dürfte sich so schnell in keiner Sozial- und Beschäftigungsstatis-
tik eines anderen Landes wiederfinden.

Sozialhilfekarrieren in zweiter und dritter Generation

Rund 2,8 Millionen Menschen leben in Deutschland gegenwärtig
von der Sozialhilfe. Das entspricht einem Anteil an der Bevölkerung von gut drei Prozent. In Berlin ist das Verhältnis noch kras-
ser: In der Stadt lebt mittlerweile jeder Dreizehnte von der Sozialhilfe. Die Explosion der Kosten des Sozialstaates lässt sich an
der Sozialhilfe besonders augenfällig darstellen. So haben die
Städte und Gemeinden in Deutschland vor vierzig Jahren, als
das Bundessozialhilfegesetz in Kraft trat, umgerechnet 950 Millionen Euro für die Sozialhilfe aufwenden müssen. Vierzig Jahre
später, im Jahr 2003, mussten die Städte und Gemeinden im wie-
dervereinigten Deutschland für die um Jugendhilfe und Wieder-
eingliederungshilfe für die Behinderten ergänzte Sozialhilfe fast
25 Milliarden Euro zur Verfügung stellen. Die nominalen Sozial-
hilfeleistungen haben sich also binnen vier Jahrzehnten um den
Faktor 25 erhöht.

Auch wenn sich die Bezugsgröße im Vergleichszeitraum der
vierzig Jahre um 18 Millionen Menschen und fünf neue Länder
mit ihren spezifischen Problemen verändert hat, wird an diesen
Zahlen doch eines deutlich: Wir verbrauchen viel zu viel in der
Gegenwart und investieren viel zu wenig in die Zukunft.

Und wir sollten schließlich ehrlich zugeben, welche Probleme
wir mit kriminellen ausländischen Sozialhilfeempfängern, oft ge-

nug mit kriminellen ausländischen Großfamilien in Deutschland haben, die von Sozialhilfe leben und gleichzeitig um die Vorherrschaft im Drogenmilieu, in der organisierten Kriminalität um Prostitution, Menschenhandel, Waffenhandel, immer brutaler werdende Raub- und Einbruchkriminalität miteinander konkurrieren. In Berlin hat Roland Krüger, Polizeibeamter in einer Spezialeinheit, im Krieg der libanesisch-kurdischen Clans für die jahrelange Nachsicht und Untätigkeit der Politik mit dem Leben bezahlt, als er von einem 34-jährigen Libanesen bei dessen Festnahme erschossen wurde. Der Täter hatte nach einem Bericht der ARD bereits sechs Vorstrafen aus 30 schwersten Delikten im Register und war trotzdem nicht abgeschoben worden. Solche Beispiele gibt es mittlerweile in großer Zahl in der ganzen Republik, die Polizei hat längst resigniert.

Staatshaushalte in der Schuldenfalle

So ist es kaum noch eine Überraschung, dass sich die Staatshaushalte in Deutschland in der Schuldenfalle befinden. Im Jahr 2003 sollte die Neuverschuldung auf 15 Milliarden Euro absinken. Vor der Bundestagswahl 2002 wurde die Öffentlichkeit von der Bundesregierung vorsätzlich darüber getäuscht, dass erneut eine Verletzung des Maastricht-Vertrages und des Stabilitäts- und Wachstumspaktes drohte, ja, der Bundesfinanzminister behauptete wider besseres Wissen, im Jahr 2006 werde es endlich einen ausgeglichenen Bundeshaushalt geben und dann sei Schluss mit dem Konsum zu Lasten unserer Kinder und der unsoliden Schuldenpolitik der vergangenen Jahrzehnte. Mittlerweile ist klar, dass wir immer weiter in die Verschuldung abrutschen und einen Schuldenberg vor uns aufgetürmt sehen, der allenfalls in Jahrzehnten wieder abgetragen werden kann. Aus 15 Milliarden

Euro Neuverschuldung in der Haushaltsplanung sind 39 Milliarden Euro neue Schulden im Haushaltsvollzug des Jahres 2003 geworden. Für 2004 sieht es nicht besser, eher erneut schlechter aus. In einer Phase historisch niedriger Zinsen zahlt der Bund jährlich etwa 38 Milliarden Euro allein an Zinsen auf die Bundesschuld. Das sind mehr als 100 Millionen Euro jeden Tag. In einer ähnlichen Größenordnung kommen noch einmal die Zinslasten aus den Schulden der Länder und Gemeinden hinzu. Wenn die Zinsen nur um sogenannte 100 Basispunkte steigen, also das Zinsniveau an den Kapitalmärkten durch die Geldpolitik der Notenbanken und die Zinssätze der Finanzinstitute nur um einen Prozentpunkt angehoben wird, und diese Zinswende ist bereits deutlich erkennbar, dann steigt allein die Zinslast des Bundes noch einmal um 8 Milliarden Euro im Jahr, um weitere 22 Millionen Euro am Tag! Dieses Risiko kann sich sehr schnell realisieren, denn die Bundesregierung ist zu Beginn ihrer Regierungstätigkeit im Schuldenmanagement umfangreich auf Schuldtitel mit kurzer Laufzeit umgestiegen, die ihr gegenüber den Langläufern damals einen kurzfristiger Zinsvorteil gebracht haben. Der negative Effekt wird schneller kassenwirksam, wenn die Zinsen in absehbarer Zeit steigen. Und sie werden vermutlich bald um mehr als um nur 100 Basispunkte steigen.

So frisst sich das Steueraufkommen des Bundes ohne weiteres Zutun des Gesetzgebers weitgehend selbst auf. Im Jahr 2005 werden sich die Dinge dramatisch zuspitzen. Trotz steigender Steuereinnahmen werden die Einnahmen, die auf den Bund entfallen, dann fast vollständig durch die Summe aus Sozial-, Versorgungs-, Zins- und Personalausgaben des Bundes aufgefressen werden. Alle Investitionen und viele weitere Ausgaben müssen dann durch zusätzliche Schulden finanziert werden. Aus den laufenden Einnahmen bleibt wegen der gesetzlichen Ausgabeverpflichtungen des Bundes dafür nichts mehr übrig.

Diese immer enger werdende Halskrause der gesetzlichen Ausgabeverpflichtungen ist es auch, die unsere Schuldenpolitik fundamental von der der Vereinigten Staaten unterscheidet. Auch die amerikanische Regierung hat gewaltige neue Schulden gemacht, allein im Jahr 2004 werden mehr als 400 Milliarden Dollar neue Schulden aufgenommen. Im Laufe des Jahres werden in den USA aber mehr als zwei Millionen neue Jobs entstehen, die Arbeitslosigkeit liegt bei der Hälfte der unsrigen und das Sozialprodukt wird real um mehr als vier Prozent wachsen. Allein dieses Wachstum bringt dem Bundeshaushalt rund 100 Milliarden Dollar zusätzliche Einnahmen, mit der zurückgehenden, ohnehin niedrigen Arbeitslosigkeit werden die Sozialkassen deutlich entlastet. Das genau ist der Unterschied zwischen konjunkturell-temporären und strukturell-dauerhaften Defiziten. Amerika macht uns vor, wie man mit intelligenter Fiskalpolitik einen flexiblen und schnell reagiblen Arbeitsmarkt stützt; Deutschland zeigt, wie die Unfähigkeit der Fiskalpolitik und noch mehr die weitgehende Verweigerung in der Arbeitsmarktpolitik das Land in eine Haushalts- und Finanzkrise abstürzen lässt, für die wir und unsere Kinder schon heute mit verpassten Chancen und mangelnder Investitionskraft der öffentlichen wie der privaten Hand ganz bitter bezahlen.

Viertes Kapitel

Das Ziel: Vollbeschäftigung und ein wohlhabendes Land

„Wo keine Vision ist, werden die Menschen wild und wüst"
(Buch der Sprüche 29,18).

Was also ist zu tun? Wie geht es weiter? Vor allem: Wie kann dieser gefährliche Trend des Abgleitens und der Gefährdung unserer Zukunft gestoppt und umgekehrt werden?

Ich habe zunächst versucht, die Lage zu beschreiben und die Dimension der Gefahr deutlich zu machen. Denn darüber muss zu allererst Klarheit herrschen. Wenn wir die wirklich großen Herausforderungen der Zukunft bestehen wollen, dürfen wir bei der Lagebeschreibung nicht stehen bleiben. Wir müssen den festgestellten Reformbedarf mit einem Ziel verbinden, das alle Anstrengungen lohnend erscheinen lässt. Ohne vorangehende Analyse, ohne ein schlüssiges Lösungskonzept und ohne Formulierung eines attraktiven Ziels, auf das sich die notwendigen und mitunter schmerzhaften Veränderungen richten, werden wir zwangsläufig spätestens auf halber Strecke stecken bleiben. Wir werden uns im schweren Gelände festfahren, wenn wir denn überhaupt in die richtige Richtung aufbrechen.

Die Verantwortlichen in Staat und Gesellschaft stehen vor einer gewaltigen Aufgabe: Sie müssen einen Weg aus der extrem schwierigen Lage unseres Landes herausfinden. Allen in diesem Land müssen sie dabei sehr viel abverlangen und manches zumuten. Dies wird politisch nur gelingen, wenn sich die Anstrengungen für die Betroffenen erkennbar lohnen. Nicht jeder wird

81

dies verstehen und wirklich wollen, manch einer wird ja schon mit der Beschreibung der Lage nicht einverstanden sein und sich lieber weiter der Wohlstandsillusion hingeben. Aber die Mehrheit in unserem Volk spürt, ahnt zumindest, dass sich etwas wesentlich verändert hat, dass die Lage schwieriger geworden ist. Dass erste Wohlstandsverluste eintreten, ist erkennbar. Wenn aber umfassende Veränderungen eingeleitet werden müssen, wenn Einschränkungen und Veränderungen sein müssen, dann wird in einer Demokratie, zumal in einer Demokratie wie der unsrigen, in der mehrfach im Jahr irgendwo gewählt wird und jede kleine Kommunalwahl zur bundespolitischen Testwahl hochstilisiert wird, die Zustimmung der Bürger zu einem solchen Veränderungsprozess davon abhängen, dass ein Ziel formuliert wird, für das sich die Anstrengungen lohnen. Wo ein Ziel weder sichtbar noch einsichtig oder erstrebenswert ist, fehlt bei den Menschen von vornherein jedes Verständnis für vom Parlament beschlossene Maßnahmen.

Vollbeschäftigung ist möglich – nur anders als früher

Ein solches Ziel, das Anstrengung und vorübergehenden Verzicht lohnt, könnte, ja müsste die Wiederherstellung der Vollbeschäftigung sein. Vollbeschäftigung ist auch heute noch möglich. Ich behaupte sogar: Selten waren die Chancen für Vollbeschäftigung besser als in einer Zeit der Globalisierung und der Öffnung der Märkte dieser Welt. Sowohl die Osterweiterung der Europäischen Union als auch die gesamte Globalisierung geben uns Chancen, die wir viel zu gering einschätzen.

Vollbeschäftigung im 21. Jahrhundert wird jedoch anders aussehen als Vollbeschäftigung vor 50 Jahren. Die Nachkriegszeit in Deutschland war geprägt durch die Re-Industrialisierung unseres

Landes. Es musste eine ganze Industrienation wieder aufgebaut werden. Die Schwerindustrie erlebte ihre zweite große Blüte. Zum Teil schwerste körperliche Arbeit in einer weitgehend von Männern beherrschten Arbeitswelt kennzeichnete den Wiederaufstieg und den für alle Schichten der Gesellschaft wenn auch nur bescheidenen, aber doch erreichbaren Wohlstand. In den Familien war die Arbeitsteilung klar vorgegeben. Nur wenige Frauen verfügten über eine ausreichende berufliche Ausbildung und Qualifikation. Ihre „Familienkompetenzen" waren sicher ausgeprägt, aber sie verfügten längst nicht über die Ausbildung, wie sie heute ganz selbstverständlich ist.

Dieses Gesellschaftsbild hat sich grundlegend gewandelt. Junge Frauen verfügen heute über mindestens ebenso gute Ausbildungs- und Berufschancen wie ihre männlichen Altersgenossen. Und diese Qualifikationen werden wir in nächster Zeit dringend brauchen. Denn angesichts der demografischen Entwicklung in Deutschland fehlen schon heute Facharbeiter und Ingenieure in vielen Unternehmen. Der Mangel an Naturwissenschaftlern nimmt ebenfalls rasant zu. Nicht ohne Grund – bisher allerdings ohne durchschlagenden Erfolg – wird seit Jahren über den Bedarf qualifizierten Personals aus dem Ausland diskutiert und im Zusammenhang mit einer Modernisierung unseres Ausländerrechts höchst kontrovers behandelt. Wir brauchen beides: eine große Kraftanstrengung in der Universitätsausbildung und attraktive Bedingungen für den qualifizierten, nicht nur für den akademischen Nachwuchs aus dem Ausland.

Damit allein wird aber das Beschäftigungsproblem nicht zu lösen sein. Mit den weiter zunehmenden Ansprüchen an Qualifikation und ständiger Erneuerung des Wissens wächst an anderer Stelle sogar ein Beschäftigungsproblem: Die Ansprüche an die berufliche Bildung sind in kurzer Zeit so stark angestiegen wie nie zuvor. Wer heute eine Gesellenprüfung in einem anspruchsvollen Handwerksberuf machen will, der muss über Kenntnisse und Qualifikationen verfügen, die bei der Generation der Eltern nicht in der Meisterprüfung erwartet wurden. Die Menschen sind aber im Durchschnitt nicht intelligenter und handwerklich begabter geworden. Die Zahl derer, die es nicht schaffen, die einfach nicht mitkommen mit dem technischen Fortschritt, wird daher zunehmen. Schon heute bricht ein Drittel die Lehre ab oder fällt durch die Prüfung, vierzig Prozent der Studienanfänger macht kein Examen in dem Fach, das sie angefangen haben zu studieren. Die Zahl derer mit akademischer Halbbildung nimmt zu, die nach jahrelangem erfolglosem Studium dann Taxi fahren in der Stadt, in der sie dereinst mit großen Erwartungen das Studium begonnen haben. Auch abgebrochene Karrieren im Handwerk, in den kaufmännischen Ausbildungsberufen, in Verwaltungstätigkeiten werden uns künftig noch mehr als bisher beschäftigen. Wie kann die Zukunft dieser oft gar nicht mehr so jungen Menschen aussehen?

Nun, es gibt auch für sie genug Arbeit in Deutschland. Im gegenwärtigen System ist die Arbeit allerdings nicht zu regulär bezahlbaren Preisen zu haben. Deshalb muss die Lohnspreizung nach unten – zu der nach oben wird im Kapitel V einiges geschrieben – wieder möglich sein. Die Diskussion über den Niedriglohnsektor hat sich in den letzten Jahren versachlicht. In einigen Teilen des Landes, insbesondere im Osten, ist ein solcher Arbeitsmarkt mit vergleichsweise niedrigen Löhnen längst etabliert. Dort sind außerhalb der städtischen Regionen auch die Lebenshaltungskosten ganz überwiegend noch niedriger als im Durchschnitt des Westens. Doch im Westen wird die Frage unvoreingenommen zu beantworten sein, wie hoch die Löhne für bestimmte einfache Tätigkeiten mit niedriger Produktivität denn sein können, ohne diese Arbeit, die ja in der Regel doch irgendwie erledigt wird, gänzlich in die Schattenwirtschaft abzudrängen.

Das größte Beschäftigungspotential in diesem Sektor unseres Arbeitsmarktes sind sicher die privaten Haushalte. Es war ein großer Fehler, die ohnehin eng begrenzte Steuerfreiheit für sozialversicherungspflichtige Beschäftigte in privaten Haushalten als „Dienstmädchenprivileg" zu verunglimpfen. In gewissem Umfang müssen private Haushalte als Arbeitgeber anerkannt werden. Mir sind die steuersystematischen Einwände wohl bewusst; aber ohne die Aktivierung dieses Beschäftigungspotentials werden wir die Beschäftigungskrise kaum lösen können.

Nicht nur in privaten Haushalten, auch in der gewerblichen Wirtschaft und in der öffentlichen Verwaltung müssen wieder Lohn- und Einkommensgruppen gebildet werden, die der Produktivität in einfachen Arbeiten entsprechen. Von den dort gezahlten Löhnen muss aber sehr viel mehr übrig bleiben als heute. Die Steuerpolitik hat darauf schon mit Freibeträgen reagiert, die das Existenzminimum abdecken. Mit einer Senkung der Sozialversicherungsbeiträge könnte dies gerade auch in den unteren Einkommensgruppen gelingen. Die Beitragsausfälle müssten jedoch durch drastische Korrekturen auf der Ausgabenseite der Sozialversicherungen kompensiert werden. Dazu werde ich – nicht nur für den Niedriglohnsektor – im Kapitel VI weitergehende Vorschläge machen.

Unser Sozialprodukt: Erst erarbeiten, dann verteilen

Die Führungseliten unseres Landes müssen den inneren Zusammenhang zwischen Leistung und Lohn, zwischen Produktivität und Beschäftigung, zwischen Sozialprodukt und Sozialversicherung wieder deutlich machen. Der Mehrheit der Bevölkerung sind diese Dinge zu kompliziert geworden. Aber die Mehrheit hat sich doch ein sicheres Gespür dafür bewahrt, dass es Unterschiede geben muss in der Vergütung bestimmter Leistungen je nach Umfang und Wert der Leistung. In der Marktwirtschaft wird Leistung vergütet. Leistung entspricht dem betriebswirtschaftlichen Nutzen, der Produktivität der eigenen Arbeit.

Ja, jetzt höre ich sie schon wieder, die „Gutmenschen" in allen Parteien, das sei eben dieser neoliberale Turbokapitalismus, der die Börsenkurse nach oben treibe, wenn Massenentlassungen verkündet würden. Dass umgekehrt Einstellungen und Umsatzzuwächse mit neuen Produkten und Dienstleistungen an der Börse genauso und noch höher honoriert werden wie die Anpassung der Belegschaften an zurückgehende Aufträge und Wettbewerbsfähigkeit, verschweigen die Kritiker des Kapitalismus aber ebenso beharrlich wie die Antwort auf die Frage: Wie hätten Sie es denn gern anders? Wieder fehlt nämlich das Grundverständnis für die Voraussetzungen eines jeden wirtschaftlichen Erfolgs in der Marktwirtschaft. Die naive Sehnsucht nach Alternativen hat ja auch wieder zugenommen seit dem Ende der Systemkonkurrenz durch den einzigartigen Bankrott der Zentralverwaltungswirtschaften. Die Marktwirtschaft hat ihre Überlegenheit längst bewiesen, und doch wird ihr zum Teil abgrundtief misstraut. Aber warum hat sich das Volkseinkommen pro Kopf der Bevölkerung in Westdeutschland seit 1950 mehr als verzwanzigfacht? Warum geht es den Menschen im Durchschnitt so gut, warum haben wir einen – derzeit noch – so hohen Lebensstandard, um den uns die meisten Länder dieser Welt beneiden?

Alle diese Erfolge sind Erfolge des marktwirtschaftlichen Systems, das auf Wettbewerb und Freiheit setzt, das Eigenanstrengung, Leistungsbereitschaft und Einsatzwillen belohnt. Es sind dies die Prinzipien, deren wohlfahrtssteigernde Wirkungen bekannt sind. Wie schon in der einfachen Tauschwirtschaft gilt auch heute: Wer das Erwirtschaftete nicht vollständig konsumiert, sondern Teile zurücklegt, um sie zu investieren, wird zukünftig einen höheren Ertrag erwirtschaften können. Investitionen in Maschinen und Automaten sind letztlich nichts anderes als das Zurücklegen eines Teils der Ernte für die nächste Aussaat. Selbst Karl Marx hat darüber nüchterner und mit weniger Verachtung geschrieben als heute mancher vorgebliche Anhänger der Sozialen Marktwirtschaft. Aber wenigstens eines sollten wir bereit sein, vorbehaltlos anzuerkennen: Unsere Wirtschafts- und Sozialordnung lebt davon, dass dauerhaft nicht mehr konsumiert wird als vorher geschaffen wurde. Kurzfristig ist es möglich, über seine Verhältnisse zu leben und sich quasi der Arbeitsergebnisse anderer zu bedienen. Alles muss jedoch irgendwann verzinst zurückgezahlt werden, das heißt die Einschränkungen werden lediglich zeitlich aufgeschoben und nachfolgenden Generationen aufgebürdet. Diese Zusammenhänge gelten auch für die konsumtive Nutzung des Sozialprodukts für Umverteilungszwecke: Entzieht der Staat für Umverteilungszwecke Bürgern und Unternehmen Teile des von ihnen erwirtschafteten Sozialprodukts und gibt sie für Konsumzwecke an andere, reduziert sich der für Zukunftsinvestitionen verfügbare Teil. Deshalb ist das erste Ziel, für das es sich anzustrengen lohnt, den Konsum so zu beschränken, dass genügend für Investitionen zur Verfügung steht. Nur so können künftig Wohlfahrtsgewinne erzielt werden, mit denen das „Zuviel an Konsum" aus der Vergangenheit zurückgezahlt werden kann.

Einen weiteren fundamentalen Zusammenhang gilt es zu beachten: Ohne Leistungsanreize gibt es kein Wirtschaftswachstum. Für Arbeitgeber und Arbeitnehmer müssen deshalb Arbeitseinsatz und Leistungsbereitschaft nutzbringend sein. Derzeit ist die Schere zwischen Bruttoarbeitskosten, die dem Arbeitgeber entstehen, und Nettoarbeitslöhnen, die dem Arbeitnehmer zufließen, zu groß. Dabei sind nicht die Nettolöhne und

-gehälter in Deutschland zu hoch, sie sind seit der Wiederver-einigung real kaum gestiegen. Die Bruttoarbeitskosten aber sind mehr als nur die ausgezahlten Löhne. Bezahlung für Nichtarbeit, wie beispielsweise bezahlter Urlaub oder bezahlte Feiertage, über 40 Prozent Sozialversicherungsbeiträge auf den Bruttoarbeits-lohn vor Steuern, der Ausgleich des Krankenstandes, vielfältige Bürokratiekosten, Insolvenzumlage, Beiträge zu den Berufs-genossenschaften und vieles mehr kommen hinzu. Häufig genug sieht der einzelne Arbeitnehmer nicht, was alles an Kosten und Bürokratie mit seinem Arbeitsplatz verbunden ist. So ist die Auf-teilung der Sozialversicherungsbeiträge in einen „Arbeitnehmer-beitrag" und einen „Arbeitgeberbeitrag" eine reine Verrech-nungsmethode: Der Arbeitgeber zahlt nicht etwa aus eigener Tasche etwas hinzu, sondern der Arbeitnehmer muss beide Teile des Sozialversicherungsbeitrages mit seiner Arbeit und seiner Produktivität selbst erwirtschaften. Tut er es nicht, ist der Ar-beitsplatz unrentabel und wird auf Dauer nicht zu halten sein.

Deshalb muss ein weiteres Ziel, für das sich die Anstrengung lohnt, lauten: Arbeit muss sich wieder lohnen, für den Arbeit-geber und den Arbeitnehmer. Die Anstrengung lohnt sich, wenn mehr erarbeitet wurde als verteilt wird, wenn erst verteilt wird, was vorher erarbeitet wurde.

Europa: Dynamischste Wachstumsregion der Welt

Aber nicht nur auf der Mikro-Ebene, auch auf der Makro-Ebene der Volkswirtschaftspolitik müssen die Rahmenbedingungen für Wachstum und Vollbeschäftigung stimmen. Diese Rahmenbe-dingungen bestimmt mehr und mehr die Europäische Union. Von „Nationalökonomie" ist ja deshalb auch kaum noch die Re-de. Wohl haben die Nationalstaaten innerhalb der gesetzten

Ordnungsrahmen noch einen eigenen Gestaltungsspielraum. Aber Fehler in der Ausübung dieses Gestaltungsspielraums werden in diesem sich verschärfenden Wettbewerb um Standorte und Arbeitsplätze, in einer Welt, die sich auch im technologischen Wandel stark beschleunigt, umgehend bestraft.

Es war deshalb richtig, dass die Staats- und Regierungschefs der Europäischen Union im März 2000 in Lissabon verabredet haben, alles zu tun, um die Europäische Union innerhalb eines Jahrzehnts „zum wettbewerbsfähigsten und dynamischsten wissensbasierten Wirtschaftsraum der Welt zu machen". Den Worten sind allerdings keine Taten gefolgt, jedenfalls nicht in Deutschland. Die Wachstumslücke zwischen Asien und Amerika auf der einen Seite und einem Teil Europas auf der anderen Seite wird größer und nicht kleiner. Leider ist Deutschland davon besonders betroffen. Das Ziel war richtig formuliert, wir müssen uns dann aber auch mit mutigen Schritten an die Umsetzung machen. Und Umsetzung heißt erneut: Die Prioritäten im eigenen Land zwischen Bewahren und Erneuern, zwischen Konsum und Investitionen, zwischen Gegenwart und Zukunft müssen neu geordnet werden.

Deutschland: Kraft schöpfen aus der Mitte Europas

Und dann hätte Deutschland alle guten Chancen. Mit 82 Millionen Einwohnern sind wir das bevölkerungsreichste Land in der Mitte Europas. Aus dieser geopolitischen Lage unseres Landes haben wir bis heute nicht wirklich etwas gemacht. Als 1990 die deutsche Einheit möglich wurde, als der Europäische Binnenmarkt geplant und legislativ in Brüssel vorbereitet wurde, als die Wirtschafts- und Währungsunion ebenso konkrete Vision wurde wie die Osterweiterung der Europäischen Union, da haben die europäischen Partner voller Sorge auf Deutschland geblickt. Sie haben dies nicht getan, weil sie uns für einen Schwächling gehalten haben, der andere aufhält, sondern weil sie damals glaubten, dass dieses wiedervereinigte Deutschland in der Mitte Europas schon bald so stark sein würde, dass es politisch wie ökonomisch den ganzen Kontinent dominieren könnte. Alte Erinnerungen wurden wach, und „Stop the Germans now" rief Margaret Thatcher von London aus über den Ärmelkanal und löste damit auf den Fluren der Kommission und des Europaparlaments in Brüssel ein vielfaches Echo aus. Was ist daraus heute geworden? Vielleicht wurden wir damals überschätzt und die große Aufgabe der Wiedervereinigung auch in Brüssel unterschätzt. Aber es war unvorstellbar, dass uns 14 Jahre später und wenige Monate nach der Osterweiterung der Europäischen Union Regierungsmitglieder aus Ungarn, der Slowakei und den baltischen Staaten öffentlich und sehr besorgt auffordern würden, unseren Arbeitsmarkt und unsere Staatsfinanzen in Ordnung zu bringen, damit es nicht zu unerwünschten Auswirkungen auf das Wachstum und die Währungsstabilität im ganzen Euroraum kommen würde. Der „kranke Mann Europas", das war vor zwanzig Jahren Großbritannien. Heute sind wir es, über die die internationale Wirtschaftspresse herablassend-hämisch berichtet.

Wir müssen deshalb endlich die Chancen unserer wirtschaftlichen Größe und unserer geostrategischen Lage erkennen und nutzen. Die Osterweiterung ist für die deutsche Wirtschaft gerade die historische Chance, neue Märkte zu erschließen und den frischen Wind des Wettbewerbs auch auf unseren Märkten wehen zu lassen. Behinderungen des Wettbewerbs, Übergangsfristen bei der Freizügigkeit, Abschottungen der Märkte und künstlich aufrechterhaltene Grenzen, all das schadet uns am meisten, viel mehr als allen anderen im Westen und im Osten der größer gewordenen Europäischen Union. Für alle, die in Deutschland gesellschaftliche und politische Verantwortung tragen, gilt: Machen wir die Fenster auf und zeigen, was wir können. Wenn wir es nicht tun, tun es die Polen, die Ungarn, die Tschechen und Slowaken, die Balten und alle anderen, die richtig Hunger haben, Hunger auf Erfolg und Wohlstand, Hunger auf neue Märkte und technologische Führung. Die Chancen bestehen jetzt und heute, die Karten in Europa und im weltweiten Wettbewerb werden jetzt neu verteilt, der Umbruch zeigt jetzt schon erste Wirkungen. Wir sollten uns schnell besinnen. Noch sind uns nicht alle alten Tugenden und neuen Technologien, die Deutschland in der Vergangenheit an die wirtschaftliche Spitze Europas gebracht haben, endgültig verloren gegangen. Wir müssen unseren Schreibtisch neu sortieren. Wir müssen Ordnung schaffen, auch und gerade in unseren Köpfen. Wir müssen jetzt Neues wagen. In wenigen Jahren könnte es für uns zu spät sein.

Fünftes Kapitel

Das Notwendige: Glaubwürdigkeit durch wertorientierte Politik

„Der freiheitliche säkulare Staat lebt von Voraussetzungen, die er selbst nicht garantieren kann."
(Ernst-Wolfgang Böckenförde, Richter am Bundesverfassungsgericht a.D.)

Die gegenwärtige Krise unseres Landes ist in der Wahrnehmung der Menschen zuerst eine ökonomische Krise. Die Probleme werden identifiziert als Krise des Arbeitsmarktes bzw. als Krise des Wirtschaftsstandorts Deutschland im schärfer werdenden internationalen Wettbewerb. Unter der Oberfläche aber breitet sich wie ein Schwelbrand eine viel tiefer reichende Veränderung aus. Die Menschen trauen den Führungseliten des Landes die Lösung der Probleme nicht mehr zu. Wir stecken mitten in einer Sinn- und Akzeptanzkrise. Es ist eine tiefe Vertrauenskrise, die die Institutionen ebenso erreicht hat wie die handelnden Personen. „Den Politikern" wird kaum noch etwas geglaubt. Unser Ansehen war selten in der jüngeren Geschichte unseres Landes so schlecht. Selten zuvor wurde mit einer solchen Geringschätzung, zum Teil mit solcher Verachtung auch öffentlich über „die Politiker" gesprochen und geschrieben wie gegenwärtig. Politische Entscheidungen werden nicht als Entscheidungen gewertet, die von Grundsätzen und Überzeugungen motiviert und geprägt sind, sondern als interessengeleitet zugunsten bestimmter Klientelen, die es geschafft haben, die Politik zu Lasten anderer für sich zu vereinnahmen. Kaum jemand vermutet noch, dass hinter politischen Meinungsäußerungen und Entscheidungen vielleicht doch Grundsätze und Prinzipien stehen könnten, die diese und keine andere Politik im Zusammenhang eines größeren Ganzen begründet und erfordert. Dass dahinter vielleicht sogar Grundwerte und unumstößliche Prinzipien einer wertgebundenen Politik stehen könnten, das glauben nur noch wenige, ja, eine solche Vermutung wird nicht selten als geradezu naiv eingeschätzt.

Doch diese Geringschätzung hat einen Tiefpunkt erreicht und weicht inzwischen mehr und mehr der sorgenvollen Frage, ob die Umbrüche unserer Zeit nicht vielleicht doch Antworten von grundsätzlicher Dimension erfordern, Antworten, die mehr sind als der tagespolitisch motivierte Pragmatismus im fernsehgerechten Tagesschau-Format. Es werden gerade von jüngeren Menschen wieder Fragen gestellt nach den Prinzipien und Werten, die der Politik zugrunde liegen. Die Bürger unseres Landes suchen in schwierigen Zeiten wieder verstärkt nach dem Beständigen, dem Verlässlichen, nach der langfristig angelegten Perspektive, die sich auf allgemein gültige Regeln und Wertentscheidungen stützen kann. Vielleicht wird von der Politik dann sogar zu viel verlangt, vielleicht wird idealisiert bzw. nicht realistisch gesehen, was Politik heute überhaupt noch leisten kann. Politiker ihrerseits sollten weder sich noch ihre Absichten überschätzen oder überhöhen. In jedem Falle geben wir immer nur vorletzte Antworten, und als Christen wissen wir, dass der Mensch fehlbar ist. Zu sagen, was wir nicht können, ist deshalb auch eine wichtige Aufgabe. Aber zu sagen, was man denkt, und zu tun, was man sagt, das dürfte dem berechtigten Anspruch eines immer größer werdenden Teils des Wähler entsprechen. In schwieriger Zeit wollen die Menschen wissen, mit wem sie es zu tun haben, und wer da über Lebenschancen mit entscheidet. Sie wollen sich auf das Wort ihrer Repräsentanten in Parlament und Regierung verlassen können. Und immer mehr Menschen wollen auch wissen, welche Grundüberzeugungen und welches „Koordinaten-system" hinter der Politik einer Partei und ihrer Führung eigent-lich stecken.

Profil und Streitkultur

Gleichzeitig erwartet die übergroße Mehrheit der Bevölkerung, dass solche Grundsatzfragen im Konsens geklärt werden. Es soll möglichst keinen Streit geben, Einigkeit ist losgelöst vom In-halt ein Wert an sich geworden. Das war nicht immer so. In den frühen Jahren der Bonner Republik wurde die politische Aus-einandersetzung im Deutschen Bundestag viel härter geführt als heute, zum Teil auch persönlich viel verletzender als es heute akzeptiert würde. Der politische Streit wird mittlerweile sogar als unangenehm empfunden. Wenn es im Freundeskreis oder im Kreis von Gästen und Geschäftspartnern friedlich bleiben soll, wird vereinbart: „Keine Politik!" Zwischen den Erwartungen an die Politik und dem Vertrauen in die Politik klafft eine größer werdende Lücke. Auf der einen Seite soll es bitte keinen Streit geben, auf der anderen Seite sollen die Dinge schnell entschie-den und alle Probleme bald gelöst werden.

Einer solchen Sehnsucht nach Konsens und schnellen Lö-sungen liegt ein großes und nicht unproblematisches Missver-ständnis um das Wesen der Demokratie zugrunde. Demokratie ist die vom Mehrheitswillen des Volkes abgeleitete Macht auf Zeit. Sie ist zu jeder Zeit das Ringen um diese Mehrheiten, sie ist immer auch das Ringen um die Macht. In diesem Ringen um Macht und Mehrheiten müssen Gegensätze zum Ausdruck kommen und Unterschiede deutlich werden. Ohne Gegensätze und ohne Unterschiede gibt es für den Wähler keine Wahl. Poli-tiker ringen ebenso um Mehrheiten und Zustimmung in der Bevölkerung wie jedes Unternehmen in der Marktwirtschaft um seine Kunden. Die Unternehmen stehen in diesem Wettbewerb auch gegeneinander im Markt. Ihr Erfolg ist abhängig vom Unterschied, nicht von der Übereinstimmung ihres Angebots mit dem des Wettbewerbers. Wenn in der Wirtschaft der Wettbewerb um die Kunden außer Kraft gesetzt wird, schreitet das Kartellamt ein. So wie Preisabsprachen und Fusionen in der Wirtschaft zu Recht untersagt sind, sollten die Wähler auch in der Politik und von den politischen Parteien Wettbewerb erwarten können. Die Wähler profitieren zu allererst von einem solchen Wettbewerb der Parteien gegeneinander, denn wie in der Wirtschaft ist der Wettbewerb auch in der Politik das beste Entdeckungsverfahren. Auch den Parteien selbst nutzt der Wettbewerb, denn nur so wird ihr Angebot einer ständigen Überprüfung durch die Kunden, sprich: die Wähler unterzogen. Dauerhafter Konsens zwischen den Parteien wäre mittelfristig das Ende ihrer Existenz.

In einer Gefährdung ihrer Existenz befinden sich die politischen Parteien in Deutschland bereits, wenn auch in unterschiedlicher Abstufung. Deutlichstes Indiz: Die Beteiligung an den Wahlen sinkt in Deutschland seit Jahren kontinuierlich ab. Die Frage muss erlaubt sein: Kann es sein, dass die Wahlbeteiligung auch deshalb seit Jahren rückläufig ist, weil die Wähler die Unterschiede zwischen den Parteien nicht mehr erkennen? War die Wahlbeteiligung bei den letzten Wahlen zum Europäischen Parlament mit 43 Prozent vielleicht auch deshalb so niedrig wie nie zuvor, seitdem es zu diesem immer wichtiger werdenden Parlament Direktwahlen gibt, weil die Bürger bewusst im Unklaren darüber gelassen wurden, was und wer eigentlich zur Wahl stand? Die übergroße Skepsis bis hin zur Ablehnung dieses Verhaltens der Parteien durch die Wähler kommt bei den Europawahlen besonders deutlich zum Ausdruck, wenn man die prozentualen Anteile der Volksparteien an den Wahlberechtigten, nicht an denen, die davon tatsächlich zur Wahl gegangen sind, bemisst. Danach haben ganze 18,6 Prozent der Wahlberechtigten die Union gewählt und nur noch 8,9 Prozent die Sozialdemokraten. Die beiden großen Volksparteien zusammen erreichen also mit ihrem Politikangebot noch nicht einmal mehr ein Drittel der Wahlberechtigten. Deutlicher kann die Warnung der Wähler an die politischen Parteien nicht mehr ausfallen.

Wir werden uns deshalb sehr anstrengen müssen, um das Vertrauen der Bürger zu den Parteien und den politischen Institutionen, die unseren Staat tragen, zurückzugewinnen. Das kann nach meiner festen Überzeugung nur gelingen, wenn wenigstens die Union aus CDU und CSU die Kraft aufbringt, wieder ein unverwechselbares Profil zu entwickeln. Die Herausarbeitung eines inhaltlichen Profils, die Besinnung auf einen „Markenkern" ist zum Scheitern verurteilt, wenn zuerst nach den Gemeinsamkeiten mit den Sozialdemokraten gesucht wird. Aber auch innerhalb der Union selbst müssen die Sachfragen geklärt werden. Ohne auch kontrovers geführte Diskussionen dürfte die notwendige Klärung der Positionen nicht möglich sein. Der unverzichtbare Streit sollte sich dabei auf die Sachfragen konzentrieren, die zur Entscheidung stehen. Die deutsche Gesellschaft insgesamt muss dabei jedoch wieder die Bereitschaft zeigen, streitbare Sachdiskussionen auszuhalten, ja sie muss sie zur Klärung wichtiger Fragen sogar einfordern, um die bestmögliche Lösung zu erhalten. Das, was für die Gesellschaft gilt, muss auch für die politischen Parteien, vor allem für die Volksparteien gelten, die ein großes Meinungsspektrum zur Mitte hin bündeln und zusammenfassen wollen. Sie müssen solche Diskussionen zur Klärung politischer Ziele und Maßnahmen vor allem dann in ihren Reihen selbst austragen, wenn sie in der Opposition sind. Eine erfolgreiche Opposition kontrolliert und kritisiert die Regierung, aber sie entwickelt auch neue Antworten auf neue Herausforderungen. Glaubwürdig und entschlossen regieren kann eine Partei oder eine Koalition nur, wenn sie vor der Übernahme der Regierungsverantwortung eine Kultur der Meinungsbildung entwickelt hat, die abweichende Auffassungen zulässt, die im internen Diskurs der Führungsgremien auch einmal Fehleinschätzungen ermöglicht, die öffentlichen Streit um den „richtigen" Weg aushält. Profil und Streitkultur bedingen sich gegenseitig: Ohne demokratische Streitkultur wird es weder im Staat noch in den politischen Parteien gelingen, Wege aus der Krise aufzuzeigen und die Lösung der Krise auf der Basis eines am Ende des Streits dann auch fest vereinbarten Arbeitsprogramms anzupacken.

Freiheit, Solidarität und Gerechtigkeit

Der umfassendste politische Streit wird sich an der Frage entzünden, welches Maß an Solidarität und Gerechtigkeit wir unter den veränderten Umständen des 21. Jahrhunderts in unserer Gesellschaft noch gewährleisten können. In zwei Phasen der deutschen Nachkriegsgeschichte sind Grundwertedebatten geführt worden. Ende der fünfziger Jahre haben die Sozialdemokraten den ersten Abschnitt ihres Godesberger Programms unter die Überschrift „Grundwerte des Sozialismus" gestellt; Mitte der siebziger Jahre wurden vor allem in der Katholischen Akademie in Hamburg wegweisende Vorträge gehalten, die die lange geführte Grundwertedebatte versachlichten. CDU und CSU berufen sich seitdem – wie die Sozialdemokraten auch – auf die Grundwerte Freiheit, Gerechtigkeit und Solidarität.

In der politischen Auseinandersetzung ist diese Debatte heute fast eingeschlafen. Wenn sie geführt wird, wird der Begriff der Freiheit gar nicht mehr genannt und schon gar nicht mehr mit Inhalt gefüllt. „Solidarität und Gerechtigkeit" werden dagegen umso häufiger gefordert, meist allerdings ebenfalls ohne konkreten Inhalt. Die Begriffe verkümmern zu politischen und rhetorischen Leerformeln, zu Worthülsen, mit denen das Publikum beruhigt und beschwichtigt werden soll. Tatsächlich wissen wir, dass die vor uns liegenden Jahre gewaltige Veränderungen mit sich bringen werden, für den Einzelnen und die Gesellschaft insgesamt. Die Begriffe „Solidarität" und „Gerechtigkeit" werden dabei mit neuen Inhalten gefüllt werden müssen, die einem veränderten, der Problemlage adäquaten Denken entsprechen: Nicht mehr nur Solidarität der Gesellschaft mit dem einzelnen, sondern auch Solidarität des einzelnen mit der Gesellschaft, um diese vor Überforderung zu schützen, nicht mehr nur Verteilungsgerechtigkeit, sondern verstärkte Hinwendung zur Chancen- und Leistungsgerechtigkeit stehen auf der Tagesordnung.

Für erfolgs- und wohlstandsverwöhnte Gesellschaften wie die unsere entstehen dadurch große Spannungen. Die Verteilungskonflikte werden zunehmen. Weltweit hat der Kampf um Rohstoffe und Wasser bereits eingesetzt. Wenn ein Land wie China mit über 1,2 Milliarden Einwohnern als Akteur auf die Bühne der globalen Märkte tritt, die sich bisher die Industrienationen des nordwestlichen Viertels unseres Erdballs geteilt und aufgeteilt haben, dann löst das Veränderungen aus, die wir seit geraumer Zeit in Deutschland deutlich zu spüren bekommen. Wenn innerhalb der Europäischen Union die Grenzen fallen und der alte Ost-West-Gegensatz aufgehoben wird, dann verschärft sich auch in Deutschland der Wettbewerb um Produkte, Märkte, Kunden, und das bedeutet auch: um Wohlstand und soziale Sicherheit. Und wenn die Menschen in Deutschland verträumt vergangenen Zeiten nachtrauern, während andere auf die neuen Chancen und Herausforderungen längst vorbereitet sind, dann haben wir ein Problem.

Die Wahrheit ist zumutbar

Dieses Problem sollten wir den Bürgern aufzeigen. Die meisten von ihnen sind gedanklich weiter und auf Veränderungen besser vorbereitet als wir Politiker meinen. Das Misstrauen vieler Bürger der Politik gegenüber entsteht nicht dadurch, dass wir die Wahrheit sagen, sondern dadurch, dass wir die Wahrheit verschweigen, die Lage beschönigen, die eigenen Konzepte idealisieren und überhöhen, statt die oft genug mehr gefühlten als rational erfassten Veränderungen und Herausforderungen nüchtern zu beschreiben. Für die Beschreibung der Lage müssen wir uns allerdings viel mehr Zeit nehmen als früher. Wir brauchen Geduld und Einfühlungsvermögen, um die Menschen in ihrer Lebenswelt zu erreichen und sie an der Schnittstelle zwischen ihren eigenen Berufs- und Lebenserfahrungen und den globalen Veränderungen „abzuholen". Plötzlich, so spüre ich es immer wieder in Vortrags- und Wahlkampfveranstaltungen, wird das eigene Erleben zur Projektionsfläche der Herausforderungen, vor die wir als Staat, als Volkswirtschaft, als Gesellschaft gestellt sind. Erst wenn die eigenen Erfahrungen deckungsgleich sind mit den politischen Aufgaben, vor denen wir stehen, werden auch tiefe Veränderungen und Anpassungserfordernisse plausibel. Erst dann erhalten sie eine innere Begründung, die sich im Verlauf der weiteren Darstellung fast aus sich selbst heraus schlüssig und widerspruchsfrei ergibt. Die Mehrheit der Bevölkerung, das ist meine Überzeugung, erwartet diese gedankliche Anstrengung von uns Politikern. Die Wahrheit ist zumutbar. Und die meisten Bürger unseres Landes wollen genau dort in ihrer eigenen Verantwortung angesprochen werden. Wenn das geschieht, sind sie bereit zum Engagement, zum Mitdenken und zum Mitmachen.

Grundlinien einer neuen politischen Kultur

Ohne ein neues und wesentlich größeres Engagement der Menschen für sich selbst und die Gemeinschaft, in der sie leben, werden wir die Probleme der Zukunft nicht lösen können. Der fürsorgende Wohlfahrtsstaat des 20. Jahrhunderts, der noch aus den Erfahrungen des zu Ende gehenden 19. Jahrhunderts mit Bismarcks Sozialgesetzen seinen Anfang nahm, ist am Ende. Wir stehen vor der Frage, ob wir sein langsames Siechtum rhetorisch begleiten oder ihn aktiv so umgestalten, dass er zukunftsfähig wird. Der bedeutende Volkswirtschaftler und Soziologe Joseph A. Schumpeter hat es die „schöpferische Kraft der Zerstörung" genannt, mit der Neues schnell entstehen kann. Wir stehen vor der Alternative, mit Reden zu begleiten, was ohnehin geschieht, oder durch aktives Handeln schnell die Veränderungen zielgerichtet herbeizuführen, die uns ansonsten ungeordnet aufgezwungen werden.

Die deutsche Gesellschaft scheut seit jeher vor solchen Anpassungsprozessen zurück. Die retardierenden Momente sind weit verbreitet. Wir sind als Gesellschaft nicht wirklich risikobereit. Wir subventionieren lieber mit hohen Beträgen die deutsche Steinkohle als neue Technologien. Wir sind zwar alle im Prinzip für weniger Bürokratie, aber wenn eine Behörde geschlossen werden soll, mobilisiert sich die ganze umliegende Region gegen den vermuteten Arbeitsplatzabbau. Wir sind Weltmeister im Reisen und vereint im Protest gegen neue Start- und Landebahnen. Die Zögerlichkeit der Politik ist dabei nur ein Spiegelbild des Zustands der Gesellschaft. Wir sind zu langsam und unsere Prozesse sind zu schwerfällig geworden. Dabei haben große politische Persönlichkeiten der deutschen Nachkriegsgeschichte gezeigt, dass politische Führung und entschiedenes Handeln auch in Deutschland möglich ist. Konrad

Adenauer hat die Westbindung der Bundesrepublik Deutschland einschließlich Bundeswehr und Wiederbewaffnung ebenso gegen die demoskopische Befindlichkeit der Bevölkerung durchgesetzt wie Ludwig Erhard die Marktwirtschaft. Kaum jemand weiß heute noch, dass der DGB dem Vater des sogenannten „Wirtschaftswunders", das kein Wunder, sondern Ergebnis zielgenauer und konsequenter Politik war, einen Generalstreik angedroht hat. Willy Brandt hat mit der Ostpolitik trotz falscher Einschätzung der DDR und der Politik der Sowjetunion Weichen gestellt, die heute niemand mehr in Frage stellt. Und Helmut Kohl hat mit der „geistig-moralischen Wende" mehr an Veränderungen durchgesetzt als viele seiner Kritiker heute zugestehen wollen. Sie alle waren Staatsmänner, die kaum jemanden gleichgültig gelassen haben. Und trotz aller Diskussionen, die diese Politiker ausgelöst, und trotz aller Anfeindungen, die sie erlebt haben, haben sie Wahlen überragend gewonnen. Sie haben sie nicht mit Ankündigungen und vagen Beschreibungen gewonnen, sondern mit Entscheidungen und Taten, von deren Richtigkeit sie überzeugt waren und die sie durchgesetzt haben.

Solche Grund- und Richtungsentscheidungen sind auch heute möglich. Deutschland muss heute fit gemacht werden für einen sehr harten, globalen Wettbewerb. Wir stolpern in diesen unvermeidlichen Wettbewerb gegenwärtig mehr hinein als dass wir ihn aktiv gestaltend annehmen. Das Wichtigste ist also ein Mentalitätswechsel. Diesen Wandel in den Einstellungen muss die Politik vorleben. Ihre Vorleistung besteht in der Klarheit der Sprache, die Klarheit des Denkens voraussetzt.

Die bürgerliche Gesellschaft muss dabei auch anders als bisher bereit sein, sich gegen ihre Feinde zur Wehr zu setzen. Die Feinde unserer Freiheit, unserer Werteordnung, letztendlich unseres Wohlstandes und unserer Zukunftschancen lassen sich ziemlich genau lokalisieren. Es sind die zum Teil gewaltbereiten

Globalisierungsgegner von „Attac" und anderen militanten Gruppen, die sich selbst natürlich global organisieren, es sind die Aktivisten gegen die modernen Technologien, die sie für sich selbst und ihre Organisation selbstverständlich optimal nutzen, es sind die Protagonisten herrschaftsfreier Gesellschaftsmodelle, die sehr autoritär werden können, wenn sie den Marsch durch die Institutionen erfolgreich abgeschlossen haben. Dagegen muss sich nicht nur der freiheitliche Rechtsstaat zur Wehr setzen, sondern die Bürger, die ihn tragen. Ich bin sehr für kontroverse und ergebnisoffene Diskussionen. Ich respektiere voll und ganz Menschen mit anderer politischer Meinung, die für ihre Überzeugungen einstehen und für sie kämpfen. Einer Organisation aber, die, wie z. B. Greenpeace, gewaltsam den Zugang zu Geschäften behindert, in denen Lebensmittel auf der Basis gentechnisch veränderter Grundstoffe verkauft werden und diese Lebensmittel in den Geschäften unbrauchbar macht, kann man nach meiner Überzeugung die Gemeinnützigkeit nicht weiter zuerkennen. Politische Kultur in Deutschland bedeutet, sich nicht wegzuducken, wenn es ernst wird; wir müssen wieder lernen, gesellschaftliche Konflikte auszutragen. Die Sehnsucht nach umfassendem Konsens spielt den aktiven und lautstarken Minderheiten in die Hände. Konsens als Prinzip ist am Ende die Diktatur der am besten organisierten Minderheit.

Die Veränderungen der letzten Jahre zeigen, dass trotzdem richtige Entscheidungen möglich werden. Wie haben wir über das Für und Wider eines liberalisierten Ladenschlussgesetzes gestritten; heute bestreitet kaum noch jemand, dass das Gesetz ganz abgeschafft gehört. Wie haben wir uns verrannt in der Arbeitszeitdebatte; heute wird die Arbeitszeit selbstverständlich überall wieder verlängert. Wie hat die erste rot-grüne Landesregierung in Deutschland und vor allem der damals sogenannte „Turnschuhminister" Josef Fischer die erste moderne Anlage zur Herstellung von künstlichem Insulin in Frankfurt – übrigens mit Langzeitfolgen, die wir heute in der Abwanderung der Chemie- und Pharmaindustrie aus Deutschland teuer bezahlen – bekämpft; heute freuen sich tausende von Zuckerpatienten jeden Tag, dass es dieses Medikament gibt. Eines aber ist allen diesen Debatten und Abläufen gemeinsam: Auch wenn am Ende eine brauchbare Lösung erreicht wird, sie kommt im internationalen Vergleich fast immer zu spät. Dort, wo wir mühsam ankommen, sind andere schon seit Jahren. Die Entwicklung verläuft schneller, als wir ihr folgen. Das 21. Jahrhundert wird noch einmal ein Jahrhundert der Beschleunigung des Wandels sein. Die technologischen Quantensprünge, für die wir – bezeichnet als industrielle Revolution – zuletzt einhundert Jahre gebraucht haben, erfolgen im Zeitalter der Verknüpfung von Kommunikations-, Bio- und Nanotechnologie in diesem Jahrhundert in einem Viertel oder gar nur in einem Fünftel der Zeit. Die Reaktionsfähigkeit der Politik ist darauf bislang noch nicht eingestellt.

Die politische Kultur unseres Landes im weiten Sinne des Wortes muss deshalb zunächst ihre Entscheidungsmechanismen überprüfen. Wir können auch in Zukunft noch Ja oder Nein sagen zu bestimmten Technologien, zu den Chancen mit allen Risiken, die sich ohne Zweifel ergeben. Aber wir müssen uns in Zukunft schneller, viel schneller entscheiden. Die Unsicherheiten im deutschen politischen System sind das größte Risiko für uns alle.

Wenn wir uns dann entschließen mitzumachen, sollten wir uns endlich angewöhnen, dies mit Optimismus und Zuversicht zu tun. Wir sollten so bald wie möglich die deutsche Schwermütigkeit und unseren Skeptizismus überwinden. Auch gehört die Frage nach „sozialer Gerechtigkeit" nicht gleich an den Anfang jeder Debatte. Auf die Frage, was Marktwirtschaft denn im Kern sei, hat Ludwig Erhard einmal geantwortet: „Marktwirtschaft ist, was dem Verbraucher nutzt." Genau darum geht es auch heute wieder. Unsere marktwirtschaftliche Ordnung ist immer noch das beste Verfahren, das Neue und das Bessere herauszufinden. Die technische Entwicklung steht niemals still. Genauso wenig wie es ein „Ende der Geschichte" gibt, genauso wenig gibt es – jedenfalls solange Menschen auf dieser Welt leben – ein Ende der Technik, der innovativen Verfahren, der neuen Werkstoffe. Nur mit dem Neuen und dem Besseren wächst das Sozialprodukt und unser Wohlstand. Nur ein wachsendes Sozialprodukt ermöglicht angemessenen sozialen Ausgleich und soziale Gerechtigkeit. Stillstand bedroht vor allem die unteren und die mittleren Schichten, nicht die, die ausweichen können und auch außerhalb des eigenen Landes Chancen bekommen und Fähigkeiten einsetzen können.

Vertrauen in die Freiheit ist die Grundlage

Die Politik kann zu den Perspektiven der Zukunft nur die Rahmenbedingungen setzen. Wer mir den Vorwurf macht, auch nicht so recht zu wissen, wo denn bitte konkret das Neue und das Bessere zu finden ist, dem sage ich: Ja, das stimmt, ich weiß es nicht. Ich hätte vor fünfzehn Jahren nicht geahnt, dass meine Kinder einmal ein Handy in der Tasche haben und dadurch fast immer an jedem Ort erreichbar sind; ich hätte von zehn Jahren nicht gewusst, welche Möglichkeiten eine neue Kommunikationstechnologie wie das Internet eröffnet, und ich hätte vor fünf Jahren nicht geglaubt, dass die Bio- und Gentechnologie eines Tages schwerste Krankheiten heilen kann. Ich weiß heute nicht, was die Welt in fünf, zehn oder fünfzehn Jahren bewegt, aber ich weiß, dass nur die Gesellschaften in der Zukunft Wohlstand und soziale Gerechtigkeit bewahren oder erreichen können, die heute alles dafür tun, den notwendigen Freiraum für Veränderungen, für Innovationen, für Erfindungen und ihre Umsetzung in neue Produkte und Dienstleistungen zu schaffen. Dieser Freiraum entsteht nur in einem Umfeld der Freiheit des Denkens, der Freiheit der Wissenschaft, der Freiheit des Arbeitens und vor allem der Freude an der Arbeit in Freiheit.

„Wir müssen wieder mehr der Kraft der Freiheit vertrauen" – als Horst Köhler am 23. Mai 2004 nach seiner Wahl zum Bundespräsidenten im Reichstagsgebäude diesen Satz sprach, rührte bei den Sozialdemokraten nur Otto Schily die Hände zum Beifall. Noch nicht einmal unserem wichtigsten und höchsten Gut, über das wir verfügen, nämlich unserer Freiheit, vertraut eine Partei, die für den Verlust der Freiheit zweimal in ihrer Geschichte bezahlen musste.

Wir sind uns nach fast sechzig Jahren in Freiheit und Frieden des Wertes der Freiheit nicht mehr genügend bewusst. Wir nutzen sie, aber schätzen ihren Wert nicht mehr und im Zweifel vertrauen wir ihr auch nicht mehr. Dabei ist Vertrauen nicht nur in die Freiheit, sondern Vertrauen in die Werteordnung unserer offenen Gesellschaft, Vertrauen auch in die Verläßlichkeit des Wortes unverzichtbare Voraussetzung für ein gedeihliches Miteinander in Staat und Gesellschaft.

Besinnung auf die Grundwerte

Die Basis für das Vertrauen in die Freiheit und in die Fähigkeit der offenen Gesellschaft, mit der Freiheit verantwortlich umzugehen, ist die Anerkennung der Grundwerte, so, wie sie sich im Kern herausgebildet haben. Freiheit Gerechtigkeit und Solidarität müssen allerdings in ihrem gegenseitigen Verhältnis neu gewichtet werden. Der Freiheit kommt im oben genannten Sinn der Vorrang zu vor den anderen Grundwerten. Gerechtigkeit wird nicht mehr im Sinne von Verteilungsgerechtigkeit, sondern nur noch im Sinne von Chancen- oder Leistungsgerechtigkeit verwirklicht werden können. Solidarität schließlich ist nicht mehr als die Einbahnstrasse des umfassenden Wohlfahrtsstaates möglich; wer Solidarität der Gesellschaft will, wird in Zukunft zuerst die Frage beantworten müssen, welche Leistungen er denn selbst erbringen kann und wie die Gegenleistung für die Solidarität der Gesellschaft aussehen könnte. Natürlich müssen sich diejenigen, die die Solidarität wirklich brauchen, auch in Zukunft auf den Sozialstaat verlassen können. Aber der Sozialstaat moderner Prägung setzt Eigenverantwortung vor die Absicherung durch den Staat, er setzt kleine Einheiten vor große Kollektive, er setzt die privatwirtschaftliche Organisation grundsätzlich vor die staatlichen Institutionen. Hinter den Grundwerten der Freiheit, Gerechtigkeit und Solidarität darf sich jedenfalls in Zukunft nicht mehr Bequemlichkeit, Leistungsverweigerung und die Verlagerung der Verantwortung auf den Staat verstecken. Und erneut widerspreche ich denen, die diese notwendigen Korrekturen als „neoliberalen Turbo-Kapitalismus" brandmarken. Es ist die christliche Soziallehre, die schon in den Gründerjahren der Bundesrepublik Deutschland im Spannungsfeld zwischen Solidarität und Subsidiarität den Vorrang der Subsidiarität der individuellen Verantwortung vor der Inanspruchnahme gesellschaftlicher Unterstützung betont hat. Heute geht es darum, die Verwerfungen, die Übertreibungen, die Exzesse unseres Sozialstaates zurückzuführen auf ein vertretbares Maß. So verstanden, werden auch die Grundwerte Freiheit, Solidarität und Gerechtigkeit wieder zur Grundlage unserer staatlichen, unserer sozialen und gesellschaftlichen Ordnung. So werden die Grundlagen für die künftige Prosperität unseres freiheitlich säkularen Staates bewahrt.

Sechstes Kapitel

Die Kursbestimmung:
Neues Denken für die Risikogesellschaft

„Ich kann freilich nicht sagen,
ob es besser werden wird, wenn es anders wird;
aber so viel kann ich sagen,
es muss anders werden,
wenn es gut werden soll."
(Georg Christoph Lichtenberg)

Wenn die Ausgangslage, das anzustrebende Ziel und die Maßstäbe unstreitig sind, an denen sich konkrete Lösungen zu orientieren haben, dann dürften die Schlussfolgerungen und die konkreten politischen Entscheidungen nicht mehr ganz so schwer fallen. Sie fallen jedenfalls leichter, wenn sie vor dem Hintergrund einer sorgfältigen Untersuchung der Lage und auf dem Fundament eines anerkannten Werte- und Ordnungssystems getroffen werden. Es ergibt sich dann auch eine Rang- und Reihenfolge der Themen. Selbst eine gute Regierung kann nicht alles zugleich tun. Sie muss Prioritäten setzen und Aufgaben nach ihrer objektiven Bedeutung, nicht nach tagespolitischer Stimmung erledigen. Eine Regierung, die die Öffentlichkeit nicht im Unklaren lässt über die Rangfolge der anstehenden Themen, wird schon durch diese Wertung noch vor jeder Sachentscheidung zu erkennen geben, was ihr wichtig und was weniger wichtig ist. Schon dadurch hat eine Regierung die Chance, Zustimmung und Mehrheiten für sich zu gewinnen. Denn der Prozess selbst erfährt auf diese Weise Transparenz und Plausibilität. Transparenz schon im Verfahren und argumentative Klarheit in der Rangfolge der Themen schafft zusätzliches Vertrauen.

Wer Vertrauen gewinnen will, muss auch sagen, was nicht geht. Wir leben in einer Gesellschaft, die großen Risiken ausgesetzt ist, inneren wie äußeren Risiken, aber auch zunehmend persönlichen Berufs- und Lebensrisiken. Die persönlichen Risiken kann kein Staat und keine Gesellschaft vollständig übernehmen und absichern. Der Mensch trägt zunächst für sich allein und gegebenenfalls für seine Familie Verantwortung. Diese Verantwortung muss er wahrnehmen, mit allen Chancen, aber eben auch mit vielen Risiken. Gegen die großen Lebensrisiken kann die Gesellschaft mit ihren Mitgliedern einen Solidaritätspakt eingehen. Aber gegen das Risiko, im Leben und Beruf zu scheitern, gibt es keine Versicherung.

Die moderne Gesellschaft wurde von dem Soziologen Ulrich Beck insgesamt als „Risikogesellschaft" bezeichnet. Das betrifft nicht nur die private Lebensgestaltung, sondern auch strukturell viele Bereiche. Im folgenden sollen die aus meiner Sicht wichtigsten Problemfelder in ihrer Bedeutung für eine politische Kursbestimmung in der Risikogesellschaft beleuchtet werden.

Sicherheit: Gewährleistungsauftrag des Staates

Auch im 21. Jahrhundert werden die Nationalstaaten eine wesentliche Aufgabe erfüllen müssen, die nur sie – gegebenenfalls gemeinsam mit anderen – erfüllen können: Sie müssen die innere und äußere Sicherheit ihrer Bürger garantieren. Nirgendwo sonst trägt „der Staat" in seiner Ausprägung als demokratischer Rechtsstaat eine solche Verantwortung. Nirgendwo anders ist er so unersetzbar. Nur der Staat mit seinen Institutionen kann das von ihm in demokratischer Weise gesetzte Recht auch durchsetzen. Er hat deshalb das Gewaltmonopol, und er muss es anwenden!

Innere und äußere Sicherheit sind heute immer weniger voneinander zu trennen. Offene Grenzen in einer Europäischen Union aus 25 Staaten und mit 450 Millionen Einwohnern, weit mehr Menschen als die Vereinigten Staaten von Amerika zählen, erfordern auch einen gemeinsamen Raum des Rechts und der Sicherheit. Leider ist die Zusammenarbeit der Mitgliedstaaten in der Europäischen Union noch lange nicht so weit vorangeschritten wie die Organisation der internationalen Kriminalität. Verbrechen und Verbrechensbekämpfung treten auch mit höchst ungleichen „Wettbewerbs"chancen gegeneinander an. Allein in der Europäischen Union arbeiten Polizeiorganisationen aus 25 Ländern selbständig für sich und in eigener Verantwortung miteinander und oft genug nebeneinander. Darunter sind Mitgliedstaaten wie Deutschland, die sich staatsintern noch einmal 16 selbständige Landespolizeiorganisationen leisten. In der grenzüberschreitenden Zusammenarbeit müssen neben 21 verschiedenen Sprachen höchst unterschiedliche gesetzliche Grundlagen der Polizeiarbeit beachtet werden. Die technische Ausrüstung ist immer noch oft genug inkompatibel. Die organisierte Kriminalität arbeitet dagegen höchst erfolgreich grenzüberschreitend, handelt es sich doch in der Regel sprachlich und der Herkunft nach um homogene Einheiten. Deshalb muss die europäische Polizeiarbeit schnell weiter koordiniert und harmonisiert werden. Die Polizei muss auch ohne Grenzen europaweit arbeiten dürfen und können.

Die ungelösten Probleme der grenzüberschreitenden Kriminalitätsbekämpfung sind im Vergleich zu den Herausforderungen des internationalen Terrorismus gleichwohl von kleinerer Bedeutung. Die nächsten Jahre, vielleicht die nächsten ein bis zwei Jahrzehnte, werden gekennzeichnet sein von einer erheblichen Bedrohung unserer Freiheit und unserer Sicherheit durch den religiös-fundamentalistischen Terrorismus. Wir haben es mit einer neuen Form des Faschismus zu tun, mit einer zutiefst antiliberalen und antidemokratischen Bewegung mit globalem Machtanspruch und einer auf Terror gegründeten Herrschaftstechnik. Dieser Terrorismus wird auf lange Zeit große Teile des Mittleren Ostens bedrohen, dort einzelne Staaten bis an die Grenze des Zerfalls destabilisieren und sich nach Westen weiter fortfressen. Diese massive Bedrohung wird die zivilisierte Welt nur in großer Gemeinsamkeit und Geschlossenheit zurückdrängen können. Die Lösung des Nahost-Problems kann zur Lösung insgesamt beitragen. Die Behauptung, dass Frieden im Nahen Osten die Ursachen des islamistisch-fundamentalistischen Terrorismus beseitigen würde, dürfte sich indes als falsch und naiv zugleich herausstellen. Im Terrorismus der islamistischen Gruppen drückt sich mit menschenverachtender Gewalt der Anspruch aus, die Welt zu beherrschen und zum Islam zu bekehren. Dem kann unsere Welt der Freiheit und des Rechts nur mit einem gemeinsamen Konzept der Verteidigung unserer Werte begegnen. Überzeugend ist ein solches Konzept nur, wenn die Europäer untereinander einig sind und zusammen mit Amerika konsequent die Verantwortung dafür übernehmen. Amerika allein wird es nicht schaffen, Europa aber auch nicht. Die gemäßigten Teile der islamischen Welt müssen in ein solches Konzept einbezogen werden. Die gemäßigten religiösen Führer werden aber nur dann gestärkt, wenn Amerika und Europa keinen Zweifel daran aufkommen lassen, dass sie entschlossen sind, die Herausforderung des Terrors anzunehmen und ihm mit allen zur Verfügung stehenden rechtsstaatlichen Mitteln zu begegnen. Ein Blick auf die Weltkarte und unsere Abhängigkeit von den Energiequellen und den Versorgungswegen aus Regionen, die politisch risikobehaftet sind, zeigt: Wir haben auch ökonomisch gar keine andere Wahl, als so vorzugehen. „Kein Blut für Öl" – dieser vordergründig so eingängige Slogan dürfte schnell verhallen, wenn plötzlich die Handelswege versperrt sind, die die Versorgung vor allem des europäischen Kontinents gewährleisten. Nur wenn sich die Europäer und mit ihnen die Deutschen an diesen globalen Aufgaben beteiligen, können sie im Übrigen auch Einfluss nehmen auf die Politik der Amerikaner, die sicher viele Fehler gemacht haben und immer noch machen. Nur eines geht nicht auf: Amerika wohlfeil zu kritisieren und selbst rat- und tatenlos dazustehen vor einer Bedrohung und einer Gefährdung, die Europa im Zweifel schneller erreicht als Amerika.

Von der Anspruchsgesellschaft zur Leistungsgesellschaft

So sehr die Bürger erwarten können, dass der Staat ihre Sicherheit gegen Feinde im Äußeren und Inneren gewährleistet, so wenig können sie in Zukunft erwarten, dass derselbe Staat ihren Wohlstand und ihr Einkommen garantiert. Im Gegenteil, der Staat hat Versprechen gemacht, die er schon heute nicht mehr einlösen kann. Wenn dem Steuern und Sozialabgaben zahlenden Bürger erst wieder klar wird, dass er alle Wohltaten, die er von seinem Staat verlangt, auch selbst bezahlen muss, dann werden seine Ansprüche an öffentliche Kassen bescheidener und der Blick auf seine eigenen Leistungen kritischer sein. Korrekturen sind notwendig. Wichtig ist auch hier, die Zusammenhänge zu verdeutlichen: Wenn alle alles vom Staat erwarten, bezahlen alle am Ende alles selbst. Die unsoziale Folge gut gemeinter Sozialpolitik liegt auf der Hand: Gerade diejenigen, die auf die Hilfe des Sozialstaats wirklich angewiesen sind, würden leer ausgehen.

Deshalb muss in die Köpfe gelangen, dass Menschen, die etwas leisten können, und die Mehrheit der Bevölkerung kann etwas leisten, vom Staat keine Zuwendungen oder Wohltaten zu erwarten haben. Die Einsicht in diese Wahrheit wird ihnen leichter fallen, wenn ihnen eines klar wird: „Der Staat" sind wir alle, und damit ist auch jeder einzelne Teil dieses Staates und dieser Gesellschaftsordnung. Wir müssen also für einen umfassenden Mentalitätswandel werben. Dieses Werben kann gerade bei der jungen Generation besonders erfolgreich sein. Denn diejenigen, die heute einen Schulabschluss machen und in die Ausbildung gehen, gehören einer sehr leistungsbereiten und arbeitsfreudigen Generation an. Sie wollen eine gute Ausbildung, beruflichen Erfolg und persönliches Glück miteinander verbinden. Sie sind allerdings nicht bereit, die Renten und Pensionen für ihre Eltern zu bezahlen und gleichzeitig deren Schuldenlast zu übernehmen. Weil das so ist, richtet sich der Appell zu höherer Leistungsbereitschaft auch nicht in erster Linie an die jüngere Generation; er richtet sich auch nicht zuerst an die ältere Generation, die dieses Land aufgebaut und zu dem gemacht hat, was es im Kern immer noch ist. Die Aufforderung, mehr zu leisten, mehr zu arbeiten, weniger Ansprüche zu stellen und sich den Realitäten eines wirtschaftlich gewandelten Umfeldes zu stellen, richtet sich vorrangig an die mittlere Generation. Angesprochen sind zuvörderst diejenigen, die 1968 begonnen haben, das Ethos der Leistungsgesellschaft ebenso zu hinterfragen wie alle Autoritäten – vom Elternhaus angefangen über die Kirchen bis hin zu den staatlichen Institutionen. Es ist kein zeitlich zufälliges Zusammentreffen, dass die Überforderung der öffentlichen Haushalte und der Sozialversicherungen gerade in dieser Zeit, mit dem Beginn der siebziger Jahre einsetzt. Wer heute den Egoismus unserer Gesellschaft beklagt, der sollte 35 Jahre zurückblicken. Es ist diese zweite Nachkriegsgeneration, die den Wert der Familie

fundamental in Frage gestellt und die demographische Zeit-
bombe gelegt hat. Sie wird jetzt auch die Folgen ihres Tuns übernehmen müssen. Der ungeliebte Staat, der immer noch gut genug war, in umfassender Weise den beruflichen Werdegang zu
alimentieren, steht als Versorgungseinrichtung nicht mehr uneingeschränkt zur Verfügung. Insbesondere für die Altersversorgung werden die mittleren Jahrgänge von heute im Übergang
vom Wohlfahrtsstaat zur neuen Eigenverantwortung eine doppelte Last tragen müssen: die Erfüllung des Generationenvertra-
ges mit ihren Eltern und den Aufbau eines Kapitalstocks für das
eigene Alter. Es geht nicht anders. Und weil das so ist, werden
wir alle uns wieder mehr anstrengen müssen, und die meisten
von uns werden auch wieder länger arbeiten müssen.

Wachstum entsteht durch Arbeit

Es gehört zu den am weitesten verbreiteten Irrtümern der wirt-
schafts- und arbeitsmarktpolitischen Debatte, dass in unserem
Land nicht Arbeit genug vorhanden sei und die strukturelle Beschäftigungskrise deshalb nur durch Verteilung der vorhandenen
Arbeit auf eine größere Kopfzahl gelöst werden könne. Das Gegenteil ist richtig. Die Arbeitslosigkeit in Deutschland, auf die die
Tarifvertragsparteien seit dem Ende der siebziger Jahre immer
wieder mit Arbeitszeitverkürzungen reagiert haben, ist durch
die Arbeitszeitverkürzung nicht gesunken. Im Gegenteil: Sie ist
weiter gestiegen. Die Arbeitszeitverkürzungen sind auch nicht
durch gleichzeitigen Lohnverzicht begleitet worden, sondern
durch weitere Lohnerhöhungen. Sie haben damit wie doppelte
Lohnerhöhungen gewirkt. Dadurch ist Arbeit in Deutschland
im regulären Arbeitsmarkt immer teurer geworden. Die Unternehmen haben darauf ihrerseits zunächst mit weiteren Rationali-

sierungen reagiert. Arbeit ist durch Maschinen übernommen worden. Auch deshalb hat es in Deutschland über so lange Zeit solche Produktivitätszuwächse gegeben, ohne dass die verbleibenden Arbeitsplätze ebenfalls gefährdet gewesen wären. Da wir in den siebziger Jahren gerade auch aufgrund der Ölpreisschocks relativ hohe Inflationsraten hatten, haben die Gewerkschaften zudem versucht, in den Lohnverhandlungen Abschlüsse über der Inflationsrate durchzusetzen, um die Reallohnposition der Arbeitnehmer zu verbessern. Dies war im Jahr 1974 zunächst der ÖTV für den öffentlichen Dienst mit durchschnittlichen Gehalts- und Lohnzuwächsen für Beamte, Angestellte und Arbeiter von mehr als 10 Prozent sehr weitgehend gelungen. In der gewerblichen Wirtschaft wurde nachgezogen. Und so hat die Summe aus Arbeitszeitverkürzungen und Lohnabschlüssen über dem Produktivitätszuwachs zur Verfestigung der vorhandenen und gleichzeitig zu neuer Arbeitslosigkeit geführt.

Die Konsequenz: Die deutsche Volkswirtschaft wurde immer weniger wettbewerbsfähig. Die Arbeitslosigkeit wirkte sich ihrerseits auf die Arbeitskosten aus, denn seit den siebziger Jahren stiegen nicht nur die Bruttolöhne und -gehälter überproportional. Auch die Kosten der Arbeitslosigkeit in Form von Arbeitslosengeld, Arbeitslosenhilfe und Sozialhilfe mussten über höhere Steuern und Sozialversicherungsbeiträge finanziert werden. Hinzu kam die sukzessive Ausweitung der Sozialleistungen, die sich mit der steigenden Arbeitslosigkeit auf immer weniger Schultern verteilte. Die Nettolöhne der Arbeitnehmer wurden auf diese Weise immer weiter von ihren Bruttoeinkommen abgekoppelt. Trotz hoher Lohnsteigerungen kommt in den Taschen der Beschäftigten immer weniger an. Da die Gewerkschaften ihren Erfolg in Lohnverhandlungen richtigerweise langfristig im Zuwachs der verfügbaren Arbeitnehmereinkommen messen und nicht in den Bruttoarbeitskosten der Arbeitgeber, finden sich im Ergebnis der Tarifpolitik selbst immer wieder Gründe für die Forderung nach weiteren Lohnerhöhungen. Der Teufelskreis aus steigenden Arbeitskosten, höherer Arbeitslosigkeit, stagnierenden Arbeitnehmereinkommen und objektiv zu hohen Lohnforderungen und wieder objektiv zu hohen Lohnabschlüssen dreht sich weiter.

Wir haben nicht viele Stellschrauben, um daran etwas zu ändern. Deutschland wird ein Land mit hohen Löhnen und hohen Standards bleiben wollen. Allerdings werden wir nicht immer höheren Wohlstand mit immer weniger Arbeit erzielen können. Die meisten Belegschaften der Betriebe wissen, dass nur mit mehr Arbeit ein höheres Wachstum für ihr Unternehmen ermöglicht und so die Wettbewerbsfähigkeit des Unternehmens gesichert werden kann. Was im Kleinen gilt, gilt auch im Großen für die ganze Volkswirtschaft: Allein die Tatsache, dass im Jahr 2004 drei, in einigen Bundesländern sogar vier Feiertage auf einen Sonntag und der 1. Mai auf einen Samstag fallen, hat der deutschen Volkswirtschaft ein zusätzliches Wirtschaftswachstum von 0,5 Prozent ermöglicht. Das klingt wenig, aber bei 0,5 Prozent wächst das Sozialprodukt in Deutschland bereits um mehr als 10 Milliarden Euro. Rund ein Fünftel davon fließt als Steuern in die Haushalte von Bund, Ländern und Gemeinden, mehr als durch die meisten Steuererhöhungen der jüngsten Zeit erzielt wurde. Nur Arbeit schafft eben Wachstum, die zufällige Lage der Feiertage beweist dies ebenso eindrucksvoll wie die unbeirrt wachsende Schattenwirtschaft.

Den Arbeits„markt" in Ordnung bringen

Diese Arbeit muss aber auch wieder im regulären Arbeitsmarkt erbracht werden können. Leider behindert das deutsche Arbeits- und Sozialrecht diesen Arbeitsmarkt in geradezu destruktiver Weise. Der deutsche Sozialstaat ist längst zum Fürsorgestaat verkommen, der Leistungsbereitschaft bestraft und Faulheit belohnt. So brauchen wir uns über Ausweichreaktionen in die Schattenwirtschaft nicht zu wundern. Diese Erscheinungsformen eines Arbeitsmarktes, der fast nur noch in Ausweichreaktionen, nicht aber mehr im geregelten Zugang funktioniert, bleiben so lange bestehen, wie die hohe Steuer- und Abgabenbelastung nicht in beherzten Schritten gesenkt wird. Eine reine Umfinanzierung von Sozialabgaben durch Steuersubventionen nach dem Vorbild der „Ökosteuer" erschwert die Lösung der Probleme zusätzlich.

Die Ursachen unserer Beschäftigungsmisere reichen allerdings tiefer. Der deutsche Arbeitsmarkt funktioniert im Ganzen nicht mehr als Markt, in dem ein Angebot von Arbeit auf eine aufnahmebereite Nachfrage stößt. Der Arbeitsmarkt ist hoch reguliert, der Zugang in den Arbeitsmarkt und der Austritt aus dem Arbeitsmarkt unterliegen einem dichten Regelwerk, das sich nur noch Experten erschließt. Für mittlere und kleine Unternehmen ist diese Überregulierung schlicht eine Katastrophe. Im Zusammenwirken von Staat und Tarifvertragsparteien ist ein Konditionenkartell entstanden, das sich selbst dann nicht überwinden lässt, wenn Arbeitnehmer und Arbeitgeber dies gemeinsam wollen. Sie unterliegen einer Vielzahl von Vorfestlegungen durch die Gesetze und die Tarifverträge. Diese Vorfestlegungen reduzieren die ansonsten als Ausdruck der Freiheitsordnung unserer Verfassung garantierte Vertragsfreiheit ausgerechnet im Arbeitsrecht auf marginale Randbereiche des einzugehenden Arbeitsverhältnisses. Dabei müsste es gerade in der immer weiter ausdifferenzierten Arbeitswelt der Zukunft nicht weniger, sondern sehr viel mehr Gestaltungsfreiheit für Arbeitnehmer und Arbeitgeber geben.

Das gesamte Regelwerk wird von seinen Verfassern und Befürwortern mit der besonderen Schutzwürdigkeit der Arbeitnehmer begründet. Dieses Argument stammt aus der Zeit patriarchaler Unternehmensführungen der Gründerzeit der Industriegesellschaften. Zu dieser Zeit hatte es seine Berechtigung. Heute sind die Umstände völlig andere. Der rücksichtslose Umgang mit Arbeitnehmern, die unter miserablen Bedingungen ohne Rücksicht auf ihre Gesundheit zu schlechten Löhnen beschäftigt wurden, ist in der Regel einem gleichberechtigten Miteinander in den Unternehmen gewichen. Aus den tiefgreifenden Konflikten zwischen Kapital und Arbeit ist einhundert Jahre später eine soziale Partnerschaft in den Betrieben geworden. Der Arbeitnehmer ist mündig, der kleine Mann ist groß geworden. Immer mehr Betriebe sind auf allen Ebenen abhängig von ihren Facharbeitern und ihrem gut ausgebildeten Personal. Immer mehr Mitarbeiter werden für ihre Betriebe schwer ersetzbar. Es fehlt mittlerweile trotz hoher Arbeitslosigkeit an gut ausgebildetem Personal. Aus den Abhängigkeiten der Arbeiter von den industriellen Großbetrieben der Vergangenheit ist eine zunehmende Abhängigkeit der modernen, oftmals sehr kleinen und leistungsstarken, innovativen Unternehmen der Gegenwart von ihrem Personal geworden.

Auf diese Veränderung der Wirklichkeit gibt unser Arbeitsrecht immer noch die Antworten der Vergangenheit. Das Wichtigste wäre also, in einem Arbeitsvertragsgesetz die Freiheiten zu eröffnen, die mündige Bürger auch und gerade in der Verabredung ihrer Berufs- und Lebenschancen in der Arbeitswelt brauchen. Ein genau dahin gehender Auftrag des Einigungsvertrages ist übrigens bis heute unerfüllt geblieben! Im Mittelpunkt eines solchen neuen, „schlanken" und einfachen Arbeitsvertragsrechts, das auch die Auswüchse der Rechtsprechung korrigiert, muss der mündige Staatsbürger als Unternehmer und als Arbeitnehmer stehen. Wir können nicht in Symposien, Akademien, auf Kongressen, Tagungen und Festakten jedweder Art über den mündigen Bürger auf mehr oder weniger hohem Niveau räsonieren und im Alltag der Gesetzgebung seine Entmündigung und Bevormundung ungehindert weiter fortsetzen. Wenn „Freiheit und Verantwortung" mehr sein sollen als leere Worthülsen, dann müssen sie vor allem auf das Arbeitsverhältnis angewendet werden.

Konkret bedeutet dies folgendes: Tarifverträge werden ihre Bedeutung behalten, ebenso wie Tarifvertragsgesetz und Betriebsverfassungsrecht. Aber die Abweichung von Tarifverträgen muss viel stärker zulässig werden als bisher und zwar ohne die Zustimmung der Arbeitgeberverbände und der Gewerkschaften, die sie abgeschlossen haben. Wie sieht es heute aber de facto aus? Im dichten Geflecht des Regelwerks aus der als Grundrecht geschützten Tarifautonomie, dem gesetzlich geregelten Tarifvertragsrecht, den Tarifverträgen selbst und der Übertragung der Verhandlungs- und Abschlussvollmacht auf die überbetriebliche Ebene durch die Arbeitgeber und Arbeitnehmer sind solche Abweichungen heute grundsätzlich nur einzelvertraglich zwischen Arbeitnehmer und Arbeitgeber zulässig. Und dies auch nur, wenn sie für den Arbeitnehmer „günstiger" sind. Was „günstiger" ist, hat der Gesetzgeber nicht entschieden, sondern der Rechtsprechung überlassen. Diese wiederum hat daraus den eng begrenzten Günstigkeitsvergleich entwickelt: Urlaubstage dürfen nur zugunsten höheren Urlaubsgeldes begrenzt werden, Fahrtkostenerstattung nur gegen die Stellung eines Firmenfahrzeuges. Unzulässig ist die allgemeine Verlängerung der Arbeitszeit über die Regelarbeitszeit des Tarifvertrages hinaus, auch wenn dafür Arbeitsplätze erhalten oder sogar neue geschaffen werden können. Das sei für den einzelnen Arbeitnehmer nicht „günstiger".

Es überrascht nicht, dass solche komplizierten Regeln in keinem anderen Land der Europäischen Union oder außerhalb der Europäischen Union bestehen. Man kann sie einem Ausländer, der in Deutschland investieren und Arbeit schaffen will, auch nicht erklären. Sie haben angesichts der Veränderungen der letzten Jahrzehnte auch in Deutschland ihre innere Rechtfertigung verloren.

Gerade in Zeiten hoher Arbeitslosigkeit müssen „betriebliche Bündnisse für Arbeit" möglich sein. Wenn Unternehmen in Deutschland und mit ihnen ihre Beschäftigten wettbewerbsfähig bleiben oder wieder werden wollen, dann werden sie neben ihrer beständigen Innovationsfähigkeit und ihrer Anpassungsfähigkeit an die Märkte vor allem über längere Arbeitszeiten betriebliche Verabredungen treffen können müssen. Die Arbeits- und Urlaubszeiten gehören zu den wenigen Stellschrauben, die sich schnell verändern lassen, um kurzfristig die betriebliche Leistung zu erhöhen. Die meisten Belegschaften sind dazu bereit, wenn sie erkennen, dass nur so die Existenz des Betriebes gerettet oder sein Verbleib in Deutschland gesichert werden kann.

Sehr häufig werden Betriebsräte aber von ihren Gewerkschaftszentralen an entsprechenden Vereinbarungen gehindert. Formal dürfen Betriebsräte auch entsprechende Abweichungen von den Tarifverträgen gar nicht vereinbaren. Denn das Betriebsverfassungsgesetz verbietet Betriebsvereinbarungen über Arbeitsbedingungen, die „üblicherweise" Tarifverträgen vorbehalten sind. Diese Sperre ist Bestandteil der Delegation der Verantwortung auf die überbetriebliche Ebene, auf der sich Gewerkschaften und Arbeitgeberverbände zur Aushandlung der

Arbeitsbedingungen begegnen. Sollen Arbeitsbedingungen, die „üblicherweise" Tarifverträgen vorbehalten sind, auf betrieblicher Ebene vereinbart werden, bedarf es dazu eines Haustarifvertrages, den nur die Gewerkschaft für die Arbeitnehmerseite mit dem Arbeitgeber abschließen darf. Tritt der Arbeitgeber aus einem Arbeitgeberverband aus, der für ihn einen Tarifvertrag ausgehandelt hat, gilt dieser Tarifvertrag solange fort, bis die zuständige Gewerkschaft wiederum einen Haustarifvertrag unterzeichnet. Gewerkschaftsintern bedarf jeder Haustarifvertrag der formalen Genehmigung durch die jeweiligen Zentralvorstände der Gewerkschaften, die in der Regel die Zustimmung verweigern, vor allem bei dem Kampfthema Arbeitszeit.

Natürlich haben findige Betriebsräte mit ihren Gewerkschaften und den regionalen Arbeitgeberverbänden längst Auswege aus diesem Dilemma gefunden. So werden zwischen Betriebsrat und Geschäftsführung Regelungsabreden über Arbeitszeiten und Urlaubsregelungen abgeschlossen. Dem Inhalt nach handelt es sich dabei aber um Haustarifverträge, die Betriebsräte eigentlich gar nicht abschließen dürfen. Diese Abreden zwischen Betriebsrat und Arbeitgeber werden vom örtlichen Gewerkschaftssekretär und dem regionalen Arbeitgeberverband geduldet. So hat die innerbetriebliche Regelungsabrede faktisch die Wirkung eines Haustarifvertrags, den der örtliche Gewerkschaftsvertreter aber nicht nach oben melden muss!

Unternehmen können von Glück sprechen, wenn sie solche Gewerkschaften und Betriebsräte als Partner haben. Insbesondere in Ost-Deutschland sind solche Abweichungen von den Tarifverträgen auch bei den Löhnen inzwischen an der Tagesordnung. Im Osten wird kaum ein Tarifvertrag flächendeckend eingehalten, im Westen werden täglich Abweichungen in der oben beschriebenen Weise vereinbart. Aber welchen Wert hat eine Rechtsordnung und mit ihr die Tarifautonomie, wenn ihre formale Existenz nur durch Regelverstöße gesichert werden kann?

Deshalb muss auf betrieblicher Ebene auch formal möglich sein, was de facto längst stattfindet. Die soziale Partnerschaft muss gerade auf betrieblicher Ebene gestärkt werden. Diese Dezentralisierung der Verantwortung auf die untere Ebene entspricht im besten Sinn dem Subsidiaritätsprinzip, dem Vorrang der kleinen vor der großen Einheit, dem Vorrang der unteren vor der oberen Instanz. Sie wird entscheidend sein für den Erfolg der Arbeitsmarktpolitik der Zukunft. Denn alle Staaten, die in den letzten Jahren Erfolg gehabt haben mit ihrer Wirtschafts- und Arbeitsmarktpolitik, haben diesen Erfolg nur gehabt, weil sie von oben nach unten delegiert haben und weil sie bereit waren, gegen den Macht- und Organisationsanspruch der Verbände und der Gewerkschaften den Betrieben in der Ausgestaltung der Arbeitsbedingungen mehr Freiheit zu geben. Dies ist aus meiner Sicht die bis heute ungelöste, zentrale Aufgabe der deutschen Arbeitsmarktpolitik.

Soziale Partnerschaft: Mitarbeiter motivieren – Funktionäre entmachten

Das Gegenteil wird auch nicht dadurch bewiesen, dass es trotz der bestehenden Regelwerke immer wieder in Einzelfällen gelingt, zu vernünftigen Lösungen zu kommen. Die Firma Siemens hat im Frühsommer 2004 einen Konflikt um längere Arbeitszeiten mit der IG Metall austragen müssen. Es ging um den Verbleib von 10.000 Arbeitsplätzen insbesondere in der Handy-Produktion im westfälischen Bocholt. Der Konflikt wurde beigelegt, nachdem die Gewerkschaft zugestanden hatte, dass ohne Lohnausgleich wieder 40 Stunden gearbeitet und das Weihnachts- und

Urlaubsgeld durch eine erfolgsbezogene Sonderzahlung ersetzt wird. Der zuständige Gewerkschaftsvorsitzende beeilte sich – auffällig beflissen – hinzuzufügen, dass dies eine Ausnahmeentscheidung für ein Unternehmen sei und auf gar keinen Fall auf andere Unternehmen übertragen werde. Der Vorstandsvorsitzende der Siemens AG sah in dem Abschluss dieser Vereinbarung sogar den Beweis erbracht, dass die Tarifautonomie in Deutschland ihre Bewährungsprobe bestanden habe.

Genau dies hat sie freilich nicht, wenn erst ein Vorstandsbeschluss zur Verlagerung der gesamten Produktion und nur die Wucht der drohenden Entlassung von mehreren tausend Mitarbeitern die Gewerkschaft zum Einlenken bewegt. Bei Siemens ist die Gewerkschaft dem Druck der Größe gewichen. Sie wird in vielen kleinen und weniger öffentlichkeitswirksamen Unternehmen umso mehr darum bemüht sein, ihre Organisationsgewalt zu bewahren. Sie beruft sich dabei immer wieder auf die grundrechtlich geschützte Tariffreiheit.

Artikel 9 des Grundgesetzes schützt aber nicht die Funktionärsherrschaft. Dieser Artikel schützt, wie das Bundesverfassungsgericht feststellt, als „konstituierendes Prinzip der demokratischen und rechtsstaatlichen Ordnung des Grundgesetzes" das Prinzip freier sozialer Gruppenbildung. Vereinigungs- und Koalitionsfreiheit beinhalten das Recht, Vereine, Gesellschaften, Verbände und Gewerkschaften zu gründen. Dieser „positiven" Vereinigungsfreiheit steht die „negative" Vereinigungsfreiheit gleichberechtigt gegenüber. Sie enthält das gleichrangige Recht, Vereine, Gesellschaften, Verbände und Gewerkschaften *nicht* zu gründen, ihnen *nicht* anzugehören und sich den Regeln bestehender Vereinigungen, denen man nicht angehört, auch nicht zu unterwerfen.

Die Behauptung, betriebliche Bündnisse für Arbeit seien grundgesetzwidrig, weil sie gegen die Vereinigungsfreiheit verstießen, ist schlicht abwegig. Zum einen haben Arbeitnehmer die Möglichkeit, jederzeit aus der Gewerkschaft auszutreten und individualrechtliche Verträge zur Beschäftigungssicherung abzuschließen. Zum zweiten kann auch bei Verbleib der Arbeitnehmer in der Gewerkschaft über eine Neudefinition des Günstigkeitsprinzips die Möglichkeit geschaffen werden, maßgeschneiderte Regelungen für den Betrieb zu gestalten. Zum dritten bietet eine Modifikation des Tarifvorrangs im Betriebsverfassungsgesetz eine Alternative, auch über Betriebsvereinbarungen Beschäftigung zu sichern. Auch die beiden letztgenannten Varianten können einfachgesetzlich verfassungskonform geregelt werden. Der Vorwurf, betriebliche Bündnisse für Arbeit seien nicht mit dem Grundgesetz vereinbar, dient also erkennbar allein dem Ziel, die Macht- und Bevormundungsansprüche einiger weniger Gewerkschaftsfunktionäre zu legitimieren. Dagegen können und müssen sich selbstbewusste Arbeitnehmer zur Wehr setzen. Sie tun es auch längst und benötigen vom Gesetzgeber nur noch eine ausreichende rechtliche Grundlage, damit sie nicht den heute zulässigen und immer wieder erfolgreichen arbeitsgerichtlichen Anträgen der Gewerkschaften ausgesetzt sind, wenn sie betriebsnahe Lösungen mit ihrem Arbeitgeber vereinbart haben, die auch den Vorbehaltsbereich des Tarifvertrages berühren. Der gesetzestechnische Weg dorthin mag schwierig sein, aber das Ziel ist entscheidend. Und dieses Ziel muss politisch angestrebt und gesetzgeberisch erreicht werden. Wir schulden diese Anstrengung gerade den Arbeitnehmern, die nicht länger bereit sind, sich der Fremdbestimmung von Gewerkschaften zu beugen, von denen in Deutschland keine einzige mehr die Mehrheit der Arbeitnehmer einer Branche repräsentiert, nach der sie sich benennt.

Beschäftigungschancen und Kündigungsschutz

Neben der Verkrustung der Systeme zur Lohnfindung und zur Ausgestaltung der Arbeitsbedingungen behindert eine weitere Überregulierung den Arbeitsmarkt in Deutschland und beeinträchtigt die Chancen zu mehr Beschäftigung: Wir haben mit das strengste Kündigungsschutzrecht auf der Welt. In kaum einem anderen Land sind die Barrieren für Arbeitgeber so hoch, Mitarbeiter zu entlassen, wenn die Auftragslage und damit die wirtschaftliche Situation eines Betriebs es erforderlich macht. So paradox es klingt: In vielen Einzelfällen ist es leichter, ein Unternehmen vollständig in die Insolvenz gehen zu lassen, als Teile des Betriebs mit reduzierter Belegschaft weiterzuführen oder durch einen Nachfolger weiterführen zu lassen.

Politisch ist das Thema seit Jahren hochgradig emotional belastet. Eine kurz und heftig geführte Diskussion in der parlamentarischen Sommerpause 2004 hat wieder einmal belegt: Man kann in der Aufgeregtheit des Augenblicks kaum noch ein Argument für eine Veränderung des Kündigungsschutzes vortragen, vor allem dann nicht, wenn aus den eigenen parteipolitischen Reihen heraus scharf geschossen wird, bevor der Satz zu Ende gesprochen oder ein Text zu Ende gelesen wurde. In der Sache bleibt trotzdem richtig: Hohe Austrittsbarrieren, die zum Schutz der Arbeitnehmer durchaus gutmeinend errichtet wurden, sind zugleich hohe Eintrittsbarrieren für Arbeitslose, die eine neue Stelle suchen. Was von vielen einfach nicht gesehen wird: Die Mauer um den Arbeitsmarkt ist von beiden Seiten gleich hoch. Deshalb hat ja sogar die rot-grüne Bundesregierung nach langem Zögern gewisse Einschränkungen beim Kündigungsschutz vorgenommen: Seit Anfang 2004 gilt das Kündigungsschutzgesetz nur für Betriebe mit mehr als zehn Beschäftigten statt bisher fünf, wenn die Beschäftigten neu eingestellt worden sind. Es müssten weitere Änderungen folgen, denn der Blick auf andere Länder zeigt: Je niedriger der Kündigungsschutz ist, umso niedriger ist die Arbeitslosigkeit. In vielen Ländern Europas gibt es keinen besonderen Kündigungsschutz für Arbeitnehmer – und es herrscht Vollbeschäftigung. Beides hat nach meiner festen Überzeugung etwas miteinander zu tun.

Nun weiß jeder um die großen Veränderungsängste, die gerade beim Thema Kündigungsschutz bestehen. Sie sind zum großen Teil unbegründet, ja zum Teil einfach irrational. Wenn etwa das Argument herangezogen wird, junge Familien bräuchten doch Planungssicherheit und deshalb Kündigungsschutz, dann dürfte man gegenwärtig keinem jungen Familienvater und keiner Mutter raten, in ein kleines Unternehmen mit nur sechs oder sieben Beschäftigten einzutreten. Denn dort gilt das Gesetz für sie gar nicht.

An diesem Beispiel wird auch deutlich, wie willkürlich die gesetzte Grenze mit der Größe des Betriebes ist. Die Heranziehung des Lebensalters der Beschäftigten etwa wäre sehr viel wichtiger und objektiver, denn gerade ältere Arbeitslose werden nur sehr zögerlich eingestellt. Der Kündigungsschutz sollte also etwa ab dem 50. Lebensjahr – oder geringfügig darüber – ausgesetzt werden, unabhängig von der Größe des Betriebes, damit die Beschäftigungschancen für die Gruppe verbessert wird, die von Arbeitslosigkeit am meisten betroffen ist. Wenn dann nachgewiesen wird, dass schneller eingestellt wird, kann man auch den Kündigungsschutz für jüngere Jahrgänge lockern.

Irreal ist die Angst, die Arbeitnehmer seien bei einer solchen Regelung schutzlos. Sie sind es nicht: Es gelten immer noch die Kündigungsfristen des Bürgerlichen Gesetzbuchs und die mittlerweile in ausgefeilten Richtlinien der EU ebenso niedergelegten wie im nationalen Recht verankerten Willkür- und Diskriminierungsverbote. Von „hire and fire" wären wir selbst ganz ohne

Kündigungsschutzgesetz immer noch sehr weit entfernt. Und was spricht eigentlich dagegen, die Arbeitnehmer und Betriebe selbst darüber entscheiden zu lassen, welches Schutzniveau sie denn bevorzugen? Mit Kündigungsschutz und Abfindungsregelung wird das Gehalt dann etwas niedriger, ohne etwas höher. Diese Lösung hätte einen Vorteil: Beide Seiten hätten mehr Freiheit gewonnen, sich zu entscheiden. Ich bin ganz sicher: Der Mut zu einem solchen Weg, der durchaus schrittweise und mit viel Erklärung und Einfühlungsvermögen gegangen werden muss, löst zusammen mit der Änderung des Tarif- und Betriebsverfassungsrechts endlich die Fesseln und nimmt die Bremsklötze weg, die einem Aufschwung des Arbeitsmarktes bis heute so im Wege stehen. Dieser Mut würde belohnt und käme vielen zugute: Zuerst den Arbeitslosen, die wieder eine Chance der Beschäftigung bekommen; dann den Betrieben, die ihr Risiko wieder besser kalkulieren können; aber auch dem Staat und nicht zuletzt der Politik, die zeigen würde, dass wir bereit und in der Lage sind, von anderen Erfahrungen zu lernen.

Aufbau Ost: Viel erreicht, noch viel zu tun

In den neuen Ländern ist die Abkehr von den Tarifverträgen vielfach schon heute Realität. Vielfach haben sich nämlich Arbeitnehmer und Unternehmer bereits auf betriebsnahe Lösungen verständigt. Damit wird der Strukturwandel in Ostdeutschland zwar in Teilbereichen erleichtert. Die Probleme sind jedoch nach wie vor gravierend. Am deutlichsten ist dies in den viel höheren ostdeutschen Arbeitslosenquoten abzulesen. Produktivität und Wirtschaftswachstum sind seit Mitte der neunziger Jahre hinter der westdeutschen Entwicklung zurückgeblieben. Die Schere öffnet sich also weiter, statt sich zu schließen.

Sicher sind beim Aufbau Ost Fehler gemacht worden. So zum Beispiel bei der häufig viel zu schnellen Lohnangleichung an das westdeutsche Niveau. Das hat viele ostdeutsche Unternehmen mit niedriger Produktivität nicht mehr wettbewerbsfähig sein lassen und eine große Anzahl von Arbeitsplätzen gekostet. Auch die Frage der vollständigen und sofortigen Übertragung des gesamten westdeutschen Gesetzes- und Verordnungsbestandes einschließlich der hohen Sozialstandards auf die neuen Länder würde man heute im Rückblick sicher anders lösen und zuvor die westdeutschen Strukturen auf den Prüfstand stellen. Denn es war bereits Ende der achtziger Jahre erkennbar, dass der westdeutsche Sozialstaat an seine Grenzen stößt. Bei aller zum Teil berechtigten Kritik darf man jedoch eines nie vergessen: Die Deutsche Einheit war eine politische und ökonomische Weltpremiere. Nie zuvor wurde eine Zentralverwaltungswirtschaft quasi über Nacht in eine marktwirtschaftliche Ordnung überführt. Vor diesem Hintergrund und mit Blick auf das sozialistische Erbe der ehemaligen DDR ist das, was in etwas über einem Jahrzehnt erreicht wurde, in hohem Maß beachtlich und darf nicht klein geredet werden: Die Infrastruktur ist in vielen Bereichen saniert, wenngleich immer noch Mängel vorhanden sind. Von einem flächendeckenden Nachholbedarf kann jedoch nicht mehr gesprochen werden. Der Verfall der Bausubstanz ist gestoppt, die während der DDR-Zeit verursachte Bedrohung der natürlichen Lebensgrundlagen beendet. Das Anlagevermögen der gewerblichen Wirtschaft ist zu über 80 Prozent modernisiert. Es gibt insgesamt über eine halbe Million Selbständige, und die Exportquote der ostdeutschen Industrie steigt, wenn auch langsam. Im Vergleich zur Ausgangssituation ist die bisherige Bilanz deshalb weit besser als ihr Ruf. Und schließlich dürfen wir mit dem Blick auf die Zahlen nicht vergessen: Die Menschen in den neuen Ländern hatten in kurzer Zeit einen Anpassungs- und Veränderungs-

prozess bis hinein in ihre ganz persönliche Berufs- und Lebens-
erfahrung zu bewältigen, der uns im Westen in so kurzer Zeit
noch nie zugemutet worden ist.

Trotzdem gibt es auch im Osten Deutschlands nach wie vor
viel zu tun. Wir müssen den Aufholprozess beschleunigen und
vor allem schneller als in den letzten Jahren vorankommen.
Zwei gewichtige Gründe sprechen dafür: Erstens müssen die
Menschen in Ostdeutschland eine bessere Zukunftsperspektive
erhalten. Es ist eine inakzeptable Vorstellung, dass in Ostdeutschland eine Generation heranwächst, deren Eltern arbeitslos sind und die auch selbst nur Arbeitslosigkeit kennt. Deshalb
müssen den Menschen neue Beschäftigungschancen eröffnet
werden. Gelingt dies nicht, riskieren wir mittel- bis langfristig,
dass die Menschen mit den Füßen abstimmen und ganze Regionen entvölkert werden.

Zweitens belasten die hohen Transferzahlungen in die neuen
Länder, die als Solidarleistung des Westens gegenüber dem Osten nicht in Frage stehen, auch die wirtschaftliche Entwicklung
in Westdeutschland. Das darf nicht als Entschuldigung oder
Alibi herhalten, um die überfälligen Strukturreformen in Westdeutschland in Frage zu stellen oder zu verzögern. Diese Strukturreformen müssen vorangetrieben werden, um das Wirtschaftswachstum in ganz Deutschland zu beschleunigen, ganz
unabhängig von dem Solidarpakt. Derzeit erarbeitet Ostdeutschland aber immer noch nur rund zwei Drittel seiner Nachfrage
selbst. Das fehlende Drittel kommt zu etwa 75 Prozent aus den
öffentlichen Kassen Westdeutschlands bzw. stammt aus Kapital-
transfers. Deshalb ist klar: Je schneller der wirtschaftliche Aufholprozess vorangebracht wird, umso rascher werden auch die
öffentlichen Haushalte in ganz Deutschland entlastet.

Die Kärrnerarbeit beim Aufbau Ost erfordert eine Vielzahl
verschiedener Maßnahmen und Konzepte. Wir müssen an ver-

schiedenen Stellen ansetzen, um die Gesamtleistung rasch zu steigern. Um die Lücke beim Wirtschaftswachstum und der Produktivität zu schließen, muss die Unternehmensbasis und der industrielle Kern in Ostdeutschland verbreitert werden. Hier gilt es, verstärkt anzusetzen und die Ansiedlung neuer Unternehmen wie auch Existenzgründungen zu fördern. Nach wie vor liegt der Anteil der Industriebeschäftigten an allen privat Beschäftigten in den neuen Ländern nur bei ca. 15 Prozent. Das ist weniger als die Hälfte des Wertes in Westdeutschland. Um die Dimension des Problems zu verdeutlichen: Dieser Wert liegt sogar unter dem Wert Süditaliens. Um ein Bundesland wie Sachsen, das vor dem Zweiten Weltkrieg 130 Prozent des reichsweiten Bruttoinlandsprodukts pro Kopf erwirtschaftete, wieder auf das westdeutsche Niveau zu bringen, sind nach wie vor enorme Anstrengungen nötig. 1991 erwirtschaftete Sachsen nur gut 30 Prozent des westdeutschen Niveaus, heute sind es bereits wieder 60 bis 70 Prozent. Weitere Investitionen sind aber notwendig, um den Investitionsstau zu beseitigen und die Wirtschaftskraft in den ostdeutschen Ländern zu erhöhen. Die bisherigen Erfahrungen zeigen: Dies gelingt am besten durch eine Bündelung der Kräfte und eine Konzentration auf Wachstumszentren. Statt Finanzmittel zur Behebung aller möglichen regionalen Schwächen zu verwenden, führt die gezielte Unterstützung industrieller und gewerblicher Wachstumszentren über Multiplikatoreffekte zu zusätzlichen Investitionen und Arbeitsplätzen über die Zentren hinaus. So entstehen Kaufkraft und Nachfrage, die ihrerseits wieder positive Entwicklungseffekte haben.

Ein besonderer Förderschwerpunkt sollte dabei auf der Stärkung der Forschungs- und Entwicklungspotentiale in kleinen und mittleren Unternehmen liegen. Auch deren Vernetzung mit der industrienahen Forschung an Hochschulen und Forschungseinrichtungen ist vorrangig. Hierdurch können nämlich innovative Spitzenprodukte auch in diesen Unternehmen hervorgebracht werden, und nur so kann deren internationale Wettbewerbsfähigkeit gestärkt werden.

All diese Maßnahmen können zur Beschleunigung des Strukturwandels in den neuen Ländern beitragen. Darüber hinaus benötigen die neuen Länder jedoch zusätzliche Freiräume für regional angepasste Lösungen. Das überregulierte System Westdeutschlands, mit dessen Reform wir uns so schwer tun, behindert den Aufbau Ost zusätzlich. Deshalb muss dort von der Möglichkeit Gebrauch gemacht werden dürfen, durch Experimentierklauseln zusätzliche Handlungsspielräume für eigenverantwortliche Lösungen vor Ort zu gewinnen. Ein Beispiel: Das sogenannte „Verkehrswegebeschleunigungsgesetz", das vielfältige Regelungen und Vorschriften im ostdeutschen Planungsrecht außer Kraft setzt, zeigt inzwischen bereits sehr positive Wirkungen. Während der Bau der neuen Flughäfen in München oder Stuttgart fast 25 Jahre benötigte, konnten die Flughäfen in Leipzig oder Dresden in wesentlichen Teilen innerhalb von 6 Jahren neu gebaut werden. Das genannte Gesetz sollte deshalb nicht nur in Ostdeutschland fortbestehen. Was hindert uns daran es auch auf Westdeutschland zu übertragen? Wir können im Westen auch etwas vom Osten lernen, nicht nur umgekehrt!

Es ließen sich noch eine ganze Reihe weiterer Beispiele finden, die verdeutlichen: Überregulierungen und zentralistisch vorgegebene Lösungen sind der falsche Weg für einen erfolgreichen Aufbau Ost. Gerade mit Blick auf die EU-Osterweiterung müssen die neuen Länder die daraus erwachsenden Chancen eines erweiterten Binnenmarktes und ihrer zentralen Lage nutzen können, um flexibel Investitionen anzuziehen und sich gegenüber der neu erwachsenden Konkurrenz aus Osteuropa behaupten zu können. Flexibilisierung, Deregulierung und Differenzierungen statt bürokratische gesamtdeutsche Lösungen, das muss das Ziel sein, um die ostdeutsche Wirtschaftskraft zu stärken, den Aufholprozess voranzubringen und die Angleichung der Lebensverhältnisse zu beschleunigen. Auch die alten Länder könnten so von den Erfahrungen profitieren, die in den neuen Ländern gemacht würden, so dass es zu einem gesamtdeutschen Abbau überflüssiger und hemmender bürokratischer Vorschriften kommen könnte.

Ein leistungsstarker öffentlicher Dienst

Wie jeder moderne Staat braucht auch Deutschland einen leistungsfähigen öffentlichen Dienst. Die Mehrheit der Beamten, Angestellten und Arbeitnehmer im öffentlichen Dienst unseres Landes leisten gute und engagierte Arbeit. Vor allem zahlreiche örtliche Verwaltungen haben sich viel weiter zu Dienstleistungszentren entwickelt als die oftmals voreingenommene Volksmeinung wahrnimmt. Davon profitieren vor allem Unternehmen, die von den Behörden zum Beispiel bei Investitionsvorhaben nicht mehr als Bittsteller vorgelassen, sondern als Kunden schnell und zielorientiert betreut werden. Das gleiche gilt für die immer zahlreicher werdenden Bürgerbüros, die den Einwohnern einer Stadt alle Dienstleistungen aus einer Hand anbieten, statt sie wie früher von einem Amtszimmer zum nächsten zu schicken.

Vermutlich haben die Lehrer unter den öffentlich Bediensteten die schwierigste Aufgabe. Denn sie finden in ihren Klassen die Probleme ungefiltert vor, die eine haltlose Gesellschaft und zerrüttete Familien erzeugen. Wir sollten aufhören, auf „die Beamten" und auf „die Lehrer" zu schimpfen. Demokratie und Marktwirtschaft brauchen funktionsfähige Institutionen. Ein leistungsfähiger öffentlicher Dienst, eine effiziente Staats- und

Kommunalverwaltung und gute Schulen sind für die Zukunft unseres Landes ebenso wichtig wie Arbeitsmarkt, Wachstum, niedrige Abgaben und soziale Sicherheit. Ja, ohne einen modernen öffentlichen Dienst wird die beste Wirtschafts- und Finanzpolitik nicht erfolgreich sein können.

Deshalb wird sich der öffentliche Dienst selbst den Herausforderungen der Zukunft stellen müssen. Die Schweiz hat vor wenigen Monaten das Berufsbeamtentum völlig abgeschafft. Diesen Weg sollte Deutschland nicht gehen, denn auch in Zukunft werden Kernbereiche der Staatsverwaltung eine besondere Treuepflicht der Staatsbediensteten benötigen. Das gilt vor allem für die hoheitlichen Aufgaben der Einrichtungen, die das Gewaltmonopol des Staates ausüben. Gleichzeitig gewöhnen wir uns wenigstens langsam daran, große Teile der Staatsverwaltung als Dienstleister zu verstehen. Die in diesen Bereichen tätigen Mitarbeiter sollten in Zukunft sehr viel mehr danach beschäftigt und bezahlt werden, ob sie ihren Dienstleistungsauftrag zur Zufriedenheit ihrer Kunden, sprich der Bürger ausführen. Unkündbarkeit steht dazu in einem nicht aufzulösenden Widerspruch wie die Bezahlung über Dienstaltersstufen. Die personen- und verhaltensbedingte Kündigung sollte auch im öffentlichen Dienst möglich sein. Und wenn ganze Verwaltungsebenen wegfallen, wenn Abteilungen geschlossen werden, weil sie nicht mehr gebraucht werden, können im öffentlichen Dienst auch betriebsbedingte Kündigungen nicht zum Tabu erklärt werden. Es kann nicht sein, dass in einer sich schnell verändernden Welt die Arbeitnehmer in der gewerblichen Wirtschaft das Arbeitsplatzrisiko allein tragen. Ein Staat ist Schicksalsgemeinschaft. Er lebt in Zukunft mehr denn je davon, dass es keine Privilegien mehr gibt. Gleiche Chancen und Risiken – dieses Prinzip muss allgemein gelten.

Ganz besonders die Hochschulen müssen schnell umgebaut werden. Wir brauchen über die Einwanderung von Eliten und

Leistungsträgern gar nicht zu streiten. Denn die Bedingungen an den staatlichen Hochschulen in Deutschland sind gegenwärtig überwiegend so abschreckend, dass die Professoren und Studenten aus dem Ausland, die wir gern hätten, meist gar nicht erst nach Deutschland kommen. Schon der äußere Anblick vieler unserer Universitäten verleidet manchem Gast das Wiederkommen. Professoren brauchen heute auch keine Beamtenstellen auf Lebenszeit mehr. Ein Fünfjahresvertrag genügt und gibt beiden Seiten Spielräume für Veränderungen. Schließlich: Warum haben die Universitäten immer noch monatelang vorlesungsfreie Zeit? Warum sind die meisten Bibliotheken in Deutschland immer noch am Wochenende und in der Nacht geschlossen? Das Dienstrecht muss auch hier viel flexibler werden. Am besten, wir überlassen der Universität die Regelung ihrer Angelegenheiten völlig selbst. Staat und Tarifvertragsparteien des öffentlichen Dienstes sind keine guten Ratgeber bei der Abfassung der Spielregeln dafür, wie sich eine Universität im Wettbewerb um Studenten, Forschung und Lehre im Markt behauptet.

Leistungs- und Bildungseliten für Deutschland

Nicht nur Universitäten, das gesamte deutsche Bildungssystem muss sich im Wettbewerb bewähren. Gleich höre ich aber schon wieder die Einwände: Bildung sei doch kein beliebiges Gut von Angebot und Nachfrage. Schulen dürften auf keinen Fall auch noch dem Prinzip des Wettbewerbs untergeordnet werden.

Meine Antwort auf solche Einwände ist: Gerade das wichtigste Gut, das wir haben, nämlich die Ausbildung und Bildung unserer Kinder, kann sich am besten im Wettbewerb herausbilden, in einem Wettbewerb allerdings, in dem der Staat die Ziele vorgibt, den Weg aber weitgehend den Marktteilnehmern überlässt.

Das Ziel unserer Bildungspolitik muss ausgerichtet sein auf möglichst umfassende, differenzierte und schnell vermittelte Bildung und Ausbildung. Es geht mir im folgenden nicht um eine inhaltliche Bestimmung dessen, was Bildung ist, also um die Frage, wie die emotionalen und geistigen Kräfte junger Menschen durch die Begegnung mit ausgewählten Bildungsgütern am besten zur allseitigen Entfaltung kommen. Es geht mir um etwas viel Simpleres, nämlich um die oft verdrängte Einsicht: Bildung und Ausbildung kosten Geld. Sie werden in Zukunft immer mehr Geld kosten. „Was nichts kostet, ist nichts wert", lautet eine alte Weisheit. Deshalb müssen Bildung und Ausbildung in Zukunft auch etwas kosten. Bildungsangebot und Bildungsnachfrage haben eine ökonomische Dimension. Aber nicht nur.

Ausbildung bzw. Bildung muss zunächst Anstrengung kosten. Kinder wollen etwas lernen, sie sind von Natur aus neugierig und wissbegierig. Viele Erziehungsschwierigkeiten hängen mit der geistigen Unterforderung unserer Kinder zusammen, wenige mit Überforderung. Die erste Verantwortung dies zu erkennen, tragen die Eltern. Die Eltern kann niemand ersetzen. Sie müssen die Begabungen ihrer Kinder entdecken und fördern. Kindergarten und Schule sind auch keine Verwahranstalten, die den Eltern die Verantwortung für ihre Kinder abnehmen. Kinder müssen auch lernen dürfen und zwar nicht erst, wenn sie in die Schule kommen. Der Übergang muss fließender sein. Auch im Kindergarten müssen Kinder rechnen und lesen dürfen. Wir vertrauen den Erziehern in Kindergärten und Schulen das Wertvollste an, was wir haben, nämlich unsere Kinder. Also sollten wir uns mit ihnen um ihre Erziehung und ihre Ausbildung kümmern. Jeder Vater und jede Mutter muss sich mitverantwortlich fühlen für das, was mit ihren Kindern in dieser wichtigen Zeit des Heranwachsens geschieht. Am Ende der Grundschule müssen Lehrer aber auch mitentscheiden dürfen, welchen Weg die Kinder dann gehen: mehr in die handwerklich-praktische Ausbildung oder in die weiter geistig-theoretische Bildung. Eltern sollten falschen Ehrgeiz nicht zu Lasten ihrer Kinder durchsetzen dürfen. Die Bildung der Zukunft wird allerdings nicht nur mehr Anstrengung, sie wird auch mehr Geld kosten. Ist uns eigentlich klar, welches Signal an die Eltern und an die Kinder ausgeht, wenn Kindergarten- und Hortplätze immer teurer werden, ab der Einschulung bis zum Schul- und Universitätsabschluss aber alles weitgehend kostenlos „vom Staat" zur Verfügung gestellt wird? In Berlin kostet eine Ganztagesbetreuung im Kindergarten mittlerweile bis zu sechshundert Euro im Monat! Kommt das Kind dann in die Schule, sind in einigen Ländern die Lehr- und Lernmittel auch für die Kinder bestverdienender Eltern noch immer kostenfrei. Hier stimmen einfach die Wertungen und Relationen nicht mehr. Ein Kindergarten ist nicht mehr und nicht weniger wertvoll für die Kinder als Schule, Ausbildung und Universität. Die Eltern sind aufgefordert, von ihren verfügbaren Einkommen mehr in die Zukunft ihrer Kinder zu investieren; der Staat ist aufgefordert, die Bildungschancen auch der Kinder aus sozial schwachen Familien zu fördern.

In der Partnerschaft von Schule, Staat, Eltern mit ihren Kindern und neuen Finanzierungsinstrumenten muss noch deutlicher werden: Unsere Schulen und Universitäten sind für die Zukunft unseres Landes das Wichtigste, was wir haben und gestalten können. Längst gibt es Vorschläge, wie mit Modellen einer *public private partnership* auch die Finanzierung der Schulen und Universitäten verbessert werden kann. Abnehmende Schülerzahlen und demographische Einflüsse auch auf die Zahl der Studenten geben uns heute die Chance, den Zugang zur Bildung ganz neu zu organisieren. Stellen wir uns einen kurzen Augenblick vor, die Kinder in der Schule, die Auszubildenden in der Berufsschule und die Studenten an den Universitäten würden als Kunden verstanden, die das Geld mitbringen für den Bestand der Einrichtung und die Bezahlung des Personals: Welche Anstrengungen würden die Mitarbeiter unternehmen, um ihre „Kunden" optimal zu bedienen und um neue „Kunden" zu gewinnen! Wenn der Staat über Bildungsgutscheine dafür sorgt, dass alle Kinder ihren Begabungen und Leistungen entsprechend ausgebildet und gefördert werden, und Schulen, Betriebe und Universitäten ein eigenes Interesse daran hätten, gut auszubilden, dann würde in Deutschland der „Ruck" auch durch die Bildungslandschaft gehen, der seit der Berliner Rede von Roman Herzog immer wieder beschworen wird. Die Neugestaltung von Handlungs- und Verfügungsrechten über Bildungsaktivitäten würde vor allem für die Hochschulen eine völlige Abkehr vom bisherigen Finanzierungssystem bedeuten. Einen höchst wünschenswerten Nebeneffekt hätte dies zudem: Damit würde auch eine der hochgradig bürokratieanfälligen Gemeinschaftsaufgaben des Grundgesetzes überfällig. Es müsste nur noch organisiert werden, dass das Geld für Bildung nach Begabung und Leistung denen zugute kommt, die Bildungs- und Leistungselite von morgen sein wollen.

Einfach, gerecht und leistungsorientiert – ein neues Steuersystem

So reformbedürftig wie Arbeitsmarkt, Sozialsystem und Bildungseinrichtungen ist auch das deutsche Steuersystem. Das World Economic Forum hat zusammen mit der Harvard University im Frühjahr 2004 im Deutschland-Teil des World Competitiveness Report eine unter mehreren hundert international tätigen Unternehmen durchgeführte Umfrage über Effizienz und Transparenz der Steuersysteme veröffentlicht. Von den 102

Staaten, deren Steuersystem bewertet wurde, lag Deutschland auf dem letzten Platz, auf Platz 102! Auf Platz eins liegt Hongkong, auf Platz vier bereits Estland, Luxemburg rangiert auf Platz sieben. Wenn schließlich Staaten wie Gambia, Trinidad, Ghana, Haiti, Mali und Uganda um Längen vor uns liegen, alle übrigen EU-Mitgliedstaaten und die USA ohnehin, dann sollte niemand mehr behaupten, wir seien ein interessantes Land für ausländische Investitionen, denn nicht nur die Steuersätze, auch und gerade die Transparenz und Verständlichkeit eines Steuersystems entscheiden ganz maßgeblich darüber, wo große Kapitalgesellschaften ihr Geld investieren. Deutschland liegt im Hinblick auf sein extrem kompliziertes Steuersystem, das voller Widersprüche ist, auf dem letzten Platz. Und das hat sich auch herumgesprochen!

Halten wir noch einmal fest: Unser Steuersystem ist nicht nur ein System mit zu hohen Steuersätzen. Es ist auch das komplizierteste der Welt. Neben der Absenkung der Steuersätze ist deshalb die drastische Vereinfachung des Steuerrechts dringend erforderlich. Die Gruppe um Professor Paul Kirchhof, den langjährigen Richter am Bundesverfassungsgericht und Direktor des Instituts für Finanz- und Steuerrecht an der Heidelberger Universität, hat mit ihrem Heidelberger Entwurf für ein neues Einkommensteuerrecht dabei ebenso großartige Vorarbeiten geleistet wie eine Forschungsgruppe der Kölner Universität um Professor Joachim Lang, der in seinem Lehrbuch zum Steuerrecht, einem Standardwerk seiner Disziplin, seit Jahren die „voranschreitende Chaotisierung des deutschen Steuerrechts" beklagt. Es liegen uns heute zwei ausformulierte Texte vor, die die Basis für ein völlig neues Ertragsteuerrecht in Deutschland sein können. In einer hochrangig besetzten Expertengruppe, die die Stiftung Marktwirtschaft im Sommer 2004 berufen hat, werden gegenwärtig weitere konkrete Gesetzestexte erarbeitet. Dazu zählen neben der völligen Neufassung des Einkommensteuergesetzes und des Körperschaftsteuergesetzes auch ein neues Steuerbilanzrecht und ein neues Finanzierungssystem für die Gemeinden, das ohne die Gewerbesteuer auskommt. Der Gesetzgeber des nächsten Deutschen Bundestages wird damit auf Vorarbeiten zurückgreifen können, wie sie in kaum einem anderen Rechtsgebiet so weitreichend geleistet werden.

Zum besseren Verständnis meiner eigenen steuerpolitischen Vorschläge sind die Leitsätze, die ich für den Bundesparteitag der CDU im Dezember 2003 formuliert habe, im Anhang dieses Buches noch einmal vollständig abgedruckt. Eine gemeinsame Beschlussfassung von CDU und CSU vom März 2004 sah vor, das Ziel einer so weitreichenden Vereinfachung in zwei Schritten anzugehen. Der erste Schritt war aber nur für den Fall formuliert, dass er schon am 1. Januar 2005 im Gesetzblatt stehen könnte. Die Chance dafür ist vertan, nicht zuletzt wegen der Weigerung der Bundesregierung, den Text des Einkommensteuergesetzes radikal zu kürzen und zu vereinfachen. Deshalb muss zu Beginn der nächsten Wahlperiode des Deutschen Bundestages unverzüglich an das Gesamtkonzept herangegangen werden.

Ergänzend sei nur auf zwei Aspekte hingewiesen: Der internationale Steuerwettbewerb wird den Druck auf die Ertragsteuersätze in den nächsten Jahren weiter erhöhen. Die Osterweiterung der Europäischen Union um Staaten, die im Durchschnitt nur rund zwanzig Prozent Körperschaftsteuer auf die Unternehmensgewinne erheben, zwingt uns ebenso zur Überprüfung des viel zu komplizierten Systems wie zur weiteren Reduzierung der Steuersätze. Und glaube dabei bitte niemand, dass es in der Europäischen Union eine Neigung dazu gibt, eine Art Mindeststeuer in ganz Europa verbindlich einzuführen. Gerade die neuen osteuropäischen Staaten können jetzt schon nachweisen, dass sie mit niedrigen Steuersätzen höhere Körperschaftsteuern – bezogen auf ihr Bruttoinlandsprodukt – einnehmen als Deutschland. Dies wird auch hierzulande den Druck massiv erhöhen, darüber nachzudenken, die Unternehmenssteuern eher noch weiter abzusenken als ich dies mit einem einheitlichen Körperschaftsteuersatz von 36 Prozent vorgeschlagen habe. Auf keinen Fall dürfen die Steuersätze darüber liegen. So zwingt uns auch hier der Wettbewerb zu Kreativität und schnellem politischen Handeln. Schade, dass wir nicht schon vor der Osterweiterung so weit waren!

Was Familien brauchen

Im April 2002 gab Bundeskanzler Gerhard Schröder im Deutschen Bundestag eine Regierungserklärung zur Familienpolitik ab. In meiner Erwiderung habe ich darauf hingewiesen, dass in Deutschland gegenwärtig rund eine Million Kinder von Sozialhilfe leben und dass wir daran schnell etwas ändern müssten. Mein Vorschlag damals war, den Familienleistungsausgleich zu ändern und die Leistungen für Kinder so zu erhöhen, dass Familien für ihre Kinder keine Einbußen erleiden, wenn die Eltern von der Sozialhilfe in den ersten Arbeitsmarkt wechseln. Damit solle auch die Wahlfreiheit der Eltern erhalten bleiben, so dass ein Teil von ihnen auf Berufstätigkeit außer Haus zugunsten der Erziehung und Betreuung der Kinder vorübergehend verzichten könne.

Diese Bundestagsrede ist am Abend im WDR von einer Redakteurin in einer Weise kommentiert worden, wie es die Pressesprecherin der PDS nicht hätte besser tun können. Unter der Überschrift „Mit Merz in die 50er Jahre" hieß es wörtlich: „Für Merz und dann wohl auch für große Teile der Union ist Familie immer noch das, was sie selber zu Hause haben: Die Frau kümmert sich um die Kinder, der Mann bringt das Geld, und dieses Szenario ist unzerstörbar, bis dass der Tod sie scheidet." Unser Vorschlag eines Familiengeldes unabhängig von Arbeitseinkommen und Sozialhilfe wurde als „Zuhause-bleib-Prämie" abgetan – verbunden mit der für einen gebührenfinanzierten öffentlich-rechtlichen Rundfunk beachtlichen Schlussfolgerung: „Und so hat Friedrich Merz heute eine sehr deutliche Wahlempfehlung an alle Frauen abgegeben: CDU/CSU – hier bitte nicht ankreuzen." Ein Brief, den ich an den Intendanten des WDR schrieb, wurde weitgehend mit nichtssagenden Floskeln beantwortet.

Ich berichte diesen Sachverhalt hier nur deswegen noch einmal, weil er deutlich macht, wie unterschiedlich die Prioritäten gesehen werden und in welchen Spannungen sie sich darstellen. Mein Eindruck ist: Es sind vor allem immer wieder Frauen und auch Männer ohne eigene Kinder, die am besten zu wissen vorgeben, was Kindern gut tut. Bei näherer Betrachtung geht es dann allerdings mehr um die „Selbstverwirklichung" der Eltern als um das Wohl der Kinder. Es kann doch nicht ernsthaft bestritten werden, dass Kinder zu allererst die Beziehung zu ihren Eltern suchen und auch brauchen. Nichts kann im Normalfall die innere Beziehung zu den Eltern ersetzen, nicht der Hort, nicht der Kindergarten, auch nicht die Schule mit Ganztagsbetreuung. Vermutlich stoßen sich die Befürworter einer ganz anderen Politik schon an dem Wort „Normalfall". Ich weiß selbstverständlich auch, dass die Lebenswirklichkeit oft genug alles andere als ideal ist: Viele Familien sind leider so zerrüttet, dass jede Stunde, die die Kinder nicht zu Hause, sondern in betreuter Umgebung verbringen, eine gute Stunde für sie ist. Aber das kann doch wohl nicht heißen, dass dies für alle gilt oder dass das familiäre Miteinander so schnell wie möglich zugunsten staatlicher oder halbstaatlicher Betreuung und Fürsorge aufgelöst werden muss. Es gibt sie noch, die Eltern, die gern für ihre Kinder da sind, die selbst erziehen und sehen wollen, wie ihre Kinder Schritt für Schritt und längst nicht immer im Konsens mit ihren Eltern den Weg ihres Lebens in die Hand nehmen. Ich behaupte sogar, dass die Mehrheit der Eltern auf dieser Welt ihre Rolle so sieht und die Beziehung zu ihren Kindern so will. Kein Staat hat das Recht, diesen Eltern ihre ureigene Verantwortung abzunehmen und in das Innerste der Beziehung zwischen Eltern und Kindern einzudringen. Im Gegenteil: Es ist geradezu die Pflicht des Staates und der Gesellschaft, die Eltern in ihrer Erziehungsarbeit zu stärken und ihre Möglichkeiten zu fördern, den Kindern die Zuwendung und die Zeit als Eltern zu ermöglichen. Familien müssen als der am weitesten staatsferne Raum unserer Gesellschaft gerade vom Staat respektiert, anerkannt und gefördert werden. Als der sozialdemokratische Bundeskanzler im Sommer 2004 dieser meiner Intention entsprechende Forderungen aufstellte, war ihm der Beifall auch derer gewiss, die vorher meine – inhaltlich völlig identischen – Vorschläge eben noch als konservatives Denken von vorgestern gebrandmarkt hatten.

Auch die Frage des finanziellen Ausgleichs zwischen den Familien mit größeren und kleineren Einkommen bedarf der ausführlichen Diskussion. Ende April 2004 hat die Unionsfraktion ihr Steuerkonzept in das Parlament eingebracht und zur Aussprache gestellt. In meinem Redebeitrag habe ich u. a. folgendes gesagt:

„Das Prinzip der Besteuerung nach der Leistungsfähigkeit muss eine besondere Ausprägung bei der Berücksichtigung der Familien, insbesondere bei der Berücksichtigung der Familien mit Kindern, erhalten. Ich will auch an dieser Stelle noch einmal sehr deutlich sagen: Ich halte es für unverzichtbar, dass auch in Zukunft als Ausfluss aus Artikel 6 des Grundgesetzes, der bekanntlich Ehe und Familie unter den besonderen Schutz der staatlichen Ordnung stellt, das Ehegattensplitting aufrechterhalten wird, also die Erwerbsgemeinschaft von Mann und Frau auch im Steuerrecht uneingeschränkt und grundlegend verankert bleibt."

Das Protokoll verzeichnet an dieser Stelle: „Beifall bei Abgeordneten der CDU/CSU und der SPD". Die darauf folgende Passage fand dann allerdings nicht einmal mehr die geteilte Zustimmung der Sozialdemokraten:

„Wichtiger ist aus meiner Sicht aber die angemessene, das heißt stärkere Berücksichtigung der Kinder in Ehen und eheähnlichen Lebensgemeinschaften. Unser Vorschlag, den Kinderfreibetrag auf die Höhe des Erwachsenenfreibetrages deutlich anzuheben, entlastet überproportional Familien mit Kindern. Damit würde es erstmalig in diesem System möglich sein, auf Transferleistungen in Form von Kindergeld an solche Eltern zu verzichten, die über ein ausreichend hohes Einkommen verfügen und die Finanzierung ihrer Kinder aus eigener Kraft leisten können. ... Kindergeld hat auch in Zukunft seine Berechtigung, aber Transferleistungen an Eltern können und dürfen nach unserer Überzeugung erst dann geleistet werden, wenn die eigene Leistungsfähigkeit nicht mehr ausreicht. Wenn sie ausreicht, dann muss die Berücksichtigung von Kindern abschließend durch eine Freibetragsregelung zum Ausdruck kommen. Höher und gut verdienende Familien brauchen dann keinen Transfer, keine Kindergeldleistungen mehr aus öffentlichen Kassen."

In der anschließenden Erwiderung durch den Redner der SPD wurde dieser Vorschlag mit der Behauptung zurückgewiesen, dann müsse der Freibetrag erhöht werden, um Spitzenverdiener weiter zu entlasten. Damit stünden Teile der Union „für eine andere Republik, eine Republik nach dem Motto: Hilf dir selbst, dann hilft dir Gott". Gegen diese Verachtung der sozial

Benachteiligten müsse die seit langem bewährte Soziale Marktwirtschaft, der Sozialstaat und soziale Gerechtigkeit schlechthin
dann eben durch die Sozialdemokraten verteidigt werden.

Leider ist es uns im Parlament nicht gelungen, diese Debatte
zu vertiefen. Es hätte sich gelohnt. Es hätte sich zum Beispiel
gelohnt nachzufragen, ob es wirklich unser Verständnis vom Sozialstaat ist, dass auch Familien mit hohen Einkommen noch
Kindergeld beziehen. Wir hätten die Frage vertiefen müssen,
ob dies denn dadurch zu rechtfertigen ist, dass in einem System
progressiver Einkommensbesteuerung nur eine lineare, also in
ihrer Wirkung gleiche Entlastung gerecht ist. Wer diese Auffassung vertritt, muss die „Besserverdienenden" erst über die Steuern hoch belasten und ihnen dann einen Teil davon in Form des
Kindergeldes zurückgeben. Mit meinem Freiheitsverständnis ist
das unvereinbar. Aber offensichtlich haben sich große Teile unserer Gesellschaft daran gewöhnt, dass Sozialstaat so funktioniert. Die Befürworter übersehen jedoch, dass es heute genügend Ausweichmöglichkeiten gibt, die dieser Umverteilung
zunehmend den Boden entziehen. Ja schlimmer noch, dass die
vermeintlich Begünstigten und ihre Kinder diese Leistungen
mit Zins und Zinseszins zurückzahlen müssen, weil sich der
Staat mit seinen Leistungsversprechen überhoben hat und das
meiste mit neuen Schulden finanziert. Unsozialer kann ein Sozialstaat nicht mehr sein.

Die Bedingungen für Familien könnten auch außerhalb der
finanziellen Entlastung in vielfältiger Weise verbessert werden.
Insbesondere die Vereinbarkeit von Familie und Beruf ist hierzulande noch lange nicht so weit vorangeschritten wie in anderen Ländern. Wie gesagt: Es geht dabei nicht nur um Geld. Eine
stärkere finanzielle Förderung der Familien ist und bleibt wichtig, Kinderreichtum darf nicht zum größten (relativen) Armutsrisiko werden. Die vielfältige materielle Diskriminierung der Fa-

milien gegenüber Kinderlosen ist nicht in Ordnung. Aber mehr Geld ist nicht alles. Der Lebensalltag gerade junger Frauen mit Kindern ist oft genug von einer schweren Doppelbelastung aus Beruf und Familie geprägt. Es ist sicher eines der besten Ergebnisse der Emanzipationsbewegung, dass junge Mädchen und Frauen heute die gleichen Ausbildungschancen haben wie ihre männlichen Altersgenossen. Aber was kommt nach der Ausbildung? Gerade für junge Frauen ist die häufige Antwort: Eines ist zu wenig, beides ist zu viel. Die Folgen sind in der Zusammensetzung bei Spitzenpositionen deutlich zu erkennen: Ein einziges deutsches Unternehmen unter den Aktiengesellschaften, die derzeit im DAX-30 an der Börse notiert sind, hat eine Frau im Vorstand. Auf der zweiten Führungsebene sieht es nicht viel besser aus. Die Berufs- und Karrierechancen der Frauen sind in Deutschland nach wie vor zu schlecht. Dabei können wir auf das Potential der gut ausgebildeten und qualifizierten Frauen immer weniger verzichten. Wenn wir zurückwollen an die Spitze der Industrienationen mit erstklassigen Leistungen in allen Wissenschaftsdisziplinen, in den Geisteswissenschaften ebenso wie in den Naturwissenschaften, wenn wir im Handwerk und der mittelständisch-gewerblichen Wirtschaft ebenso wie im Dienstleistungssektor im internationalen Vergleich eine Spitzenposition erreichen wollen, dann kann auf dem deutschen Arbeitsmarkt nicht auf die Hälfte der Bevölkerung verzichtet werden! Wir müssten auch ein hohes ökonomisches Interesse daran haben, alles zu tun, damit Frauen alle Chancen der Qualifikation, der beruflichen Förderung, des Fortkommens bis hin zur Führungsverantwortung bekommen.

Aber auch „jenseits von Angebot und Nachfrage" ist das Thema zu wichtig, um es nur ökonomisch zu betrachten. In der Familie entstehen die Sozialkompetenzen am besten, die auch im Leben später gebraucht werden und die wichtig sind für die Per-

sönlichkeitsbildung. Das können kein Hort und kein Lehrer ersetzen. Die Organisation unserer Arbeitswelt sollte dies viel stärker
berücksichtigen. Um es etwas verkürzt zu sagen: Wir brauchen
nicht die wirtschaftsfreundliche Familie, sondern den familien-
freundlichen Betrieb. Warum gibt es in Deutschland immer noch
so wenig Teilzeitarbeit? Warum ist Teilzeitarbeit für die Betriebe
immer noch zu teuer und damit unattraktiv? Warum öffnen so
wenige Kindergärten auch am Nachmittag? Warum gibt es so wenige Betriebskindergärten? Wo bleiben mehr offene Ganztags-
schulen? Und ist es nicht so, dass die steuerliche Förderung der
Wegekosten zum Arbeitsplatz mit den langen Fahrtzeiten und
der immer größeren räumlichen Trennung zwischen Wohnort
und Arbeitsplatz auch gegen das Familienleben gerichtet ist?

Wir könnten viel tun, um auch mit begrenztem Mitteleinsatz
den Familien zu helfen und ihre Anerkennung zu fördern. Entscheidend ist das gesellschaftliche Klima, das Umfeld, in dem
sich Familien bewegen. Deutschland muss wieder eine familien-
freundliche Gesellschaft werden. Mein Eindruck ist, dass wir
schon auf ganz gutem Weg sind. Junge Menschen wollen wieder
Kinder haben. Wenn bekannte Stars der Unterhaltungsindustrie
und aus dem Sport mit ihrer Schwangerschaft und ihren Kindern voller Stolz in die Presse gehen, dann steht dahinter vielleicht schon ein Trend, den wir nutzen sollten, um daraus etwas
Stetiges und Langfristiges zu machen. Kinder zu haben, ist ein
großes Glück. Und da trotzdem nicht überall „Heile Welt" ist,
muss denen, die Hilfe brauchen, auch so viel wie möglich gehol-
fen werden. Denn der Umgang unserer Gesellschaft mit Kindern sagt mehr über den geistigen und moralischen Zustand
des Landes aus als alle ökonomischen Erfolge zusammen.

Dieser Zusammenhang lässt sich übrigens auch an der Diskussion um das Adoptionsrecht für gleichgeschlechtliche Le-
benspartnerschaften verdeutlichen. Von den Organisationen

der Lesben und Schwulen in Deutschland wird seit einiger Zeit vehement gefordert, ihnen wie heterosexuellen Paaren das Adoptionsrecht gesetzlich einzuräumen. Große Teile der Öffentlichkeit reagieren darauf gleichgültig, die Gegner dieser Forderung eher hilflos und um Argumente verlegen. Dabei ließe sich mit allem Respekt vor gleichgeschlechtlichen Lebensgemeinschaften ganz einfach darauf hinweisen, dass das Adoptionsrecht in seinem Kern kein Recht von Erwachsenen ist, irgendwie doch Kinder zu haben, sondern das Recht von Kindern, Eltern zu haben. Eltern sind nun einmal Mann und Frau, Vater und Mutter, und deshalb kann ein Adoptionsrecht für Gleichgeschlechtliche nicht in Betracht kommen, auch wenn durchaus davon auszugehen ist, dass auch Gleichgeschlechtliche gut für die ihnen anvertrauten Kinder sorgen würden. Am Verlauf dieser Debatte wird sich zeigen, wie ernsthaft wir noch bereit sind, den Auftrag des Grundgesetzes vom besonderen Schutz des Staates für Ehe und Familie zu erfüllen.

Einwanderung und Integration:
Für eine moderne Leitkultur

Noch nie ist so viel von multikultureller Gesellschaft, Verständigung, Austausch die Rede gewesen – und noch nie war so unklar, welche Kultur wir Deutschen einbringen, worüber wir uns verständigen sollen und was wir eigentlich noch auszutauschen haben. Was nützt es, wenn in der Zeit der Globalisierung und des Internet die Menschen leichter Verbindung zueinander aufnehmen können als je zuvor, sich aber auf engstem Raum nichts zu sagen haben? Und wozu ist es gut, ständig vom Ziel der Integration ausländischer Mitbürger zu sprechen, wenn nicht klar ist, in was sie integriert werden sollen?

Wer keinen Standpunkt hat, kann auch nicht die Hand aus-
strecken. Deshalb bringt der Zuwanderungskompromiss, auf
den sich im Juli 2004 die Mehrheiten in Bundestag und Bundesrat geeinigt haben, nicht das Ende der Diskussion um den Status
sowie die Rechte und Pflichten ausländischer Mitbürger oder um
Ziel und Umfang von Zuwanderung. Ganz im Gegenteil: Wir
müssen uns weiter unserer Identität vergewissern, uns mit unseren Erwartungen an Zuwanderer beschäftigen und uns mit den
Grenzen unserer Aufnahmefähigkeit auseinandersetzen. Wir
sollten nicht nur auf den „Kölner Kalifatstaat" oder auf die an
anderen Orten absehbare krisenhafte Zuspitzung in isolierten
Parallelwelten reagieren. Ebenso sollten wir es nicht einfach
dem Bundesverfassungsgericht überlassen, sondern als Gesellschaft darum ringen, ob z. B. das Tragen von Kopftüchern als
Ausdruck eines religiösen Bekenntnisses in staatlichen Schulen,
ob das Schächten oder die Nichtteilnahme am verpflichtenden
Schulunterricht unter der Chiffre „Toleranz" hinzunehmen sind
oder ob bzw. unter welchen Umständen bestimmte Verhaltens-
weisen für unsere Gesellschaft doch nicht beliebig sind.

Unser größtes Problem in dieser Debatte ist die Geringschätzung unserer eigenen Kultur und unserer Werte, die voraus-
eilende Anbiederung an geschichtslose Beliebigkeit, die Angst
vor einem gleichermaßen sensiblen wie selbstbewussten Umgang mit unserer Geschichte, mit unserer Kultur, mit unserer
Identität. Henryk Broder nennt es zu Recht die „Neigung der
Deutschen zur Selbstverachtung".

Nur wer dieser pseudotoleranten Unverbindlichkeit das Wort
redet, kann den nicht von mir, sondern von Bassam Tibi erstmals
in die politische Debatte eingeführten Begriff von der „deutschen
Leitkultur" bewusst missverstehen. Identität heißt doch nicht,
besser zu sein als andere. Deutschsein ist, um ein schönes Wort
von Richard Schröder aufzugreifen, „nichts Besonderes, aber et-

was Bestimmtes". Wir wollen nicht besser sein als Franzosen und Engländer, nur weil wir Deutsche sind. Aber wir sollten doch wie diese im Hinblick auf unsere Herkunft und unsere Wertordnung unverwechselbar sein und unser Land auch lieben dürfen – gänzlich unverkrampft wie unser neuer Bundespräsident.

Deshalb ist es mehr als nur ein Hoffnungsschimmer, dass Anzeichen zunehmender Selbstachtung und intensiver Beschäftigung mit der eigenen Geschichte und Identität zu erkennen sind. Gemeinsame Werte, aber auch Bräuche, Traditionen und Heimatbewusstsein sind Kitt, der die Gesellschaft zusammenhält. Und wenn all dies eine neue Blüte zu erleben scheint, zeigt das auch: Viele Menschen wollen ihre Wurzeln wieder entdecken. Sie spüren, dass wir einen solchen Halt und eine solche Verankerung brauchen, um Globalisierung und Internationalisierung nicht nur ohne Verlust von Identität zu bestehen, sondern auch als Chance nutzen zu können. Gefestigte kulturelle Identität ist ein stabilisierendes Gegengewicht zu den zentrifugalen Kräften unserer Zeit.

Dem Tempo des Wandels in unserer Zivilisation können viele kaum mehr folgen. Sozialphilosophen sprechen von der „Schrumpfung der Gegenwart" und meinen damit: Alles fließt, schneller als je zuvor. Alles wird zur Geschichte – früher als in jeder anderen Zeit. Deshalb bedingt die Moderne geradezu die Besinnung auf Geschichte, Heimat und gemeinsame Wertvorstellungen. Damit der Mensch in einer Welt des rasanten Wandels die Zukunft bewältigen kann, muss er sich in der Gegenwart auf die Vergangenheit besinnen. Der Philosoph Hermann Lübbe hat dies so beschrieben: „Die Leistungen des historischen Bewusstseins sind Leistungen zur Kompensation eines änderungstempobedingten kulturellen Vertrautheitsschwunds."

Deshalb muss die Diskussion darüber weitergehen, was uns Deutsche ausmacht und was wir von Einwanderern erwarten.

Auch über freiheitliche deutsche Leitkultur muss weiter diskutiert werden können, ohne dass gleich die stupiden Standardformeln der political correctness hervorgeholt werden: Schweinebraten statt Döner, Deutschtümelei, Biedermeier, 50er Jahre-Rassismus! Kein Vorwurf aus dem wohlbekannten Arsenal der Gutmenschen in diesem Land, der nicht immer wieder erhoben wird.

Niemand kann ernsthaft bestreiten, dass Deutschland ein weltoffenes und ausländerfreundliches Land ist. Anschläge auf Ausländer, Schändungen jüdischer Synagogen und Friedhöfe, ausländerfeindliche Sprüche und Parolen beschämen und beschweren uns. Aber sie sind nicht ein Spiegelbild *der* deutschen Gesellschaft. Die überwiegende Mehrheit der Deutschen möchte und wird auch in Zukunft friedlich und tolerant mit Zuwanderern aus anderen Ländern zusammenleben.

In Deutschland leben derzeit 7,3 Millionen Ausländer, fast die Hälfte davon länger als zehn Jahre. Ein Fünftel aller Ausländer ist in Deutschland geboren. Das Zusammenleben zwischen Deutschen und Ausländern ist trotz Rückschlägen in vielen Teilen problemlos, ja selbstverständlich. Doch entstehen auch Probleme dort, wo beispielsweise die Deutschen in ihrem angestammten Stadtviertel in die Minderheit geraten und um ihre Identität bangen. Besonders wenn die Rolle der Frau in anderen Kulturen eine ganz andere ist, tauchen Schwierigkeiten im gesellschaftlichen Miteinander auf.

Gleichzeitig wissen wir, dass Deutschland in den nächsten Jahren eher mehr als weniger, zumindest aber eine andere Zusammensetzung der Zuwanderung dringend braucht. In der Wirtschaft und in der Wissenschaft konkurrieren wir mit anderen um die besten Köpfe der Welt. Deshalb brauchen wir Regeln. Deshalb brauchen wir aber auch einen gesellschaftlichen Grundkonsens über Zuwanderung und Integration.

Auf Dauer kann Zuwanderung, kann auch Integration nur gelingen, wenn sie eine breite Zustimmung in der Bevölkerung finden. Dazu gehört, dass Integrationsfähigkeit auf beiden Seiten besteht. Deutschland muss tolerant und offen sein, Zuwanderer, die auf Zeit oder auf Dauer bei uns leben wollen, müssen ihrerseits bereit sein, die Regeln des Zusammenlebens in Deutschland zu respektieren. „When you are in Rome, do like the Romans", sagen die Engländer. Als ich vor Jahren nichts anderes als diese eigentlich selbstverständlichen Regeln als die „freiheitliche deutsche Leitkultur" bezeichnet habe, war die Reaktion bezeichnend: In persönlichen Gesprächen und Briefen erfuhr ich eine übergroße Zustimmung – auch und gerade von ausländischen Mitbürgern. Die Formulierung hat aber genauso reflexartig öffentliche Empörung ausgelöst, insbesondere in der veröffentlichten Meinung. Man wollte missverstehen und in Schubladen stecken. So war es keine Überraschung, dass der politische Gegner nicht inhaltlich diskutierte, sondern flugs zum „Aufstand der Anständigen" aufrief. Wozu das alles führte, war unter anderem in Sebnitz und beim gescheiterten Verbotsverfahren gegen die NPD vor dem Bundesverfassungsgericht zu besichtigen. Eine wirklich weiterführende Debatte konnte nicht zustande kommen. Ich musste Ende des Jahres 2000 leider darauf verzichten, das Thema zu vertiefen. In der eigenen Partei fehlte mir die notwendige Unterstützung, das Trommelfeuer der Gegner blieb nicht ohne Wirkung. Dabei hätte doch gerade der oft geäußerte Hinweis nachdenklich stimmen müssen, die Kritik sei auch deshalb richtig und verständlich, weil es – möglicherweise wegen einer seit Jahren versäumten Debatte um allgemein verbindliche Wertmaßstäbe und einen allgemeinen gesellschaftlichen Minimalkonsens – gar keine allgemein akzeptierte Definition dessen mehr gibt, was wir unter unserer Kultur verstehen. Ja, eine Begrenzung gäbe es nur noch durch die Gesetze, nicht mehr durch einen gemeinsamen, wertorientierten gesellschaftlichen Konsens. Wenn dieser Hinweis richtig ist, dann sollten wir nicht über Begriffe, sondern dann müssen wir über Inhalte streiten. Denn wenn wir uns darüber Klarheit verschaffen, kann ein Konzept zur Zuwanderung und Integration wirklich gelingen.

Zur freiheitlichen Kultur unseres Landes gehört ganz wesentlich die Verfassungstradition unseres Grundgesetzes. Sie ist geprägt von der unbedingten Achtung vor der Würde des Menschen, von seinen unveräußerlichen persönlichen Rechten, von den Freiheits- und Abwehrrechten gegen den Staat, aber auch von Bürgerpflichten. Das Grundgesetz ist damit wichtigster Ausdruck unserer Werteordnung und so Teil der deutschen kulturellen Identität, die den inneren Zusammenhalt unserer Gesellschaft erst möglich macht. Dieses Grundgesetz gilt selbstverständlich auch für 3,5 Millionen Moslems. Sie sind in Deutschland willkommen, müssen aber wie alle anderen Bürger Demokratie und Rechtsstaat vorbehaltlos anerkennen. Das schließt parallele eigene Rechtsordnungen ebenso aus wie ein rein taktisches Verhältnis zu unserer Rechts- und Werteordnung. In den Nischen des Ausweichens und der Abschottung jedenfalls gedeiht der Fundamentalismus, der sich besonders im Umgang mit dem 11. September 2001 und seinen Folgen auch in Deutschland plötzlich offen zeigte.

Zur Identität unserer Freiheitsordnung gehört des weiteren die in Jahren und Jahrzehnten erreichte Stellung der Frauen in unserer Gesellschaft. Sie muss auch von denen akzeptiert werden, die ganz überwiegend aus religiösen Gründen ein anderes Verständnis mitbringen. Das kulturelle Miteinander und die gegenseitige Bereicherung durch kulturelle Erfahrungen aus anderen Ländern stößt an ihre Grenzen, wo der minimale Konsens zur Freiheit, der Menschenwürde und der Gleichberechtigung nicht mehr eingehalten wird. Für das Zusammenleben mit Ausländern ergeben sich daraus Konsequenzen. Menschen unterschiedlicher Herkunft können in einem freiheitlichen Land nur auf der Grundlage allgemein akzeptierter Werte ihre Zukunft gemeinsam gestalten. Eine erfolgreiche Zuwanderungs- und Integrationspolitik muss darüber hinaus darauf bestehen, dass die deutsche Sprache verstanden und gesprochen wird. Dies ist nicht nationaler Sprachchauvinismus, sondern Grundvoraussetzung eines friedlichen Miteinanders in unserem Land, es ist die kulturelle Basis auch dann, wenn das Grundgesetz dazu schweigt.

Gleich, ob es nun die Geschichte unseres Landes, der Verfassungspatriotismus oder eben das ist, was man freiheitliche Leitkultur nennt, die uns geprägt hat und unsere Identität bestimmt: Zuwanderung und Integration von Ausländern, die wir wollen und die wir fördern müssen, braucht Orientierung an allgemein gültigen Wertmaßstäben. Wer einer Diskussion darüber ausweicht oder nur mit Floskeln auf die offensichtlichen Probleme antwortet, der bereitet den Boden für den politischen Radikalismus, der bislang auf linke und rechte Minderheiten in diesem Land beschränkt ist. Die Debatte gehört in die Mitte der Gesellschaft, sie muss in und von den Volksparteien geführt werden. Wenn wir sie anderen überlassen, wird es nicht besser. Spätestens dann, wenn die Verteilungskonflikte noch stärker werden, wenn sich Populisten des Themas bemächtigen und beginnen, mit Zahlen aus den Sozialsystemen zu hantieren, könnte die notwendige Ruhe und der notwendige Abstand verloren gehen. Die aber brauchen wir, um die Diskussion nüchtern und ausgewogen zu einem vorläufigen Abschluss zu bringen, der die Mehrheit in der Bevölkerung überzeugt.

Eigenverantwortung im modernen Sozialstaat

Die strukturelle Überforderungskrise des deutschen Sozialstaates wird sich nur bewältigen lassen, wenn wir gleichzeitig die Reform der Arbeitsmarktverfassung angehen, ein modernes, leistungsorientiertes Steuersystem schaffen und auch eine völlige Neuabgrenzung zwischen Eigenverantwortung und kollektiver Absicherung der großen Risiken vornehmen. Der Staat wird die Rundum-Versorgung aller Mitglieder der Gesellschaft nicht mehr gewährleisten können. Er konnte es noch nie, aber jetzt wird es doch für jedermann erkennbar, dass unser Sozialstaat, so wie er über die Jahre immer weiter ausgebaut wurde, an seiner Überforderung zusammenzubrechen droht. Angesichts der demographischen Entwicklung und angesichts des medizinisch-technischen Fortschritts dürfen die Kosten der sozialen Sicherung deshalb nicht mehr vollständig auf die kollektiven Systeme der gesetzlichen Sozialversicherung abgewälzt werden. Eine entscheidende Frage wird dabei sein, ob die Sozialversicherung auch in Zukunft an das sozialversicherungspflichtige Arbeitsverhältnis angebunden bleibt. Für die unterschiedlichen Zweige der Sozialversicherung wird man unterschiedliche Antworten geben müssen.

Für eine stärker am Versicherungsprinzip orientierte Arbeitslosenversicherung

Die 1927 eingeführte Arbeitslosenversicherung sollte als Pflichtversicherung einem arbeitslos gewordenen Arbeitnehmer in Form des Arbeitslosengeldes während der Zeit der Arbeitsplatzsuche einen zeitlich begrenzten Einkommensersatz gewähren, um dem Armutsrisiko entgegenzuwirken. Es war also von Anfang an darauf zugeschnitten, in Phasen konjunktureller Arbeitslosigkeit eine Einkommensersatzfunktion zu übernehmen, bis der betreffende Arbeitslose wieder eine Arbeit gefunden hat.

Die heutige Arbeitslosigkeit ist jedoch nur noch zu einem geringen Teil konjunkturell, sondern überwiegend strukturell bedingt. Das Arbeitslosengeld, auf das jeder Versicherte, der zuvor Beiträge gezahlt hat, einen Anspruch hat, erfüllt nach wie vor seine Einkommenssicherungsfunktion. Es behindert jedoch aufgrund seiner Ausgestaltung den Strukturwandel und die schnellstmögliche Reintegration der Arbeitslosen in den ersten Arbeitsmarkt. Deshalb muss auch die Arbeitslosenversicherung grundlegend umgestaltet und das Versicherungsprinzip gestärkt werden.

Obgleich wettbewerblichen Lösungen in einem marktwirtschaftlichen System grundsätzlich der Vorrang vor staatlichen Lösungen einzuräumen ist, lässt sich das Risiko Arbeitslosigkeit wohl nicht umfassend und effizient genug vollständig privat absichern. Das liegt im Wesentlichen an den für private Versicherer kaum kalkulierbaren Risiken. Zu nennen sind insbesondere die Dauer von Konjunkturzyklen, das Eintreten schwerer Wirtschaftskrisen und daraus resultierende Risikokumulationen, zumal auch die von der Politik verantwortete Wirtschafts- und Arbeitsmarktpolitik die Inanspruchnahme der Arbeitslosenversicherung entscheidend mitbeeinflusst. Hinzu kommt, dass die Risikoselektion der privaten Versicherer eingeschränkt werden müsste, um den Schutz aller Versicherten zu gewährleisten und eine Unterversorgung zu vermeiden. Insofern verwundert es nicht, dass es in keinem Industrieland ein System privater Arbeitslosenversicherung gibt.

Allerdings entstehen im gegenwärtigen System Effizienzverluste, weil für die Versicherten nicht die richtigen marktwirtschaftlichen Anreize gesetzt werden, die Zeit der Arbeitslosigkeit so kurz wie möglich zu halten. Deshalb muss bei der

Arbeitslosenversicherung – wie auch in den übrigen Systemen der sozialen Sicherung – sachlich darüber diskutiert werden, wie diese Fehlanreize beseitigt und die Anreize wieder richtig gesetzt werden können, um Eigenverantwortung und kollektive Absicherung in ein neues Gleichgewicht zu bringen. Dabei ist völlig klar, dass Arbeitnehmern auch in Zukunft ein hinreichender Schutz vor den finanziellen Folgen eines Arbeitsplatzverlustes gewährt werden muss. Eine Diffamierung möglicher Lösungsansätze als „Sozialabbau" ist wenig hilfreich, weil sie die Umgestaltung der Arbeitslosenversicherung zur aktiven Bekämpfung der Arbeitslosigkeit behindert. Es geht darum, dies gilt es immer wieder zu betonen, die Beschäftigungsaussichten zu verbessern und gleichzeitig der Trittbrettfahrermentalität Einzelner entgegenzuwirken im Sinne von Fördern und Fordern.

Die folgenden Lösungsansätze dienen der Versachlichung der Diskussion. Sie sollen lediglich eine Bandbreite aufzeigen, wie das Versicherungsprinzip in der Arbeitslosenversicherung zum Wohle der Arbeitsplatzinhaber *und* der Arbeitssuchenden gestärkt werden könnte:

Bei der Reform der Arbeitslosenversicherung sollten den Versicherten mehr Freiheiten im Sinne von Wahlmöglichkeiten eingeräumt werden. Dazu wird die für alle verpflichtende Arbeitslosenversicherung im Niveau abgesenkt auf eine Mindestsicherung, die für 12 Monate gezahlt wird. Diese Arbeitslosengrundsicherung enthält neben dem Anspruch auf Arbeitslosengeld die notwendigen Leistungen zur Arbeitsberatung und -vermittlung, die auch von privaten Vermittlern oder von Kommunen erbracht werden können, um so über zusätzlichen Wettbewerb die Vermittlungseffizienz zu steigern. Eine Staffelung der Vermittlungsentgelte, die die Attraktivität zur Vermittlung von Problemgruppen steigert, ist dabei ebenso denkbar wie – bei entsprechender Eigeninitiative – mögliche Boni für Arbeitssuchende. Die Arbeitslosengrundsicherung wird über entsprechend abgesenkte Beiträge der Arbeitnehmer finanziert. Der Arbeitgeberanteil wird zur Erreichung größerer Transparenz an den Arbeitnehmer ausgezahlt, und dieser zahlt aus seinem erhöhten Bruttoeinkommen den Gesamtbeitrag zur Arbeitslosenversicherung. Ob der Arbeitgeberanteil steuerfrei an den Arbeitnehmer weitergereicht wird, ist davon abhängig, ob innerhalb der Arbeitslosenversicherung Umverteilungsaspekte wie die Begünstigung von Familien oder die Existenz von Kindern stattfinden oder dieser Ausgleich über die öffentlichen Haushalte erfolgen soll.

Da das Ausmaß der Arbeitslosigkeit und damit die Inanspruchnahme der Arbeitslosenversicherung maßgeblich vom Verhalten der Tarifvertragsparteien, also den Gewerkschaften und den Arbeitgebern abhängt, könnte überlegt werden, ob beide Gruppen an der Finanzierung des Arbeitslosengeldes beteiligt werden. Gewerkschaftliche Zuschusspflichten zur Arbeitslosenversicherung würden überzogene Lohn- und Tarifforderungen der Gewerkschaften in Grenzen halten. Die Zuschüsse müssten nach Regionen und Sektoren differenziert werden. In der Folge würden bei Tarifverhandlungen unternehmerische, sektorale und regionale Besonderheiten besser berücksichtigt. Gleichzeitig könnten auch von den Unternehmen Beiträge zur Arbeitslosenversicherung verlangt werden, die von deren Entlassungsverhalten abhängig gemacht werden müssten. So ist beispielsweise in den Vereinigten Staaten ein solches System in die Arbeitslosenversicherung integriert. Letztlich würde hierdurch unternehmerisches Fehlverhalten sanktioniert und der strukturelle Wandel beschleunigt. Allerdings erfordert ein solches System einerseits einen Risikoausgleich, um eine begrenzte Quersubventionierung von stabilen zu instabilen Unternehmen zuzulassen, da sonst Unternehmen in akuten Krisen zu hoch belastet würden. Eine solche Quersubventionierung gibt es im Übrigen in Deutschland bereits aufgrund der einheitlichen Beitragssätze zur Arbeitslosenversicherung. Andererseits erfordern solche Beitragsleistungen der Unternehmen eine Änderung der bestehenden institutionellen Verflechtungen, also den Abbau des bestehenden Kündigungsschutzes und dezentrale, betriebliche Lohnfindungsprozesse. Ansonsten hätte ein Unternehmen keinerlei Einflussmöglichkeiten auf die Höhe von Lohnabschlüssen und sich daraus möglicherweise ergebenden Entlassungen.

Über die Arbeitslosengrundsicherung hinaus könnten dann Wahltarife eingeführt werden, die dem Arbeitnehmer die Freiheit gewähren, sich gegen das Risiko der Arbeitslosigkeit umfangreicher abzusichern. Dies hat seinen Preis in höheren Versicherungsbeiträgen, die vom Versicherten zu entrichten wären. So könnte sich der Einzelne über die Grundsicherung hinaus eine Verlängerung der Bezugsdauer oder ein höheres monatliches Arbeitslosengeld „zukaufen". Je nach individueller Risikobereitschaft des Arbeitnehmers könnten auch Karenzwochen oder –monate bei den Wahltarifen berücksichtigt werden, sodass etwa ein grundsätzlich erhöhtes Arbeitslosengeld gewählt wird, das aber erst nach einer Karenz zum Tragen kommt. Bei diesen Wahltarifen müsste das Äquivalenzprinzip zwischen Beitrags- und Versicherungsleistung stärker berücksichtigt werden.

Die skizzierten Lösungsansätze können einen Beitrag leisten, die unbefriedigende Situation auf dem Arbeitsmarkt zu verbessern und die marktwirtschaftlichen Anreizwirkungen zu stärken. Sie erhöhen in Zeiten beschleunigten Wandels die Flexibilität des Arbeitsmarktes und senken die Lohnnebenkosten. Sie stellen zwar höhere Anforderungen an den Einzelnen, geben ihm jedoch im Gegenzug Entscheidungsspielräume zurück und führen insgesamt über einen verstärkten Wettbewerb zu einer effiziente-

ren Wiedereingliederung von Arbeitslosen in den ersten Arbeitsmarkt.

Die Rentenversicherung als Basisabsicherung

Die Rentenversicherung wird an ein sozialversicherungspflichti-
ges Arbeitsverhältnis gebunden bleiben müssen. Die Rente
bleibt wenigstens teilweise „Alterslohn für Lebensleistung".
Aber die Rente ist eben keineswegs sicher, und die Belastung
der jungen Generation hat schon heute ein viel zu hohes Maß
erreicht. Andererseits würde eine vollständige Umstellung der
gesetzlichen Rentenversicherung auf eine kapitalgedeckte Altersversorgung an der Verpflichtung scheitern, die bereits erwor-
benen Anwartschaften abgezinst in einen Kapitalstock ein-
zubringen. Das Geld dafür steht weder dem Staat noch den
Beitragszahlern zur Verfügung. Die Rentenversicherung selbst
hat gar nichts, denn die eingezahlten Beiträge werden ja binnen
weniger Tage in Form von Renten wieder ausgezahlt. Insoweit
ist unsere gesetzliche Rentenversicherung im rechtlichen Sinn
eine gesetzliche Umlage der heutigen Einkommensbezieher zugunsten der früher zur Umlage Verpflichteten und einiger Leis-
tungsempfänger, die behandelt werden, als ob sie früher Beiträge
gezahlt hätten. Diese „versicherungsfremden Leistungen" kommen insbesondere Frauen zugute für Kindererziehungszeiten
und Aussiedlern, denen eine Rentenbiographie unterstellt wird,
als ob sie immer in Deutschland gearbeitet hätten. Beide politische Entscheidungen sind gut begründet, denn Kinder sind die
Voraussetzung zur Aufrechterhaltung der Zahlungsfähigkeit der
Rentenversicherung; und die Aussiedler als Gruppe zahlen in die
Rentenversicherung mit ihren zahlreichen Kindern und ihrer
bisher niedrigeren Arbeitslosigkeit mehr ein als sie an Leistungen für ihre Rentner herausbekommen.

Die Rentenversicherung aber wird im Alter den Lebensstandard nicht mehr sichern können. Sie wird eine Basisabsicherung sein, die nur wenig höher ist als heute das Sozialhilfeniveau. Im Übrigen ist der oft gewählte Bezug zur Sozialhilfe ohne Bedeutung. Die Sozialhilfe ist das Auffangnetz für Notfälle, eine Hilfe für die, die keine anderen Grundlagen für ihren Lebensunterhalt finden. Sie ist nicht die Lohnersatzleistung, auf die alle Anspruch haben, unabhängig davon, was sie selbst für sich tun können. Sie muss deshalb in diesem Sinn auch wieder zurückgeführt werden auf eine Leistung auf Zeit für eine zweite Chance. Genau aus diesem Grund war es ein Fehler der Bundesregierung, die Mindestsicherung für Rentner einzuführen, die die Sozialhilfeträger zu garantieren haben. Was sicher gut gemeint war, schafft Ansprüche und Sicherheiten, die nicht von Dauer sein können, und die einen späteren Kurswechsel noch schwerer machen.

Der Kurswechsel in den Alterseinkommen muss hingehen zu mehr kapitalgedeckter privater und betrieblicher Altersversorgung. Der Nachweis ist längst erbracht, dass in der langen Perspektive des Aufbaus von Alterseinkommen kapitalgedeckte Systeme den reinen Umlagesystemen weit überlegen sind, insbesondere in einer schrumpfenden Gesellschaft. Zwar haben die vorhandenen Unsicherheiten und Schwankungen an den Kapitalmärkten Auswirkungen auf das Versorgungsniveau und so sind die Lebensversicherungen in den Renditen deutlich schlechter geworden. Trotzdem bleibt richtig: Für die gesamte Bevölkerung und nicht nur für die, die über der Pflichtversicherungsgrenze liegen und die damit zu den „Besserverdienenden" zählen, muss die Altersversorgung auf stärkere Kapitalbildung umgestellt werden. Auch in dieser Hinsicht sind andere Länder weiter als wir. Leider war die „Riester-Rente" bisher kein Erfolg, obwohl die Grundentscheidung gewiss in die richtige Richtung geht, nämlich allen Beschäftigten einen Anreiz zu geben, für

das Alter individuell vorzusorgen und Kapitalkonten zu ersparen. Dies wird umso besser gelingen, je länger die Lebensarbeitszeit ist. Ein ganz wesentliches Problem der heutigen Rentenversicherung ist die viel zu hohe Zahl der Frühverrentungen. Vor
allem viele Großbetriebe haben in der Vergangenheit ihre Beleg-
schaftsprobleme über die Rentenversicherung gelöst. Darin
steckt kein Vorwurf gegen die Betriebe. Sie haben nichts Un-
rechtes getan, denn der Gesetzgeber hat ihnen die Möglichkeit
dazu eingeräumt. Die Frühverrentungsmöglichkeiten sind heute
richtigerweise weitgehend eingeschränkt worden. Der Weg muss
jetzt konsequent in die andere Richtung weitergegangen werden.
Wenn das Verhältnis von Leistungsempfängern und Beitragszahlern trotz der demographischen Probleme zugunsten der Beitragszahler verändert werden soll, dann steckt dazu in der Verlängerung der Lebensarbeitszeit die größte Chance.

In kaum einem Land ist die Zahl der Beschäftigten in der sogenannten „Alterskohorte" der 55 – 64-jährigen so niedrig wie in
Deutschland. Es lässt sich mittlerweile empirisch nachweisen,
dass überall dort, wo die Beschäftigungsquote der Älteren höher
ist als bei uns, die Arbeitslosigkeit insgesamt niedriger ist. (Wie
sich übrigens auch nachweisen lässt, dass überall dort, wo die
Beschäftigungsquote der Frauen höher ist, auch die Zahl der
Geburten je Frau höher ist als bei uns – ein Hinweis auf bessere
Lösungen bei der Vereinbarkeit von Familie und Beruf in anderen Ländern!)

Würden wir Schritt für Schritt das Renteneintrittsalter erhöhen, ließen sich damit gleich mehrere positive Wirkungen verbinden: Zum einen kann es den immer gesünder alt werdenden
Menschen nicht gefallen, wenn sie schon in einem Alter in den
Ruhestand geschickt werden, in dem sie auf dem Höhepunkt ihrer Leistungsfähigkeit und ihrer Erfahrung stehen. Ein durch-
schnittliches Alter von 60 Jahren beim Renteneintritt passt nicht

zu einer Lebenserwartung, die bald jenseits der 80 liegen wird. Wir können auch auf die Erfahrung der jung gebliebenen Älteren immer weniger verzichten. Zum zweiten verlängert die Lebensarbeitszeit die Zeit der Kapitalbildung für das Alter. Es liegt auf der Hand, dass dies gerade für die mittleren Jahrgänge von heute besonders dringlich ist. Denn es sind diese Jahrgänge, die aus der Rentenversicherung die lebensstandardsichernde Altersversorgung nicht mehr erwarten können und gleichzeitig für den Aufbau eines Kapitalstocks – sei es in Form einer betrieblichen oder einer privaten Altersversorgung – mehr Zeit brauchen als bei einem frühen Renteneintritt noch zur Verfügung stehen würde. Und schließlich verdoppelt ein späterer Renteneintritt die gewünschte Wirkung auf das Verhältnis zwischen Beitragszahlern und Leistungsempfängern. Denn mit jedem Jahr des späteren Eintritts in die Rente gibt es ein Jahr länger einen Beitragszahler und zugleich ein Jahr weniger einen Rentner. Folgerichtig gehen die Rentenversicherungsträger davon aus, dass durch die Verlängerung der Lebensarbeitszeit um ein Jahr im Durchschnitt für alle Beschäftigten der Beitragssatz um etwa 0,8 Prozentpunkte sinken könnte. Das klingt nicht nach sehr viel. Bedenkt man aber, welche Anstrengungen die Bundesregierung unternehmen musste, um den Rentenversicherungsbeitrag mit der sogenannten „Ökosteuer" wenigstens einigermaßen stabil zu halten, dann zeigt der Blick auf die Möglichkeit einer Verlängerung der Lebensarbeitszeit, welches Potential zur Lösung des Problems in ihr steckt.

Klar ist freilich: Allein die Verlängerung der Arbeitszeit kann das Rentenproblem nicht lösen. Es wird auch in Zukunft Berufe geben, in denen eine Verlängerung der Lebensarbeitszeit aus gesundheitlichen Gründen schnell an Grenzen stößt. Menschen, die ihr ganzes Berufsleben lang körperlich hart arbeiten mussten, wird man auch in Zukunft eine längere Lebensarbeitszeit gar nicht zumuten können. Andere werden dafür deutlich länger als nur bis zum 63. oder 65. Lebensjahr arbeiten können und müssen. Wer trotzdem früher aufhören will, wird dies nicht ohne Abschläge von der Rente tun können.

Die Länder, die eine stärkere Kapitaldeckung ihrer Altersversorgungssysteme frühzeitig aufgebaut haben, haben damit durchweg gute Erfahrungen gemacht. Die Altersversorgung wird demographiefester, und sie nimmt teil an der allgemeinen wirtschaftlichen Entwicklung an den Kapitalmärkten. Diese Entwicklung kann auch einmal nach unten gehen, in der langen Perspektive aber zeigen gerade die Pensionsfonds nach angelsächsischem Vorbild, dass sie kontinuierlich an Wert gewinnen und eine sichere Kapitalanlage darstellen. Pensionsfonds tragen schließlich dazu bei, dass die Kapitalmärkte selbst viel breiter und tiefer aufgebaut werden. Der größte amerikanische Pensionsfonds ist im Übrigen der Fonds der Altersversorgung der kalifornischen Lehrer!

Eine zweite Einkommensteuer oder eine echte Kranken- und Pflegeversicherung?

Mit den Reformen der Rentenversicherung sind in den letzten Jahren jedenfalls zum Teil Entscheidungen in die richtige Richtung getroffen worden. Die eigentliche Auseinandersetzung um die Zukunft der Sozialversicherung steht uns in der Diskussion um die Krankenversicherung dagegen noch bevor. So langsam klären sich die Positionen: Die einen wollen eine „Bürgerversicherung", die anderen befürworten eine „Gesundheitsprämie", die oftmals auch als „Kopfpauschale" in Misskredit gebracht wird.

Auf den ersten Blick mag die Bürgerversicherung attraktiv erscheinen. Was spricht schon gegen Solidarität für alle und eine große, solidarische Volksversicherung, in die alle nach individu-

eller Leistungsfähigkeit einzahlen und für die nicht nur Arbeitseinkommen, sondern auch Kapitalerträge und sonstige Einkünfte herangezogen werden? Es ist ja auch nicht wirklich zu
begründen, dass Einkommen ab einer bestimmten Höhe und
bestimmte Einkommensbezieher wie Freiberufler, Beamte, Abgeordnete, Unternehmensvorstände und andere ganz unabhängig von ihrem Einkommen nicht in die solidarische Krankenversicherung mit einbezogen werden. Bei näherer Betrachtung stellt
sich allerdings heraus, dass die Bürgerversicherung zu ganz erheblichen zusätzlichen Belastungen führen wird. Sie wirkt nämlich, wenn sie als prozentualer Beitrag vom gesamten Einkommen ausgestaltet wird, wie eine zweite Einkommensteuer.

Die Gesetzliche Krankenversicherung ist schon heute keine
Versicherung, sondern in der Wirkung eben eine zweite Einkommensteuer, aber begrenzt auf die, die pflichtversichert sind
und auf Einkommen bis zur so genannten Beitragsbemessungsgrenze. Ihre Ausweitung auf alle Bürger und die geplante Anhe-
bung der Beitragsbemessungsgrenze erhöht die Belastungen
schlagartig für die Einkommen, die schon heute mit der progres-
siven Einkommensteuer überproportional zur Finanzierung öffentlicher Aufgaben beitragen. Monatliche Beiträge von 750
Euro und höher sind in den Modellrechnungen bereits enthalten. Es ergäben sich neue Abgrenzungsprobleme zum Beispiel
im Hinblick auf die Berücksichtigung von Abschreibungen, Ver-
lustvorträgen und Aufwendungen bei Gesellschaftern von Personengesellschaften und Freiberuflern. Sollen auch Erbschaften
einbezogen werden? Soll es möglicherweise sogar zwei unterschiedliche Bemessungsgrundlagen geben? Wie immer dieser
Krankenversicherungsbeitrag bemessen wird, er entfernt sich
immer weiter von der Kalkulation des Risikos, das versichert
werden soll. Nicht mehr der Versicherungsschutz und die Sanie-
rung des Systems, sondern die Verbreiterung der Einnahmen-

basis und damit die Finanzierungsseite stehen erkennbar im Vordergrund für die Befürworter der Bürgerversicherung.

Demgegenüber knüpft der Vorschlag einer Gesundheitsprämie an das tatsächliche Risiko an. Genau deshalb geht der Einwand, dann würde ja der Chef denselben Beitrag zahlen wie die Sekretärin oder der Pförtner, ins Leere. Sie alle tragen, von individuellen Merkmalen abgesehen, auch ein identisches Risiko. Dieses Risiko muss deshalb zunächst auch unabhängig vom Einkommen für alle gleich versichert werden. Niemand käme doch auf die Idee, die Haftpflicht- oder Kaskoversicherung für das private Auto nach dem Einkommen des Halters zu bemessen. Im Übrigen: Wer genau nachrechnet, wird feststellen, dass es viele Fälle gibt, in denen die Sekretärin bereits *im heutigen System höhere Beiträge* zahlt als der Chef! Wenn die Sekretärin nämlich das Pech hat, gerade unterhalb der Versicherungspflichtgrenze zu verdienen, also pflichtversichert zu sein in der Gesetzlichen Krankenversicherung ohne Wahlmöglichkeit in die Private Krankenversicherung zu wechseln, dann wird sie bis zur Beitragsbemessungsgrenze von derzeit knapp 3.500 Euro mit einem Beitrag von etwa 14 Prozent belastet. Das sind etwa 490 Euro im Monat. Ihr Chef ist im Zweifel in der glücklichen Lage, schon seit seinem Studium in der privaten Krankenversicherung zu sein. Er zahlt dann weniger als 300 Euro im Monat für eine wesentlich bessere Leistung im Krankheitsfall als seine gesetzlich pflichtversicherte Sekretärin!

Der Hinweis darauf, dass die angestellte Sekretärin doch die Hälfte ihres Beitrages vom Arbeitgeber gezahlt bekäme, entkräftet den Vergleich keineswegs. Erstens bekommt auch der Chef einen Arbeitgeberanteil zu seinem privaten Krankenversicherungsbeitrag, wenn er in einem Unternehmen angestellt ist und mit seinem Einkommen die Versicherungspflichtgrenze überschreitet. Zweitens habe ich bereits im Kapitel III darauf hingewiesen: Der Arbeitgeberbeitrag ist kein Zuschuss und keine Zuwendung des Arbeitgebers aus seinem Einkommen zur Krankenversicherung seiner Mitarbeiter, sondern er ist Lohnbestandteil, der nur anders verrechnet wird als der Eigenbeitrag des Arbeitnehmers. Der Arbeitnehmer muss beide Bestandteile des Krankenversicherungsbeitrages, den Arbeitgeberbeitrag wie den Arbeitnehmerbeitrag, mit seiner Arbeitskraft erwirtschaften. Gelingt ihm dies nicht, ist der Arbeitsplatz auf Dauer unwirtschaftlich und nicht zu halten. Deshalb können nur die Krankenversicherungsbeiträge in voller Höhe miteinander verglichen werden. Und da stellt sich heraus: Im gegenwärtigen System findet eine Umverteilung aus der Mitte nach unten statt unter Schonung der höheren Einkommen, die zur Solidarität nicht beitragen, aber das Privileg besitzen, sich privat und mit weitgehender Gestaltungsfreiheit in ihren Verträgen versichern zu dürfen. Die Entstehungsgeschichte ist die einzige Begründung, die man heute noch für diese Trennung heranziehen kann. Mit sozialer Gerechtigkeit hat das nichts mehr zu tun.

Diese Zusammenhänge werden der Öffentlichkeit zum Teil bewusst vorenthalten. Die Gesetzliche Krankenversicherung kommt auch deshalb nicht aus der Krise, weil wir uns angewöhnt haben, dass ihre Leistungen nach Bedürftigkeit gewährt und ihre Beiträge nach Einkommen kalkuliert werden. Kurioserweise hat derjenige, um den es geht nämlich der Versicherte, in diesem System am wenigsten zu sagen. Ein Kartell von Leistungserbringern und Kassen handelt über die Köpfe der Betroffenen hinweg Leistungen und Bedingungen miteinander aus, die der Patient, selbst wenn er fragt, nie erfährt. So bekommt der Versicherte noch nicht einmal eine Rechnung, er darf Versicherungsverträge nicht ändern, wird für sparsamen Umgang nicht belohnt und für Verschwendung – mit Ausnahme der nunmehr erhöhten Zuzahlungen – nicht höher belastet. Fast im ganzen

System der deutschen gesetzlichen Krankenversicherung ist der Wettbewerb praktisch ausgeschaltet. Vor allem die Kassenärztlichen Vereinigungen sorgen dafür, dass sich möglichst nicht zu viel ändert.

Wir stehen deshalb vor drei Alternativen:

Die erste Alternative: Wir können das bisherige System fortbestehen lassen und versuchen, mit weiteren Retuschen an der Oberfläche die Auswüchse zu korrigieren. Dann werden sich insbesondere die Arbeitnehmer auf ständig weiter steigende Beiträge einzustellen haben. Die Lohnzusatzkosten werden weiter steigen, Arbeitsplätze weiter verloren gehen und nur die „Besserverdienenden" den Fortschritt der Medizin und maßgeschneiderte Versicherungsverträge im Wettbewerb der Leistungsanbieter und der Versicherungsunternehmen zugleich in Anspruch nehmen können. Der bereits heute eingeschlagene Weg in die Zweiklassenmedizin würde beschleunigt fortgesetzt werden. Das Niveau der Versorgung sinkt bei dieser Variante für die Mehrheit der Bevölkerung weiter ab. Eine gut verdienende Oberschicht wird dagegen alle Vorteile einer modernen Medizin im In- und Ausland genießen können. Dagegen wird auch das „Wohlfühl-Programm" einer AOK nichts ausrichten, die sich mittlerweile „Die Gesundheitskasse" nennt und mit Programmen wie „Bewusst sein – Mit Hatha-Yoga zur inneren Ruhe" oder „Qi Gong – Der sanfte Weg zum Gleichgewicht" versucht, ihre Mitglieder bei guter Laune zu halten.

Die zweite Alternative: Die „Bürgerversicherung" würde das Mittelmaß unseres bisherigen Systems auf alle übertragen, die höheren Einkommen dafür stärker, die unteren Einkommen geringer belasten als bisher. Die „Krankenversicherung" wäre dann endgültig keine Versicherung mehr, sondern eine allgemeine zweite Einkommensteuer für die Gesundheit. Addiert mit der normalen Einkommensteuer ergäben sich schon für

Facharbeiter und gehobene Angestellte Lasten auf das Einkommen, die endgültig jede Leistungsbereitschaft zerstören. Für private Krankenversicherungen bleibt in einem solchen System – auch nach den eindeutigen Erklärungen ihrer Befürworter – kein Platz mehr. Zusammen mit der zusätzlichen Bürokratie, die die Erhebung und Abgrenzung der Beiträge erfordert, wäre die schleichende Verstaatlichung unseres Gesundheitssystems eingeleitet. Welche enormen Schwierigkeiten der Weg in die „Bürgerversicherung" noch bereit hält, zeigt die lange andauernde Diskussion im Kreis ihrer Befürworter. Aber man muss damit rechnen, dass die Schwächen des gegenwärtigen Systems gezielt genutzt werden, um eben mit der „Bürgerversicherung" die „Gerechtigkeit" herzustellen, die sich in einem höchstmöglichen Maß an Umverteilung erschöpft und auf einem niedrigen Niveau möglichst alle gleich behandelt.

Die dritte Alternative: Die versicherungsmathematisch kalkulierte, risikobezogene Gesundheitsprämie ist im Unterschied zu den beiden eben genannten Möglichkeiten die einzige Alternative, die Freiheit mit Eigenverantwortung und Solidarität verbindet. Gesetzliche und private Krankenversicherungen können in einen Wettbewerb zueinander treten und Effizienzreserven mobilisieren. Nur bei diesem Modell stünde der Versicherte wieder im Mittelpunkt. Sein Vorteil: Er könnte auch über den Inhalt des Versicherungsvertrages mit der Versicherung verhandeln. So könnte er etwa Beitragsrückerstattungen aushandeln, wenn er seine Versicherung ein Jahr lang nicht in Anspruch nimmt; bei einer einkommensbezogenen Beitragserhebung führte dies zu einer Privilegierung der höheren Einkommen! Er könnte aushandeln, dass er Arztbesuche selbst bezahlt und nur den Krankenhausaufenthalt versichert; wie sollte das mit einkommensabhängigen Beiträgen vereinbart werden? Er hätte ein hohes eigenes Interesse daran, den Umfang der Leistungen und die

Kosten zu kontrollieren, da es um „seine" Krankenversicherung geht; im bisherigen System und auch bei der Bürgerversicherung fehlt jeder Anreiz, nachzufragen und zu sparen.

Jenseits der größeren individuellen Freiheit und Verantwortung muss im System der Gesundheitsprämie natürlich ein Sozialausgleich geleistet werden. Der umfassendste Sozialausgleich läge bereits in der einheitlichen Bemessung der Prämie etwa in der Größenordnung zwischen 150 und 170 Euro im Monat. Dies entspricht einem Jahresbeitrag von 1800 bis 2000 Euro, den das Gesundheitssystem pro Kopf der Bevölkerung in jedem Fall kostet. Daran lässt sich nichts ändern, im Gegenteil, der Gesundheitssektor ist ein wichtiger Teil der Volkswirtschaft mit gut 4 Millionen Beschäftigten und einem beachtlichen Wachstumspotential. Dies darf nicht nur als Last, sondern sollte auch als Chance verstanden werden. Allerdings müssen die Leistungen auch bezahlt werden, und dies geschieht im System der Prämie mit einem Beitrag, der unabhängig von Alter, Geschlecht und Vorerkrankungen einheitlich erhoben wird. Zusätzlich muss ein Sozialausgleich für die unteren Einkommen gewährt werden. Niemand sollte mehr als 14 – 15 Prozent seines Einkommens zahlen. Keiner sollte also höher belastet werden als heute. Das System der Gesundheitsprämie ermöglicht auch in Zukunft den Ausgleich zwischen Familien mit Kindern und Kinderlosen, wenn die Kinder über den öffentlichen Haushalt, also über Steuern finanziert, beitragsfrei im System der gesetzlichen Krankenversicherung mitversichert werden. Dieser Teil des Sozialausgleichs lässt sich schließlich über den Staatshaushalt und eine progressive Einkommensteuer viel leichter realisieren als über eine progressive Einkommensteuer *und* einkommensabhängige Krankenversicherungsbeiträge. Die Einkommensteuer muss dafür nicht erhöht werden, wenn auch im Übrigen die richtigen Reformen für Wachstum und Beschäftigung auf den Weg gebracht werden. Wenn aber trotzdem am Ende einer solchen Reformagenda Geld zum Ausgleich für Kinder und untere Einkommen fehlt, dann ist die Mehrwertsteuer dafür eine sehr viel vernünftigere Steuerquelle als die Einkommensteuer. Zu deren Ergiebigkeit und Ertragskraft ist im Abschnitt zur Einkommensteuerreform schon das Notwendige geschrieben worden.

Die vollständige Loslösung des Krankenversicherungsverhältnisses vom Arbeitsverhältnis dürfte die Lohnzusatzkosten in Deutschland auf einen Schlag so wirksam kontrollieren wie keine andere Reform dies leisten könnte. Der größte Kostentreiber wäre volkswirtschaftlich neutralisiert. Die Übertragung des bisher steuerfreien Arbeitgeberanteils als steuerpflichtiges Einkommen auf den Arbeitnehmer ermöglicht gleichzeitig nicht nur die endgültige Trennung der Krankenversicherung vom Arbeitsverhältnis, sondern auch höhere Steuereinnahmen für den Sozialausgleich. Wenn auch die Pflegeversicherung noch aufgelöst und in das neue Krankenversicherungssystem integriert würde, dann wäre erstmals seit Jahrzehnten in Deutschland eine Sozialreform gelungen, die so wie seinerzeit die Sozialgesetzgebung von Bismarck Antworten gibt, die sehr lange bestehen bleiben könnten.

Mir ist klar, dass die Auseinandersetzung um die Zukunft der Krankenversicherung gerade erst begonnen hat. Es werden sich auf dem Weg zur Gesundheitsprämie noch viele Widerstände aufbauen und manche objektive Schwierigkeiten ergeben. Aber mit diesem Systemwechsel, den man nur ganz oder gar nicht vollziehen kann, wird sich die Reformfähigkeit der deutschen Gesellschaft ebenso erweisen wie die Führungskraft des politischen Personals. Vor allem die Angst vor der Veränderung muss überwunden werden. Wenn die Partei und die Mannschaft, die dieses große Vorhaben umsetzen soll, selbst nicht von der

Richtigkeit überzeugt ist und stattdessen den Gegnern noch die Stichworte liefert, ist die Auseinandersetzung verloren, bevor sie richtig angefangen hat. Ich verstehe nur zu gut, dass man als Politiker hin- und hergerissen sein kann zwischen dem, was in der Stimmungslage des Augenblicks mehrheitsfähig ist, und dem, was notwendig und richtig ist. Aber im Willen und der Fähigkeit, die Bevölkerung von dem zu überzeugen, was notwendig ist, zeigt sich generell die Fähigkeit zur Gestaltung und Veränderung eines Landes und einer Gesellschaft.

Globalisierung – Chance für Deutschland

„Keiner produziert alles, was er benötigt, und keiner benötigt alles, was er herstellt": In diesem Satz, man könnte fast sagen: Lehrsatz des Wirtschaftswissenschaftlers Erich Hoppmann kommt die Arbeitsteilung moderner Volkswirtschaften ebenso einfach und überzeugend zum Ausdruck wie ihre globale Dimension.

Die Globalisierung der Arbeitswelt gehört zu den Faktoren, die das 21. Jahrhundert prägen. Ihre Auswirkungen sind in allen Bereichen unseres Lebens zu spüren. Der ungeheuer schnelle Fortschritt bei den modernen Computer-, Informations- und Kommunikationstechnologien ließ eine Schnelligkeit ökonomischer Transaktionen und in deren Gefolge eine Verflechtung der internationalen Wirtschaft entstehen, die vorher kaum möglich schien. Inzwischen sind die Märkte und damit der wirtschaftliche Wettbewerb nicht nur für die großen, sondern auch für die mittelständischen Unternehmen global geworden. Vor allem der weltweite Zusammenschluss der Devisen- und Finanzmärkte hat die neuen ökonomischen Entwicklungen im globalen Maßstab vorangetrieben. Inzwischen sind alle Volkswirtschaften von dieser Dynamik erfasst. Einige Zahlen mögen das belegen:

Das Weltsozialprodukt legte zwischen 1985 und 2004 um real 68 Prozent zu, die globalen Warenexporte stiegen dagegen um 118 Prozent.

Die Umsätze auf den Weltdevisenmärkten erreichten 2002 eine Größenordnung von 1.200 Milliarden Dollar täglich!

Die Direktinvestitionen stiegen im Zeitraum von 1986–1995 um jährlich 22,1 Prozent und zwischen 1996 und 2000 sogar um 40 Prozent. Die Direktinvestitionen wuchsen damit zwischen 1986 und 2000 sechsmal so schnell wie der Handel und mehr als achtmal so schnell wie die jährliche Weltproduktion.

Der Wert aller grenzüberschreitend gehandelten Waren und Dienstleistungen entsprach im Jahr 2000 mehr als einem Viertel der gesamten Weltproduktion – 1970 waren es gerade einmal 10 Prozent.

Aber auch: 86 Prozent des gesamten globalen Ressourcenverbrauchs entfällt auf das reichste Fünftel der Weltbevölkerung. Das ärmste Fünftel ist daran nur mit 1,3 Prozent beteiligt. Ähnlich verhält es sich mit der Einkommenslücke zwischen dem reichsten und dem ärmsten Fünftel der Welt. 1930 betrug es 30:1, 1997 ist es auf 74:1 angewachsen. Die drei reichsten Menschen der Welt verfügen über ein größeres Vermögen als die 49 ärmsten Entwicklungsländer zusammen.

Weltweit waren im Jahr 2000 nach einer Untersuchung der Vereinten Nationen rund 63.000 transnational operierende Konzerne tätig mit über die ganze Erde gestreuten rund 800.000 Niederlassungen. Diese investierten allein im Jahr 2002 1,3 Billionen Dollar über alle Grenzen hinweg. Die 100 größten Konzerne erzielen Auslandsumsätze in einer Größenordnung von 2 Billionen Dollar – das ist in etwa so viel wie die deutsche Volkswirtschaft in einem Jahr erwirtschaftet. Unter den 100 größten wirtschaftlichen Einheiten auf dem Erdball sind mehr Konzerne zu finden als Staaten, das Verhältnis beträgt 52:48. Bezieht man sich auf den Umsatz, kontrollieren die 15 größten Konzerne sogar eine größere Wirtschaftsleistung als die sechzig ärmsten Staaten der Welt.

Diese Zahlen weisen darauf hin, dass Geld, Waren und Dienstleistungen in hohem Tempo ebenso um die Erde zirkulieren wie menschliche Arbeitskraft oder Gedanken. Vielen in Deutschland macht das noch immer Angst. Umfragen zeigen, dass viele Bundesbürger der Globalisierung mit einer Mischung aus Hoffnung und Befürchtung, Sorge und Zuversicht gegenüberstehen. Dabei müsste es eher darum gehen, nach den *Chancen* der Globalisierung zu fragen. Die Globalisierung ist zu einer unumstößlichen Tatsache geworden. Sie sollte weder dämonisiert noch glorifiziert werden. Es geht ganz nüchtern darum, die erheblichen Chancen, die die Globalisierung nicht nur uns, sondern auch vielen anderen Menschen auf der Erde bietet, zu nutzen. Unser Wohlstand beruht darauf, dass wir als Hochlohnland auf den weltweiten Märkten vorne sind und im globalen Wettbewerb gut bestehen können. Darauf müssen unsere wirtschaftlichen Anstrengungen, aber auch unsere Mentalitäten gerichtet sein. Gerade für unser Land mit einer traditionell exportorientierten Wirtschaft ergeben sich in der neuen Situation viele neue Marktzugänge und ökonomische Entwicklungsmöglichkeiten – für Großunternehmen ebenso wie für den Mittelstand. Damit die Chance wirklich genutzt werden kann, gehört allerdings, dass wir in unserem Land dem Mittelstand nicht andauernd mit Steuern, Bürokratie und Regulierung neue Hürden in den Weg stellen.

Die wirtschaftliche Entwicklung in der Welt und die wachsende internationale Arbeitsteilung setzen einen verbesserten Ordnungsrahmen für Unternehmen und Staaten voraus. Weltbank, Welthandelsorganisation, Internationaler Weltwährungsfonds und Vereinte Nationen sowie eine große Zahl weiterer

Organisationen bilden zur Zeit für eine globale Wirtschaft ein erstes, wenn auch insgesamt noch nicht ausreichendes Grundgerüst. Dieses gilt es im Hinblick auf eine internationale Soziale Marktwirtschaft weiterzuentwickeln.

Die globale Verschmelzung von Märkten, Unternehmen, Technologien, Informations- und Kommunikationsflüssen bietet auch für Schwellenländer wie für unterentwickelte Staaten vielfältige Möglichkeiten zur Steigerung des Lebensstandards. Der bemerkenswerte Erfolg von ehemaligen armen Entwicklungsstaaten wie Taiwan, Südkorea oder Malaysia zeigt, dass der unternehmerisch geleitete Transfer von Kapital, Technologie und Know-how aus den Industrie- in die Entwicklungsländer zur Überwindung der Unterentwicklung beitragen kann. Solche Chancen können vor allem dann genutzt werden, wenn ähnliche Startbedingungen vorhanden sind oder bessere geschaffen werden können. Globalisierung trägt zur besseren Entwicklung bei, aber nicht alle können bei diesem Spiel richtig mitmachen, weil einfach die Ausgangsbedingungen zu ungleich sind.

Es mehren sich die Anzeichen, dass gerade die armen Entwicklungsländer Chancen nicht nutzen können, weil sie große Schwierigkeiten bei der Bewältigung der aus der Globalisierung resultierenden Probleme haben. Hohe Schuldenstände, geringe materielle und immaterielle Ressourcen, Rechtsunsicherheiten und gering entwickelte staatliche Strukturen führen dazu, dass manche Länder nur teilweise oder gar nicht am weltweiten Wirtschaftswachstum teilhaben können.

Die wirtschaftliche Globalisierung legt deshalb den reichen Industrieländern die Verantwortung auf, an Problemlösungen für die schwächeren und unterentwickelten Länder mitzuwirken. Die Achtung von Menschenrechten, Demokratie, marktwirtschaftliche Strukturen, Hilfe bei der Korruptionsbekämpfung sind dabei wichtige Kriterien.

Zu einer gerechten Wirtschaftsordnung gehört auch die breite Öffnung der Europäischen Union für Güter aus Entwicklungsländern, vor allem für Agrarprodukte. Gegenüber jedwedem Protektionismus treten die westlichen Länder zu Recht für eine Liberalisierung des Welthandels ein. Aber die eigene Glaubwürdigkeit schwindet, wenn sich die Europäische Union und andere Wohlstandsstaaten selbst nicht an die eigenen Regeln halten. Man kann nicht einerseits von den Entwicklungsländern verlangen, die eigenen Märkte zu öffnen und gleichzeitig die eigenen Agrarmärkte vom Weltmarkt abschotten. Die 30 in der OECD (Organisation for Economic Cooperation and Development) zusammengeschlossenen Länder einschließlich der Europäischen Union subventionieren nach Berechnungen der Weltbank ihren Agrarbereich mit täglich fast 1 Milliarde US-$. Mit 327 Milliarden US-$ im Jahr entspricht das rund zwei Drittel des Bruttosozialprodukts des gesamten afrikanischen Kontinents. Die Agrarsubvention ist gleichzeitig sechsmal höher als die OECD-Länder mit 43 Milliarden Dollar für Entwicklungshilfe ausgeben. Nach derselben Studie der Weltbank würde bei Wegfall aller Zölle und Subventionen die Weltwirtschaft um 830 Milliarden US-$ wachsen; 65 Prozent davon entfielen auf die Dritte Welt. Das ist ein Hinweis auf die Zusammenhänge zwischen Wohlstand und Offenheit für den Weltmarkt.

Die Globalisierung erfordert aber nicht nur eine wirtschaftliche, sondern auch eine politische Ordnung der Welt. Viele sprechen ja angesichts der Globalisierung vom Bedeutungsverlust der Politik. Das Gegenteil ist richtig. Die Globalisierung führt zu einer Revitalisierung des Politischen. Die Nationalstaaten werden die entscheidenden Einheiten bleiben. Aber ähnlich wie in der Wirtschaft entstehen neue politische Institutionen und Vereinigungen auf supranationaler Ebene. Die Europäische Union ist dabei am weitesten vorangeschritten. Mit den Tausenden von Nichtregierungsorganisationen entstehen weltweite Interessenvertretungen. Die Medien, die von allen Teilen des Globus berichten, schaffen Weltöffentlichkeit. Der weltweite Rechtsfortschritt im Blick auf eine globale Rechtsgemeinschaft zeigt sich in der Gründung und Ratifizierung eines Ständigen Internationalen Strafgerichtshofes – über 50 Jahre nach den Nürnberger Prozessen. Eine wichtige Rolle bei der politischen Ordnung des 21. Jahrhunderts wird den Vereinten Nationen zukommen. Die Weltgemeinschaft hat sich eindeutig zum Kampf gegen den Terrorismus bekannt und zu entsprechenden Maßnahmen aufgefordert. Das ist ein wichtiger Beitrag für eine Weltsicherheitsordnung, ohne die eine entstehende Weltbürgergesellschaft kaum denkbar wäre. Die Verleihung des Friedensnobelpreises 2001 an die Vereinten Nationen und deren Generalsekretär Kofi Annan wird dieser Weltorganisation trotz der Rückschläge in jüngster Zeit weiteren Auftrieb geben.

Globalisierung ist ein Prozess, der bei allen aktuellen Widersprüchen politischen und wirtschaftlichen Fortschritt bringt. Sie führt auf längere Sicht zu mehr Wohlstand für die Staaten und Völker. Die Globalisierung macht uns aber zugleich die Bandbreite der Problembereiche in der Welt bewusst. Auch damit verbundene Herausforderungen wirken sich natürlich auf die politische Agenda unseres Landes aus.

Es sind vor allem fünf große globale Herausforderungen, denen sich auch die deutsche und die europäische Politik stellen muss: Die Klimaentwicklung, die Ernährung, die Migration, die Bildung und die demographische Entwicklung.

Umweltschäden machen vor nationalen Grenzen nicht halt, sie können nur im weltweiten Rahmen bekämpft werden. Wir brauchen über das Wirtschaftliche hinaus auch eine ökologische Globalisierung. Das gilt vor allem für die Entwicklung unseres Weltklimas.

Es gibt ein Menschenrecht auf Nahrung. Und das gebietet, dass der Produktion von Nahrungsmitteln – und übrigens auch der Forschung dafür – ein mindestens ebenso hoher moralischer und politischer Stellenwert eingeräumt wird wie dem Naturschutz. Am Anfang des neuen Jahrhunderts ist Armut weiterhin ein drängendes globales Problem. Die Unterorganisation der Vereinten Nationen FAO weist darauf hin, dass sich aufgrund vielfältiger Maßnahmen, nicht zuletzt dank der „grünen Revolution", im Kampf gegen den Hunger insgesamt die Welternährung verbessert hat. Aber das reicht bei weitem noch nicht aus. Für viele Menschen ist die Ernährungslage weiterhin desolat. Von den 6 Milliarden Menschen auf der Welt leben fast die Hälfte, nämlich etwa 2,8 Milliarden, von weniger als 2 US-$ am Tag, davon rund 1,2 Milliarden von weniger als 1 US-$. Jeden Tag verhungern auf der Welt 24.000 Menschen, darunter viele Kinder. 97 Prozent des Wachstums der Weltbevölkerung findet in den Entwicklungsländern statt, 60 Prozent des Zuwachses sogar in nur 10 Ländern, die besonders unter der Knappheit der Ressourcen leiden. Die weitere Verlangsamung des Bevölkerungswachstums bleibt deshalb in Hinblick auf die Sicherung der Ernährungsgrundlagen zentraler Bestandteil des humanitären Kampfes gegen Hunger, Armut und Ressourcenknappheit. Gerade die Ärmsten der Armen sind Krankheiten, brutalen Bürgerkriegen, Gewalt, Naturkatastrophen und auch weltwirtschaftlichen Krisen besonders ausgeliefert. Das Gefühl von Entbehrung und Ungerechtigkeit ist für viele hautnah. Das Wichtigste wird sein, die wirtschaftlichen Ursachen für Armut als Grundlage für Hunger und Unterernährung in den Entwicklungsländern selbst zu beseitigen. Investitionen in Bildung und Arbeitsplätze, stetige Förderung der Wirtschaftskraft in den jeweiligen Ländern und die Ausweitung des Handels sind die Grundlagen dafür, Armut und Unterernährung dauerhaft zu beseitigen. Viele halbstaatliche Hilfsorganisationen und private Entwicklungsinitiativen, die großartige deutsche Welthungerhilfe, aber auch kirchliche Hilfsorganisationen wie Misereor oder Adveniat helfen durch konkrete Projekte vor Ort, Hunger und Armut in der Welt zu bekämpfen. Solidarische Hilfe, Teilen und Begegnung – damit wird eine Brücke zwischen Industrie- und Entwicklungsländern geschlagen. Das Ziel des Welternährungsgipfels von 1996, die Zahl der Hungernden bis zum Jahr 2015 um die Hälfte zu verringern, darf nicht aufgegeben werden.

Neben Missernten, Umweltkatastrophen und Diktaturen waren es vor allem Kriege und Arbeitslosigkeit, die Vertreibung und Fluchtbewegungen auslösten. So ist es auch am Beginn dieses Jahrhunderts. Außerstaatlich wie innerstaatlich sind gegenwärtig rund 300 Millionen Menschen auf der Flucht, ohne festen Wohnsitz und Heimat, vielfach ohne Schutz und Unterstützung. Wir dürfen nicht verkennen, dass auch das globale und regionale Entwicklungs- und Wohlstandsgefälle eine Sogwirkung besitzt. Mit einem „globalen Marsch" von Arbeitsmigranten ist aber niemandem gedient. Unsere Anstrengungen müssen deshalb – auch im wohlverstandenen Eigeninteresse – darauf gerichtet sein, das internationale Wohlstandsgefälle durch verstärkte Hilfe zur Sicherung eines eigenen Lebensstandards abzubauen.

Das wiederum wird nur gelingen, wenn der Zugang zu Bildung und Ausbildung in den unterentwickelten Staaten für alle eröffnet wird. 130 Millionen Kinder können niemals eine Schule besuchen – ein Zehntel der Jungen und ein Siebtel der Mädchen erhalten überhaupt keine Schulbildung, weitere 150 Millionen Kinder fangen zwar eine Grundschule an, verlassen sie aber schnell und gehören dann zu den rund 900 Millionen Analphabeten auf dieser Welt. Die künftige wirtschaftliche Entwicklung wird auf den neuen Technologien basieren. Soll sie nicht gänzlich an vielen Entwicklungsländern vorbeigehen, dann sind auch hier globale Anstrengungen zum Anschluss der Entwicklungsländer an die weltweite Informationsgesellschaft notwendig.

Und schließlich stellt die Überalterung auch im globalen Rahmen ein immer größer werdendes Problem dar. Auch die Weltbevölkerung wird immer älter. Das hat gravierende Folgen gerade für die Staaten, die kein umfassendes soziales Sicherungssystem wie in den westlichen Ländern besitzen und bei denen die ältere Generation auf den Unterhalt einer größeren Kinderzahl elementar angewiesen ist.

So entsteht neben der Überbevölkerung das Problem der Überalterung. Zwar werden noch jedes Jahr 135 Millionen Kinder geboren, 80 Millionen mehr als es Sterbefälle gibt. Die Weltbevölkerung wächst also immer noch jedes Jahr um ein Land von der Einwohnerzahl Deutschlands. Gleichzeitig ist aber die Lebenserwartung aufgrund großer medizinischer Erfolge deutlich angestiegen. Japan und Italien gehören bereits jetzt zu den Ländern mit den meisten Älteren. Die Entwicklungsländer folgen. 1998 waren weltweit 66 Millionen Menschen älter als 80 Jahre, bis 2050 wird sich diese Zahl auf 370 Millionen versechsfachen. Wenn man die Altersgrenze von 60 Jahren und älter (wie in Deutschland) zugrunde legt, dann leben heute 600 Millionen ältere Menschen weltweit; bis 2050 werden es rund 2 Milliarden sein. Zum ersten Mal in der Geschichte der Menschheit wird die Zahl der Älteren größer sein als die Zahl der Kinder. China ist mit einem Anteil von 22 Prozent der Weltbevölkerung das bevölkerungsreichste Land der Welt. Seit Jahrzehnten hat sich dieses riesige Reich eine rigide Bevölkerungspolitik verordnet. Aber gerade das wird in wenigen weiteren Jahrzehnten zu einer starken Überalterung führen. In 20 Jahren gehört China zu den am schnellsten alternden Gesellschaften. Wie dies ein Land, das sich gerade mit der Aufnahme in die WTO der Weltwirtschaft geöffnet hat, ökonomisch wie sozial verkraften soll, ist völlig ungeklärt.

Wie schon gesagt: Die wirtschaftliche Entwicklung in der Welt und die wachsende internationale Arbeitsteilung setzen insgesamt einen deutlich verbesserten Ordnungsrahmen für Unternehmen und Staaten voraus. Demokratische Strukturen müssen ebenso gestärkt werden wie die Implementierung marktwirtschaftlicher Strukturen mit offenen Märkten. Auf diesem Weg ist schon viel erreicht worden. Seit 1980 gibt es immerhin mehr als 30 Militärdiktaturen weniger auf der Welt. Das bisherige weltwirtschaftliche institutionelle System gilt es im Hinblick auf eine internationale Soziale Marktwirtschaft weiterzuentwickeln. Auch wenn ein solches Grundordnungsmodell für eine globale Ordnungspolitik unter ganz anderen Rahmenbedingungen entwickelt werden muss als die Soziale Marktwirtschaft nach dem Zweiten Weltkrieg, bietet es das richtige Grundgerüst für ein System internationaler wirtschaftlicher Kooperation und Teilhabe. Für eine gerechte Weltwirtschaftsordnung ist marktwirtschaftlicher Handel, freier Verkehr von Waren, Dienstleistungen und Kapital unverzichtbar. Offene Märkte und freier Handel bleiben Grundlage für den „Wohlstand der Nationen", so, wie Adam Smith es formuliert hat. Dies gilt für die Welt, dies gilt für Europa, und dies gilt besonders für Deutschland.

Siebtes Kapitel

Die Organisation der Politik: Reform der Institutionen

Die Reformen, die ich für die deutsche Innenpolitik in den vorangegangenen Kapiteln beschrieben habe, sind anspruchsvolle Aufgaben und Herausforderungen. Ich werde oft gefragt, ob überhaupt – und wenn ja, wie – sich solche Veränderungen in Deutschland denn durchsetzen lassen. Diejenigen, die von der Notwendigkeit ebenso wie von der Richtigkeit der vorgeschlagenen Veränderungen überzeugt sind, zweifeln oft genug an der politischen Durchsetzbarkeit. Sind, so werden wir gefragt, die politischen Parteien, das politische System, die Institutionen unseres Staates überhaupt in der Lage, das als richtig Erkannte in die Tat umzusetzen? Oder hindern uns nicht zuletzt die ständig stattfindenden Wahlen in den Bundesländern und Gemeinden und die damit verbundenen Wahlkämpfe an den notwendigen politischen Entscheidungen und ihrer parlamentarischen Durchsetzung?

Vom Wohlfahrtsstaat zur Bürgergesellschaft

Nun, zuerst brauchen wir die Veränderung unserer Mentalität. Der Wohlfahrtsstaat des 20. Jahrhunderts hat keine Zukunft mehr. Er belastet den Neuanfang und wird von vielen bereits als Last empfunden. Gerade der leistungsbereite Teil der jungen Generation will nicht bis zum Lebensende von einem Staat bevormundet werden, der dafür viel zu hohe Preise verlangt. Die

Alternative zum Wohlfahrtsstaat ist aber nicht der Rückzug ins Private getreu dem Motto: „Wenn jeder für sich sorgt, ist auch für alle gesorgt." Wenn die Unterschiede größer werden, dann wird Solidarität in der Gesellschaft wichtiger. Diejenigen, die Erfolg haben, die viel erreichen und viel verdienen, verdanken dies in der Regel nicht ihren Aktienpaketen, sondern überdurchschnittlicher Leistung und überdurchschnittlicher Anstrengung. Sie verdanken es aber auch einer Gesellschaft, vielleicht ihrem Elternhaus, in jedem Fall einem Umfeld, in dem sie ausgebildet wurden und Menschen, die ihnen etwas zugetraut und Verantwortung anvertraut haben. Von dem daraus entstehenden Erfolg sollten alle auch bereit sein, etwas zurückzugeben. Bundespräsident Horst Köhler hat dies in seiner Rede vor der Bundesversammlung am 23. Mai 2004 zum Ausdruck gebracht. Nach sechs Jahren im Ausland wolle er dem Land, das ihm die beruflichen Chancen bis an die Spitze einer der zwei wichtigsten Weltfinanzinstitutionen ermöglicht habe, etwas zurückgeben. Dieses Gefühl, etwas zurückgeben und weitergeben zu können, sollte sich bei vielen einstellen, die in unserer Gesellschaft etwas erreicht haben. So sind in den USA, in Großbritannien und anderen Ländern die großen Universitäten entstanden. Sie sind nicht entstanden, weil eine Regierung beschlossen hat, dass es jetzt „Elite"-Universitäten geben soll. Sie sind entstanden, weil Professoren und Studenten über Jahrzehnte hin Spitzenleistungen im freien Raum der Wissenschaft, der Lehre und der Forschung erbracht haben und weil die Studenten nach ihrem Examen zu „ihrer" Universität eine dauerhafte Beziehung eingehen und sie zeitlebens nach Kräften fördern. So kommen Vermögen und Budgets an den großen Universitäten zustande, von denen wir in Deutschland nur träumen können.

Dieser Geist muss uns Vorbild sein für eine Bürgergesellschaft, in der Engagement etwas zählt, aber auch erwartet wird.

Endlich fangen die deutschen Universitäten wenigstens langsam an, sich ihrer Ehemaligen zu erinnern. Eltern müssen sich aktiv kümmern um den Zustand der Schulen ihrer Kinder; sie tun dies immer mehr und bringen die Gebäude auch hin und wieder optisch auf einen etwas ansehnlicheren Stand. In jedem Unternehmensvorstand sollte es Pflicht werden, dass jedes Vorstandsmitglied wenigstens eine ehrenamtliche Aufgabe außerhalb des wirtschaftlichen Bereichs übernimmt und darüber einmal im Jahr auch im Vorstand berichtet. Bei Beförderungen sollte das ehrenamtliche Engagement besonders berücksichtigt werden, es soll sich auch im Betrieb auszahlen, vor allem: Es wird sich herumsprechen, dass es auch anerkannt und gedankt wird. Nur mit diesem Wandel von der Gesellschaft, die alles übernimmt und jede Verantwortung abnimmt, hin zur Gesellschaft, die etwas erwartet und für die auch etwas geleistet wird, schaffen wir die Bürgergesellschaft der Zukunft.

Neubestimmung der Rolle des Parlaments

Aus den Aktivitäten des ehrenamtlichen Engagements können auch politische Aufgaben erwachsen. Die politischen Parteien in Deutschland leiden alle darunter, dass sie immer weniger die Personen finden, die sie zur qualifizierten Besetzung der Parlamente benötigen. Die Parteien müssen sich aber auch selbst fragen, wie sie attraktiver werden können für Mandatsbewerber, die es auch im übrigen Leben zu etwas gebracht haben.

Ich bin seit mehr als fünfzehn Jahren Parlamentarier. Ich habe in dieser Zeit manche Beobachtungen über den Verlauf von politischen Karrieren machen können. Deshalb will ich ganz subjektiv aus meiner Sicht einige Anmerkungen machen, wie die Qualität unserer Parlamente verbessert werden könnte:

Jeder Bewerber um ein politisches Mandat in einem Parlament, sei es der Landtag, der Deutsche Bundestag oder das Europäische Parlament, sollte eine solide berufliche Ausbildung mitbringen. Darauf müssen die Parteien schon im Vorfeld der Kandidatenaufstellung achten. Wir haben zu viele Parlamentarier, die materiell zu sehr auf das Mandat und ihre Wiederwahl angewiesen und im normalen Berufsleben nicht mehr „resozialisierungsfähig" sind. Das verändert das Verhalten in Situationen, in denen Selbstbewusstsein und Eigenständigkeit notwendig sind. Darunter leidet die Wirkungskraft und das Ansehen des ganzen Parlaments.

Die Parlamente müssen nicht eins zu eins ein Spiegelbild der Gesellschaft sein. Es nutzt auch wenig, darüber zu klagen, dass zu viele Beamte im Parlament sitzen. Sicherlich sollten sich ganz allgemein mehr Vertreter anderer Berufsstände für politische Mandate zur Verfügung stellen. Die Überzahl der Beamten hängt nicht zuletzt damit zusammen, dass es an anderen Bewerbern mangelt. Die Organisation der politischen Arbeit in den Parteien ist aber leider auch zu sehr auf diejenigen ausgerichtet, die regelmäßig schon am frühen Nachmittag zu Sitzungen aufbrechen können. Auch hier gilt: Weniger ist oft mehr.

Nicht zuletzt das Wahlsystem behindert eine bessere Zusammensetzung unserer Parlamente. Seit meiner Zeit im Europäischen Parlament befürworte ich das Mehrheitswahlrecht. Bis 1999 wurden die englischen Abgeordneten im Europaparlament nach dem Mehrheitswahlrecht in Wahlkreisen gewählt, in allen anderen Ländern, auch in Schottland und Wales, nach dem Verhältniswahlrecht über Parteilisten. Ich habe im täglichen Umgang mit meinen Kollegen aus England gespürt, dass das Mehrheitswahlrecht selbst in der entfernten Europapolitik eine andere Beziehung zwischen der Bevölkerung und ihrem Abgeordneten entstehen lässt. Im Mehrheitswahlrecht gibt es nur den von den Wählerinnen und Wählern direkt gewählten Abgeordneten. Die Absicht, wiedergewählt zu werden, bindet den Abgeordneten sehr stark an den Wahlkreis und zwar nicht erst zum Ende der Wahlperiode, sondern von Anfang an. Nur einer kann gewinnen, also entscheiden die Wähler tatsächlich über „ihren" Abgeordneten. Im Verhältniswahlrecht entscheiden ausschließlich die politischen Parteien über die Zusammensetzung der Listen, und die Wähler entscheiden lediglich darüber, wer von den hinteren Plätzen noch den Sprung in das Parlament schafft. In Deutschland gibt es immerhin ein Mischsystem, aber die Praxis zeigt, dass auf den Listen der Parteien in der Regel nur die Bewerber abgesichert werden, die zuvor in einem Wahlkreis aufgestellt worden sind. Damit entscheidet wenigstens nicht nur die Parteizentrale, sondern auch die Parteibasis mit über die Kandidaten. Das System hat zugleich aber einen gravierenden Nachteil: Wenn der Wahltag da ist, ist darüber, wer gewählt oder wiedergewählt wird, in der Regel bereits entschieden und zwar meistens unabhängig davon, ob der Bewerber oder die Bewerberin im Wahlkreis gewählt wird. Wird sie oder er nicht gewählt, reicht in der überwiegenden Zahl der Fälle die Absicherung auf der Landesliste der Partei aus, um doch noch in das Parlament einzuziehen. Die Wähler entscheiden so gar nicht über „ihren" Abgeordneten, sondern allein darüber, welche Mehrheit im Parlament zustande kommt. Das ist für die Demokratie schon viel und auch genug, aber für das Parlament reicht es meines Erachtens nicht aus. Das Mehrheitswahlrecht würde dafür sorgen, dass Wahlkämpfe in den Wahlkreisen auch wieder spannend werden, denn es gibt kein Netz und keinen doppelten Boden. Es würden auch Kandidaten aufgestellt, die in der Bevölkerung mehrheitsfähig sind und nicht nur die, die sich möglichst lange schon in der Partei hochgedient haben. Das Argument, dass im

Mehrheitswahlrecht kein gerechtes Abbild des Volkswillens zum Ausdruck kommt, da Parteien schon mit etwa 40 Prozent Stimmanteil eine Mehrheit der Sitze erreichen können und umgekehrt kleine Parteien keine Chancen haben, im Parlament vertreten zu sein, überzeugt mich nicht. Die Funktion des Wahlrechts besteht nicht zuerst darin, möglichst jede kleine Gruppe durch einzelne Abgeordnete im Parlament vertreten zu sehen (nicht zuletzt deswegen haben wir ja auch die 5-Prozent-Klausel); das Wahlrecht muss regierungsfähige Mehrheiten im Parlament zustande bringen, die den Mehrheitswillen des Volkes repräsentieren. Eine Mehrheit der Mandate gegen eine Mehrheit der Bevölkerung schließt sich auch im Mehrheitswahlrecht aus. Mehrheit muss nicht unbedingt mehr als fünfzig Prozent sein. Das Mehrheitswahlrecht zwingt im Übrigen zur Konzentration auf die politische Mitte und bündelt in der Mitte.

Abgesehen von dem Zugewinn an Selbstvertrauen, das direkt gewählte Abgeordnete mitbringen und auch der Regierung gegenüber zum Ausdruck bringen würden, erlaubt nur das Mehrheitswahlrecht eine weitere Verkleinerung des Bundestages und der meisten Landtage in Deutschland. Wir haben den Bundestag mit den Wahlen im Jahr 2002 von 658 auf 598 Abgeordnete verkleinert. Es gibt in Deutschland folgerichtig jetzt nur noch 299 Wahlkreise. Diese Wahlkreise haben zum Teil eine erhebliche flächenmäßige Ausdehnung. Der Hochsauerlandkreis, den ich seit 1994 im Deutschen Bundestag vertrete, ist fast so groß wie das Saarland. Von einem Ende zum anderen bin ich zu normalen Zeiten mehr als eine Stunde mit dem Auto unterwegs. Ein noch größerer Wahlkreis ließe sich nicht mehr gut betreuen. Das war übrigens auch der Grund, warum die Briten das Mehrheitswahlrecht für die Wahlen zum Europäischen Parlament in England wieder abgeschafft haben, denn die Wahlkreise wurden einfach viel zu groß, weil die kleine Zahl der dem Land zustehenden Europa-Mandate auf die große Fläche des Landes verteilt werden musste.

Wenn man also in Deutschland den Bundestag weiter verkleinern wollte, dann ginge dies nur mit einer Reduzierung der Listenmandate, also mit einer Veränderung hin oder gar mit vollständigem Übergang zum Mehrheitswahlrecht.

Das Parlament ließe sich auch stärken, wenn Exekutive und Legislative stärker voneinander getrennt würden. Heute ist der Minister, der dem Parlament nicht angehört, die Ausnahme und wird so oft genug zum Außenseiter, der in der Parlamentsfraktion seiner Partei über keine Hausmacht verfügt. Fast überall in Europa erlauben die Verfassungen die gleichzeitige Mitgliedschaft im Parlament und in der Regierung. Selbstverständlich ist das nicht, es widerspricht auch im Grundsatz dem Gebot der Gewaltentrennung. In den USA ist die Mitgliedschaft im Senat oder im Repräsentantenhaus mit einem Amt in der Regierung unvereinbar. Wer in die Regierung geht, muss das Parlamentsmandat niederlegen. Ich habe für eine solche klare Trennung der Aufgaben im Parlament und in der Regierung viele Sympathien. Sie stärkt vor allem das Parlament gegenüber der Regierung und macht es nicht zum folgsamen Anhängsel einer Regierung. Wir beklagen ja auch, dass die Durchlässigkeit zwischen Wirtschaft und Politik in Deutschland nicht groß genug ist und ziehen als Gegenbeispiel immer wieder die USA heran. Dort ist der Wechsel aber auch deshalb leichter, weil er ganz einfach notwendig ist, denn das Parlament steht als Auffangbecken für ausscheidende Regierungsmitglieder nicht zur Verfügung und die nächste Wahl findet möglicherweise erst in zwei Jahren statt! Dagegen wiegt der in wenigen Einzelfällen erhobene Vorwurf, dass es bei Regierungsmitgliedern, die geradewegs aus der Wirtschaft in die Politik wechseln, zu einer Interessenkollision mit ihrer früheren beruflichen Tätigkeit kommen könnte, meines Erachtens nicht so schwer, auch wenn die Gefahr, dass so etwas geschieht, nicht zuletzt wegen bekannt gewordener Einzelfälle nicht von der Hand zu weisen ist. Aber es sind doch wohl wenige Einzelfälle von Interessenkollisionen, und auch unser System ist nicht frei davon. Insgesamt überwiegen aber aus meiner Sicht die Vorteile einer größeren Durchlässigkeit zwischen Wissenschaft, Wirtschaft und Politik.

Mehrheitswahlrecht und die Trennung der Aufgaben von Parlament und Regierung werden wir in Deutschland so schnell nicht bekommen. Trotzdem gibt es Möglichkeiten, das Parlament auch unterhalb der Schwelle solcher fundamentaler Veränderungen zu stärken. Dazu zählt vor allem, dass sich die Abgeordneten selbst Klarheit über ihren Auftrag verschaffen. Sie sind im Wortsinn Volksvertreter, Vertreter des ganzen Volkes, nur ihrem Gewissen verpflichtet und an Weisungen nicht gebunden. So steht es in unserer Verfassung, so sollte es von jedem, der gewählt wird, verstanden und ernst genommen werden. Deshalb wird das Parlament noch lange nicht zu einer Ansammlung unkalkulierbarer Individualisten mit Zufallsmehrheiten zu jedem Thema. Jeder von uns hat seine politischen Vorprägungen, die er mitbringt, wir sind Mitglieder unserer politischen Parteien und stehen zu den Grundsätzen und Grundüberzeugungen, die uns in diese Parteien gebracht haben. In der Öffentlichkeit wird der sogenannten „Fraktionszwang", der sich daraus angeblich ergibt, gleichwohl völlig überschätzt. Es gibt diesen sogenannten „Fraktionszwang" in Wahrheit gar nicht. Es gibt Arbeitsordnungen, die uns verpflichten, ein vom Mehrheitswillen der Fraktion abweichendes Abstimmungsverhalten im Plenum der Führung der Fraktion zuvor anzuzeigen. Ohne dieses Instrument der Koordinierung wäre eine Regierungsfraktion im Plenum ebenso handlungsunfähig wie eine Oppositionsfraktion. Aber ich selbst habe 1995 bei der Neuregelung des Schwangerschaftsabbruchs

genauso gegen die Mehrheit meiner Fraktion im Plenum ge-
stimmt wie später bei der Entscheidung über das sogenannten
„Entsendegesetz". Ich habe beide Male die Freiheit der Gewissensentscheidung für mich in Anspruch genommen, und jeder
kann dies heute bei anderen Entscheidungen für sich auch tun.
Dabei ist bei weitem nicht jede Entscheidung im Parlament eine
Gewissensentscheidung. Aber etwas mehr Eigenständigkeit und
Selbstbewusstsein auch der eigenen Fraktionsführung gegenüber
täte jedem Abgeordneten und nicht zuletzt dem ganzen Parlament gut. Ich habe in meiner Zeit als Vorsitzender der Unionsfraktion die Kollegen am meisten geschätzt, die sich mit Entscheidungen im Einzelfall schwer getan haben, die mir offen
ihre kritische Meinung gesagt haben, die am wenigsten, die mir
lediglich aufgrund des Amtes Ergebenheitsadressen entgegen-
gebracht haben.

Wichtig ist schließlich, dass Abgeordnete nicht zulassen, dass
die Regierung ein Übergewicht im Zugriff auf externes Fachwis-
sen bekommt. Der Deutsche Bundestag hat eine der besten Bibliotheken des Landes. Er befindet sich damit in der guten Tra-
dition zusammen mit anderen, viel älteren Parlamenten der
demokratischen Staaten. Darin kommt der Wille zum Ausdruck,
dem Parlament Wissen zur Verfügung zu stellen, das seine Ent-
scheidungsfähigkeit verbessert. Die rot-grüne Bundesregierung
hat auch hier in den letzten Jahren die Gewichte verschoben.
Noch nie zuvor in der Geschichte unseres Landes hat eine Regierung so viele Kommissionen und Beratungsgremien berufen
wie die gegenwärtige. Bis hin zum „Nationalen Ethikrat" war alles vertreten, was im Land über Rang und Namen verfügt. Damit einher ging eine kontinuierliche Schwächung des Parlaments.
Sie ging so weit, dass Vorarbeiten von hochrangig besetzten En-
quete-Kommissionen einfach unbeachtet blieben und eigene
Gremien mit identischem Auftrag neu und in genehmer Beset-

zung berufen wurden. Das darf ein selbstbewusstes Parlament nicht zulassen. Der wirksamste Weg, diese Auswüchse zu verhindern, ist die Verweigerung der notwendigen Haushaltsmittel.

Starke Länder – starker Bund

Deutschland ist ein föderaler Bundesstaat. Die 16 Länder besitzen eigene Staatlichkeit, sie haben eigene Parlamente und Regierungen. Im Kompetenzgefüge zwischen Europa, dem Bund und den Ländern haben die Länder allerdings immer weniger zu entscheiden. Sie sind schwächer geworden in bezug auf eigene Regelungszuständigkeiten, ihre Abhängigkeit vom Bund und von Entscheidungen der Europäischen Union sind dafür heute umso größer. Das war einmal anders und muss nicht so bleiben wie heute.

Jede Verständigung über die Neuordnung der Zuständigkeiten setzt allerdings eine Verständigung über den Charakter unseres Föderalismus voraus. Welchen Föderalismus wollen wir? Wollen wir einen kooperativen Föderalismus mit dem Anspruch, in ganz Deutschland gleichwertige Lebensverhältnisse herzustellen? Oder wollen wir einen stärkeren Wettbewerbsföderalismus, in dem die Länder zueinander und gegeneinander stärker im Wettbewerb stehen?

Das Grundgesetz gibt darauf keine klare Antwort. Allerdings sind die Fakten derzeit so, dass es nur begrenzten Spielraum für mehr Wettbewerb zwischen den Ländern gibt. Dafür sind die Länder in ihrer Größe, Struktur und Leistungsfähigkeit zu unterschiedlich, dafür nivelliert auch der geänderte Finanzausgleich zu viele Unterschiede zwischen den Ländern. Trotzdem sollte man behutsam versuchen, die Aufgaben zwischen Bund und Ländern zu entflechten und den Ländern wieder mehr Eigenständigkeit zukommen zu lassen. Im Gegenzug müsste der Bund größere Handlungsspielräume erlangen, auch ohne die Zustimmung der Länder zu entscheiden.

Konkret bedeutete dies zunächst, die weitgehende Beseitigung der Mischfinanzierung der sogenannten „Gemeinschaftsaufgaben". Der Ausbau und Neubau von Hochschulen und Hochschulkliniken, die Verbesserung der regionalen Wirtschaftsstruktur und die Verbesserung der Agrarstruktur und des Küstenschutzes sind klassische regionale Aufgaben der Länder. Sie sollten in deren Verantwortung vollständig zurückübertragen werden. Sie haben eine Bund-/Länderbürokratie mit Doppel- und Dreifachzuständigkeiten nach sich gezogen, die in keinem Verhältnis zur Höhe der bereitgestellten Mittel stehen. Die Länder sollten auch allein für das Schulwesen und die Hochschulen zuständig sein. Dort kann auch bei sehr unterschiedlichen Ländergrößen echter Wettbewerb entstehen. Der Bund könnte das Hochschulrahmengesetz ebenso ersatzlos streichen wie eine Reihe weiterer Gesetze, für die er nur eine begrenzte Zuständigkeit hat.

Die Wiedereinführung eines Trennsystems bei den Steuern wird vermutlich nicht gelingen, da weder der Bund noch die Länder auf die Einnahmen aus der stetig steigenden Umsatzsteuer zugunsten der stark schwankenden Einkommen- und Körperschaftsteuer verzichten wollen. So wird es für die großen Steuern bei einer Verteilung des Aufkommens zwischen Bund, Ländern und Gemeinden bleiben. Innerhalb der Länder aber besteht nach wie vor, wenn auch in unterschiedlichem Maß, Potential für die Verschlankung und verbesserte Effizienz der staatlichen Verwaltung. Vor allem gibt es in Deutschland viel zu viele Verwaltungen und Sonderbehörden. So wird ein Bürger, der in Nordrhein-Westfalen lebt, mit mindestens sechs, in den ländlichen Gebieten sieben kommunalen und staatlichen Verwaltungsebenen konfrontiert: der Gemeinde, dem Kreis, dem Landschaftsverband, der Bezirksregierung, dem Kommunalverband Ruhr, dem Land Nordrhein-Westfalen, dem Bund und nicht zu vergessen der EU, die in immer mehr Lebensbereiche auch gesetzlich vordringt. Wer soll da den Überblick bewahren? Wer soll da noch erkennen, wer eigentlich wofür die politisch-parlamentarische Verantwortung trägt?

Jede Behörde schafft sich ihre Arbeit selbst. Es ist Aufgabe der politischen Führung eines Landes, gerade hier zu modernisieren und die Verwaltung zu straffen. Die neue niedersächsische Landesregierung etwa zeigt seit geraumer Zeit, wie dies mit Zustimmung der Mehrheit der Bevölkerung möglich ist, indem sie eine komplette Verwaltungsebene, nämlich die Bezirksregierungen, abgeschafft hat und dafür die Verantwortung der Kreise, der Städte und der Gemeinden als bürgernahe Verwaltung gestärkt hat.

Auf der Ebene der Länder und auf der kommunalen Ebene besteht auch immer noch das größte Potential für die Privatisierung bisher öffentlich wahrgenommener Aufgaben. Unter dem schwammigen Begriff der „Daseinsvorsorge" wollen vor allem die Städte eigene Wirtschaftsbetriebe retten, die in privater Hand besser und effizienter geführt werden können. Die Versorgung der Bevölkerung mit Wasser muss nicht von der öffentlichen Hand wahrgenommen werden. Sie muss öffentlich-rechtlich beaufsichtigt und kontrolliert werden, aber die Aufbereitung von Wasser kann genauso und besser in privatwirtschaftlichen Unternehmen erfolgen. Städte und Länder müssen auch nicht Flughäfen betreiben. Das ist geradezu klassisch eine privatwirtschaftliche Angelegenheit. Und es ließe sich einem beachtlichen Potential für Filz und Ämterpatronage der Boden entziehen, wenn auch Energieversorgungsunternehmen bis hin zu Lottogesellschaften strikt in private Hand überführt würden. Der Staat und mit ihm die Kommunen sollten sich auf ihre hoheitlichen Aufgaben und die Beaufsichtigung der privatwirtschaftlichen Unternehmen konzentrieren. Sie haben damit immer noch genug zu tun.

Zurück zur Kommunalpolitik

Fast noch wichtiger als die Neuordnung der Zuständigkeiten zwischen Bund und Ländern ist die Stärkung der kommunalen Selbstverwaltung in Deutschland. In der Stadt und in der Gemeinde begegnet der Bürger der Politik und seinem Staat am nächsten. Auch wenn die Gemeinden verfassungsrechtlich Teil der Länder sind und nicht dritte staatliche Ebene, so kommt in ihrer Existenz und ihrer Selbständigkeit einer der wichtigsten und unverändert modernsten Grundsätze unserer gelebten Demokratie und Verfassungswirklichkeit zum Ausdruck, nämlich der Grundsatz der Subsidiarität. So, wie in der Gesellschaft die Familie als kleinste Einheit besonderen Vorrang genießt, so muss im Staatsaufbau der Bundesrepublik Deutschland im Zweifel die Kommune Vorrang haben vor der Verstaatlichung öffentlicher Aufgaben. Die Kommune ist Selbstverwaltung der Bürger in organisierter Zweck- und örtlicher Lebensgemeinschaft. Die dezentrale Kompetenzverteilung verhindert Machtmissbrauch und einseitige Größenvorteile. Anders als zentralistisch geführte Staaten hat Deutschland viele Zentren und mehrere größere Ballungsräume. Die wirtschaftliche und kulturelle Vielfalt unseres Landes wäre ohne selbständige Städte und Gemeinden nicht denkbar.

Die kommunale Selbstverwaltung hat in den letzten Jahren allerdings erhebliche Einschränkungen hinnehmen müssen. Vor allem die hohe Arbeitslosigkeit, der ungeregelte Zuzug aus dem

Ausland, die Folgen schwieriger Familienverhältnisse und die Vernachlässigung der Infrastruktur bekommen zuerst die Städte und Gemeinden zu spüren. In vielen Kommunen findet kommunale Selbstverwaltung heute kaum mehr statt, weil freie Mittel nicht mehr vorhanden sind. Sie müssen deshalb von gesamtstaatlichen Aufgaben entlastet werden und brauchen für die Aufgaben, die ihnen die Gesetzgeber auferlegen, auch die notwendigen finanziellen Ausstattungen. Wenn auf kommunaler Ebene nur noch die Verwaltung des Mangels stattfindet, werden sich engagierte Bürger nicht mehr finden, die auf Zeit in die Kommunalpolitik gehen und sich bei Wahlen zur Verfügung stellen. Wenn es wieder Freiräume und Entscheidungsspielräume gibt, blüht auch und gerade auf örtlicher Ebene das Gemeinschaftsleben umso stärker wieder auf. Deshalb war es auch so wichtig, aus der deutschen Erfahrung der kommunalen Selbstverwaltung heraus diesen Gedanken in den europäischen Verträgen zu verankern, auch wenn viele Mitgliedstaaten der Europäischen Union die kommunale Selbstverwaltung nicht kennen.

Freiheit und Sicherheit in Europa

Ohnehin wird die Europapolitik immer wichtiger. Gerade nach der Osterweiterung der Europäischen Union müssen sich die jetzt 25 Mitgliedstaaten in einer neuen inneren Festigkeit erst finden. Die Osterweiterung ist politisch, ökonomisch und auch kulturell die größte Kraftanstrengung, die sich Europa bisher vorgenommen hat. Alle anderen Erweiterungsschritte waren kleiner und leichter zu bewältigen. An dieser Erweiterung und der Integration von mehr als 70 Millionen neuen Einwohnern in die Strukturen und die Politik Europas müssen die Staaten und ihre Verantwortungsträger genauso wie die Institutionen in

Brüssel und Straßburg lange und mit viel Geduld arbeiten. Bulgarien und Rumänien müssen und werden in einigen Jahren als Mitglieder folgen; spätestens dann muss Europa auch eine Antwort geben, wie wir uns denn die Wiederherstellung staatlicher Ordnungen im früheren Jugoslawien vorstellen und wann welche der dann bestehenden Staaten in die Europäische Union eintreten sollen. Damit ist nach meiner Überzeugung die Aufnahmefähigkeit der EU politisch vollkommen erschöpft. Deshalb wäre es geradezu fahrlässig, jetzt schon mit Verhandlungen über die nächste Erweiterung zu beginnen. Wollen wir hoffen, dass sich bis dahin nicht schon eine gewisse strukturelle und institutionelle Überforderung und Ermüdung der EU ergeben hat. Sie wäre endgültig erreicht, wenn die Türkei Mitglied würde. Die Türkei gehört geographisch zum ganz überwiegenden Teil nicht mehr zu Europa. Wer die Erweiterung der Europäischen Union will, muss auch ihre Grenzen benennen. Wer die Aufnahme der Türkei befürwortet, kann die Aufnahme Weißrusslands, der Ukraine, Israels, Marokkos und des ganzen Maghreb nicht mehr ablehnen, denn auch diese Staaten können die gleichen politischen und ökonomischen Argumente einer Mitgliedschaft in der EU für sich in Anspruch nehmen wie die Türkei. .Mit der Türkei ist die Europäische Union nicht mehr Europa. Sie wäre ein immer lockererer Zusammenschluss von Staaten, die eine einheitliche Rechtsordnung auf der Grundlage des christlich-jüdischen Erbes, des abendländisch geprägten Humanismus und der Aufklärung nicht mehr durchsetzen könnte.

Damit kein Missverständnis entsteht: Die Ablehnung einer Mitgliedschaft der Türkei hat nichts mit dem Islam zu tun. Die Türkei ist ein weitgehend laizistischer Staat mit einer ziemlich strikten Trennung zwischen Staat und Kirche. Mein Vorbehalt gegen die Mitgliedschaft der Türkei in der EU ist daher nicht religiös begründet, sondern geopolitisch. Gleichzeitig haben wir ein hohes Interesse daran, dass die Türkei in ihrer weiteren Entwicklung eng an die europäischen Staaten gebunden bleibt. Die Türkei ist seit langer Zeit Mitglied der NATO und in der NATO schützt die Türkei die auf längere Sicht empfindlichste Flanke. Durch die Türkei hat die NATO eine Grenze zu Syrien, zum Irak und zum Iran. Das gesamte Problem der Kurden konzentriert sich auf die Ost-Türkei und die dortigen Grenzregionen. Die USA drängen deshalb vor diesem Hintergrund und aus ihrer Sicht verständlicherweise darauf, die Türkei in die EU aufzunehmen, die sich ja in Übereinstimmung mit Amerika als europäischer Pfeiler der NATO versteht. Unsere europäische Antwort darauf sollte sein, der Türkei eine privilegierte Partnerschaft anzubieten, in der sie vor allem an der Entwicklung einer gemeinsamen Sicherheits- und Außenpolitik der Europäer eng beteiligt wird. Das seit Jahrzehnten bestehende Assoziierungsabkommen mit der Türkei kann weiterentwickelt werden bis hin zur schrittweisen Gewährung der Freizügigkeiten im Binnenmarkt. Die Mitgliedschaft sollten wir der Türkei gegenwärtig nicht in Aussicht stellen. Wir dürfen keine Hoffnungen wecken, die eines Tages enttäuscht würden und auch innerhalb der Türkei zu Schwierigkeiten führen könnten.

Mit der Türkei bleibt der wichtigste Auftrag der EU, neben der Konsolidierung des Binnenmarktes und der Währungsunion mit den neuen Mitgliedstaaten, einen Raum der inneren und äußeren Sicherheit herzustellen. Ich habe im vorhergehenden Kapitel zur vordringlichen Aufgabe moderner Staaten, die Sicherheit ihrer Bürger zu gewährleisten, bereits einiges ausgeführt. Innere wie äußere Sicherheit gehen ineinander über, lassen sich nicht mehr trennen. Ebenso ist nationale Sicherheit ohne ein europäisches Konzept nicht mehr denkbar. Wenigstens die Konflikte auf dem eigenen Kontinent wird Europa in Zukunft auch ohne amerikanische Hilfe lösen müssen. Jede amerikanische Regierung wird in Zukunft von den Europäern einen stärkeren Beitrag zur Wiederherstellung und Bewahrung des Friedens und der Sicherheit als bisher erwarten. Wir können uns nicht auf Dauer darauf verlassen, dass Amerika jedes Problem auf dieser Welt löst, auch die vor unserer eigenen Haustür. Auf der Welt wird es eine neue Arbeitsteilung geben, in der Europa seiner wirtschaftlichen Kraft und seinem politischen Mitspracheanspruch entsprechend auch sicherheitspolitisch mehr leisten muss. Je mehr China und Indien auf der Weltbühne erscheinen, umso mehr muss aus der ökonomischen Triade zwischen Europa, den USA und den asiatischen Staaten auch eine sicherheitspolitische Triade werden. Dies alles wird noch viele Jahre dauern, aber die Hauptverantwortung, mehr für die Sicherheit zu tun, liegt gegenwärtig eindeutig bei den Europäern. Sie müssen auch ihre Anstrengungen im Aufbau europäischer Streitkräfte intensivieren. Angesichts der asymmetrischen Bedrohungen, denen wir alle ausgesetzt sind, reicht der gegenwärtige Stand der Mittel und der Ausrüstung der Streitkräfte in Europa genauso wenig wie in Deutschland.

Gefragt: Politische Führung

Die Herausforderungen, vor denen wir in den nächsten Jahren stehen, sind gewaltig. Amerika wird sich nach den Erfahrungen im Irak wieder stärker der Innenpolitik zuwenden. Das Misstrauen gegenüber den Europäern vor allem nach dem Wortbruch des deutschen Bundeskanzlers gegenüber dem amerikanischen Präsidenten vom Herbst 2002 wird sehr lange nachwirken. George Bush hat im Mai 2002 bei seinem Staatsbesuch in Berlin das Versprechen des deutschen Bundeskanzlers erhalten, das Thema Irak nicht zum Gegenstand des Bundestagswahlkampfes

zu machen. Der amerikanische Präsident hat über diese Vereinbarung in einem Gespräch mit den Fraktionsvorsitzenden der
im Deutschen Bundestag vertretenen Parteien nach seiner Un-
terredung mit Bundeskanzler Schröder berichtet, und ich werde
nicht vergessen, wie dankbar er für diese Verabredung war. Bundeskanzler Schröder hat seine Zusage skrupellos gebrochen, als
er nur noch mit der Kriegsangst der Menschen in Deutschland
meinte, die Wahl gewinnen zu können. Dieser Sachverhalt ist
den wenigsten Bürgern in Deutschland noch gegenwärtig; in
Amerika wirkt er umso länger nach und zwar über die Grenzen
der Parteien hinweg. Ich reise seit fast zwanzig Jahren regelmäßig in die USA und pflege den Kontakt vor allem zum Kongress; so schlecht wie nach der Bundestagswahl 2002 war das
Gesprächsklima in Washington in den Jahren, die ich einigermaßen übersehen kann, nie. Die Verärgerung über diesen Bundeskanzler ist im Laufe der Zeit einer gewissen Gleichgültigkeit gewichen. Viele Amerikaner in der Regierung und im Kongress
halten die deutsche Regierung für führungs- und entscheidungs-
schwach.

Wir müssen deshalb sehr bald unser Verhältnis zu den USA
wieder in Ordnung bringen. Das heißt nicht, dass wir alles gut-
heißen, was in Washington entschieden wird. Überhaupt ist es
falsch, immer über „die Amerikaner" zu sprechen und dies
gleich mit der bekannten Geringschätzung und der Anmaßung,
alles besser zu wissen als sie. Es gibt auch unter den republika-
nischen Senatoren sehr kritische und nachdenkliche Stimmen, es
gibt einige wenige, die an Europa und an Deutschland interes-
siert bleiben und durchaus sehen, dass ein noch so starkes Amerika nicht alle Probleme selbst lösen kann. Auch Amerika
braucht Partner, mit denen es Führung und Verantwortung teilen kann. Gerade diese Politiker, die dies aus amerikanischer
Sicht so sehen, erwarten von Politikern in Deutschland aber

auch die Fähigkeit, aufeinander zuzugehen. Sie erwarten, dass auch wir uns der Verantwortung stellen und die Fähigkeiten, nicht zuletzt die militärischen Fähigkeiten dazu vorhalten. Mit immer geringeren Verteidigungsbudgets und immer größerer Abhängigkeit von der Einsatzfähigkeit der Amerikaner etwa im gesamten Bereich der Logistik geht das nicht. .

Diese Zusammenhänge müssen erklärt und vermittelt werden. Selten war vor allem in unserem Land die Notwendigkeit, mit Sachkenntnis und Autorität überzeugen zu können, so groß wie gegenwärtig. Ich werde immer wieder von wohlmeinenden Freunden und Bekannten aufgefordert, im Fernsehen doch etwas freundlicher zu schauen und nicht so ernst zu sein. Ich will das wohl gern beherzigen. Aber meine Einschätzung der Lage sagt mir, dass von den Politikern in Deutschland gerade zur Zeit mehr erwartet wird, als Kochkurse im Fernsehen, tätowierte Schuhsohlen in Talkshows, Besuche im „big brother" Container und gutes Abschneiden beim Torwandschießen. Wir sollten uns dann auch nicht beschweren, wenn wir immer weniger ernst genommen werden, wenn es ernst wird.

Unser Land braucht wieder eine solide politische Führung. Sie muss die Lösung der Probleme vor allem auf dem Arbeitsmarkt beherzt in die Hand nehmen. Sie darf sich dabei von kurzfristigen Stimmungslagen ebenso wenig beeinflussen lassen wie von den täglich veröffentlichten Meinungsumfragen. Man kann nicht neben jede Kabinettsvorlage eine Ted-Umfrage legen. Deshalb bin ich auch immer schon gegen die Einführung von Plebisziten gewesen. Volksentscheide sind immer nur Momentaufnahmen, verkürzen die Entscheidung auf ein schlichtes Ja oder Nein ohne Mittelweg, und sie sind vor allem innovationsfeindlich. Die Erfahrung der Schweiz lehrt, dass mit Volksabstimmungen in der Regel der Status quo erhalten bleibt. Politik muss aber gerade jetzt in einer Zeit des beschleunigten

Wandels entscheiden und verändern, die Menschen mitnehmen, aber nicht jedem hinterherlaufen.

„Optimismus ist Pflicht!"

Die Geschichte der Menschheit zeigt, dass in Gesellschaften, die in ihrer Zeit hoch entwickelt waren, nach einer gewissen Zeit Verschleiß- und Dekadenzerscheinungen überhand nahmen und erste Vorboten des späteren Scheiterns waren. In der jüngeren Geschichte unseres eigenen Landes ist die Kaisermonarchie ebenso an ihrem inneren Auszehrungsprozess zugrunde gegangen wie die Weimarer Republik, die an der Schwäche der politischen Parteien und des politischen Führungspersonals scheiterte und einer faschistischen Diktatur weichen musste. Beide Male endete das Scheitern im Fiasko des Krieges. Geschichte wiederholt sich nicht, aber bestimmte historische Entwicklungen weisen Ablaufmuster auf, die durchaus vergleichbar sind. Die Warnsignale sind unübersehbar, dass wir heute wieder an einem Punkt angekommen sind, wo die Zustimmung der Bevölkerung in unser politisches System schwindet und mit ihr das Vertrauen in „die Politiker" schlechthin. Es ist deshalb dringend an der Zeit, Lösungswege aufzuzeigen, wie Deutschland herausfindet aus seiner strukturellen Wachstums- und Beschäftigungskrise, aus seiner außenpolitischen Orientierungslosigkeit und aus seiner europapolitischen Lethargie.

Meine Überzeugung ist: Die schrittweise Rückkehr an die Spitze der EU und die Wiederherstellung der Glaubwürdigkeit auf der Bühne der Welt ist für Deutschland möglich. Allerdings drängt die Zeit immer mehr. Zur Sorge und Beunruhigung besteht viel Anlaß. Aber bisher haben sich die Deutschen immer noch die Fähigkeit bewahrt, in schwieriger Lage anzupacken, aufzubrechen, sich anzustrengen und neue Ziele anzusteuern, manches Mal erst in letzter Minute. Bei aller Skepsis glaube ich immer noch, dass es geht. „Optimismus ist Pflicht" – dieses Wort von Karl Popper bleibt Imperativ für deutsche Politik.

Ein modernes Einkommensteuerrecht für Deutschland

Zehn Leitsätze für eine radikale Vereinfachung und eine grundlegende Reform des deutschen Einkommensteuersystems

Inhalt

I. Einleitung

Das geltende deutsche Einkommensteuergesetz ist durch unaufhörliche Gesetzesänderungen zu einem Konglomerat undurchsichtiger Vorschriften, unklarer Regelungsgegenstände und widersprüchlicher Wertentscheidungen verkommen. Das Gesetz mit den dazu gehörenden zahlreichen Verordnungen, Richtlinien, Interpretationsschreiben und Nichtanwendungserlassen des Bundesministers der Finanzen sowie der dazu ergangenen Rechtsprechung des Bundesverfassungsgerichts und des Bundesfinanzhofes erschließt sich dem Steuerpflichtigen praktisch nicht mehr. Die Wissenschaft spricht von einer „voranschreitenden Chaotisierung des deutschen Steuersystems". Selbst die Lektüre der umfangreichen Sekundärliteratur und der zahlreichen Leitfäden kann dem Steuerpflichtigen die vom Gesetzgeber gewollte Steuer nach Belastungsgrund und Belastungshöhe nicht mehr vermitteln. Schon einfachste Steuertatbestände lösen einen unverhältnismäßig hohen Beratungsaufwand aus. Die Berater selbst sind der ständigen Gefahr falscher Beratung und ihrer Folgen ausgesetzt. Änderungen der Rechtsgrundlagen sind häufig schon wieder beschlossen, bevor die letzte Änderung im Gesetzblatt veröffentlicht wurde. Die Steuerverwaltung ist überlastet und kann nur noch größere Steuerverfahren mit der gebotenen Sorgfalt bearbeiten. Steuervermeidungsstrategien und Steuerflucht werden als legitime Gegenwehr gegen einen Steuerstaat empfunden, der immer dreister in die Taschen der Bürger greift und trotzdem mit dem Geld nicht auskommt. Der „kleine" steuerzahlende Bürger, dem die Lohnsteuer schon vom Arbeitgeber einbehalten wird, fühlt sich gegenüber denjenigen, die sich umfangreiche und kostspielige Beratung leisten und damit die Steuerlast auf ein Minimum senken können, zu Recht benachteiligt. So leidet nicht nur die Rechtstreue der Bürger zu ihrem Staat; bei steigenden Steuersätzen erodiert die staatliche Steuerbasis immer weiter, die öffentlichen Haushalte stehen trotz oder gerade wegen ständig steigender Steuern vor dem Kollaps.

Gleichzeitig versäumt es die rot-grüne Bundesregierung, die notwendigen Strukturreformen in der Wirtschafts-, Arbeitsmarkt-, Sozial- und Finanzpolitik auf den Weg zu bringen. Die eingeleiteten Reformen zeigen zum Teil in die richtige Richtung, sind aber allesamt zu halbherzig und kommen zum großen Teil zu spät. Das Ergebnis ist: Die deutsche Volkswirtschaft stagniert, Wachstumschancen sind kaum erkennbar, die Arbeitslosigkeit steigt ebenso wie die Zahl der Unternehmensinsolvenzen, die am Ende dieses Jahres mit über 40.000 einen neuen Höchststand erreichen wird.

In dieser Situation hilft nur ein klares, ordnungspolitisch fundiertes Sanierungskonzept, das die marktwirtschaftlichen Kräfte der Volkswirtschaft erneuert. Die deutsche Wirtschaft ist nach wie vor leistungsfähig – dies zeigen ihre Erfolge auf ausländischen Märkten. Die deutschen Arbeitnehmer sind nach wie vor leistungsbereit – dies zeigt ihr großes Engagement in der rasant wachsenden Schattenwirtschaft. Wenn wir aber zu einer geordneten und wachsenden Volkswirtschaft zurückkehren wollen, dann müssen Unternehmen auch in Deutschland wieder Erfolg haben, das heißt angemessene Gewinne machen, und dann muss sich Anstrengung im regulären Arbeitsmarkt auch für Arbeitnehmer wieder lohnen. Ein Sanierungskonzept mit diesen Zielen setzt zuerst grundlegende Reformen der Arbeitsmarktordnung, der sozialen Transfersysteme und der sozialen Sicherungssysteme voraus. Zur Reform des Arbeitsrechts hat die CDU/CSU-Bundestagsfraktion einen Gesetzentwurf vorgelegt, mit dem die bestehenden Überregulierungen des Arbeitsmarktes beseitigt werden können. Für die notwendige Zusammenlegung von Sozialhilfe und Arbeitslosenhilfe sowie die Neuformulierung der Anspruchsvoraussetzungen liegt der Gesetzesentwurf der hessischen Landesregierung im Bundesrat vor. Die CDU/CSU-Bundestagsfraktion hat einen gleichlautenden Antrag in den Deutschen Bundestag eingebracht. Für die sozialen Sicherungssysteme hat die Herzog-Kommission Vorschläge erarbeitet, die auf der Basis von Subsidiarität und Eigenverantwortung die Sozialsysteme zukunftsfähig machen werden.

Die Steuerpolitik kann zu diesen notwendigen Reformen ihrerseits einen begleitenden Beitrag leisten. Eine grundlegende Reform des Einkommensteuerrechts wird dabei neben der radikalen Vereinfachung des Systems vor allem dafür sorgen, dass die Bürger, die ein ausreichendes Einkommen haben, um für sich selbst und ihre Familien zu sorgen, die finanziellen Spielräume zurückgewinnen, die ihnen auch die notwendige Vorsorge für die Risiken des Lebens ermöglicht, ohne auf die Hilfe des Staates angewiesen zu sein. Denn so entspricht es unserem christlichen Menschenbild: Die Freiheit des Menschen kommt auch in der Verantwortung für sich selbst zum Ausdruck. Deshalb darf der Staat nicht besteuern, was die Menschen für die Sicherung ihres existenznotwendigen Bedarfs selbst benötigen. Und nur wenn sie zur Finanzierung dieses Bedarfs nicht in der Lage sind, muss der Staat ihnen helfen, dies zu tun.

In diesem Kontext steht der Vorschlag für ein modernes Einkommensteuerrecht, dessen Belastungsgrund und dessen Belastungshöhe die Bürger wieder verstehen und das für jedermann einfach und verständlich nachzuvollziehen ist. Der Vorschlag nimmt viele Gedanken auf, die in der Wissenschaft in jüngerer Zeit entwickelt worden sind. Er knüpft an die Vorschläge an, die die unionsgeführte Bundesregierung 1997 unter dem Namen „Petersberger Steuerbeschlüsse" in den Deutschen Bundestag eingebracht hat und die nach einer in der Geschichte der Republik bisher einmaligen, allein parteipolitisch motivierten Blockade der SPD im Bundesrat nicht verwirklicht werden konnten. Der Vorschlag verzichtet bewusst auf die Ausformulierung von Gesetzesvorschriften; denn vor der Abfassung von Gesetzen müssen wir uns über die Grundsätze verständigen, die der Gesetzesarbeit zugrunde liegen sollen. Wir wollen dem Ziel eines einfachen und gerechten Einkommensteuersystems eine neue Chance geben. Denn nur ein einfaches Steuersystem ist auch ein gerechtes Steuersystem.

Zehn Leitsätze für ein modernes Einkommensteuerrecht

Erster Leitsatz: Neufassung des Einkommensteuergesetzes

Das gegenwärtige Einkommensteuergesetz ist nicht mehr reformfähig. Es wird deshalb aufgehoben und durch ein vollständig neu formuliertes Einkommensteuergesetz ersetzt, das den Fundamentalprinzipien der Verständlichkeit und der Besteuerung nach Leistungsfähigkeit entspricht.

Gegenstand der Besteuerung ist das Markteinkommen. Markteinkommen ist jedes realisierte, durch Betätigung am Markt erworbene Einkommen.

Die Neufassung erfolgt in Fortführung der bekannten Systematik und Terminologie des Einkommensteuerrechtes und führt daher nicht nur zu einer Vereinfachung, sondern ist zugleich ein wesentlicher Beitrag zur Stabilisierung des materiellen Rechts.

Zweiter Leitsatz: Radikale Vereinfachung der Steuererklärung und der Steuerveranlagung

Durch den konsequenten Ausbau und die Vereinheitlichung der elektronischen Datenübermittlung und Datenverarbeitung wird der Steuererklärungs- und der Steuerveranlagungsaufwand drastisch gesenkt. Dazu erhält jeder Steuerpflichtige eine Einkommensteuer-Identifikationsnummer (SteuerPIN), die die anonymisierte Datenübertragung ermöglicht.

Die Steuererhebung wird durch ein umfassendes Quellenabzugsverfahren ausgebaut. Das Lohnsteuer- und Kapitalertragsteuerverfahren wird so drastisch vereinfacht.

Im Lohnsteuerverfahren wird die jährliche Einkommensteuererklärung des Steuerpflichtigen durch einen elektronischen Steuererklärungsentwurf des Finanzamtes unmittelbar nach Ablauf des Kalenderjahres auf der Grundlage der Daten des Lohnsteuerverfahrens und der Kapitalerträge ersetzt.

Dritter Leitsatz: Einkunftsarten und Einkunftsermittlung

Die bestehenden Einkunftsarten werden zur Gleichmäßigkeit der Besteuerung in wenigen Grundtatbeständen und zu vier Einkunftsarten zusammengefasst. Die Gewinneinkünfte (Einkünfte aus Land- und Forstwirtschaft, aus Gewerbebetrieb, aus selbständiger Arbeit) werden unter Einbeziehung der Einkünfte aus Vermietung und Verpachtung zu Einkünften aus unternehmerischer Tätigkeit zusammengefasst. Einkünfte aus nichtselbständiger Arbeit und aus Kapitalvermögen bleiben als selbständige Einkunftsarten erhalten. Die sonstigen Einkünfte bleiben erhalten und umfassen auch die Einkünfte aus der Altersversorgung.

Dem Steuerpflichtigen wird bei den Einkünften aus unternehmerischer Tätigkeit unter Angleichung der Ermittlungsmethoden ein weitgehendes Wahlrecht zwischen Einnahmen-Überschuss-Rechnung und Steuerbilanzierung eingeräumt. Das Steuerbilanzrecht wird unter Lösung von der handelsrechtlichen Maßgeblichkeit verselbständigt und neu gefasst.

Vierter Leitsatz: Vereinfachung der Besteuerungsgrundlagen und die Beseitigung von Steuervergünstigungen

Die bestehenden Steuerbefreiungen, Freibeträge, Abzugsbeträge und Ermäßigungen werden aufgehoben.

Sonderausgaben und außergewöhnliche Belastungen werden in Form persönlicher Abzüge zusammengefasst und reduziert.

Für steuerbegünstigte Zwecke bleibt ein Spendenabzug für mildtätige, kirchliche, religiöse, wissenschaftliche und gemeinnützige Zwecke grundsätzlich erhalten. Ein Spendenabzug zur Förderung der Freizeitgestaltung wird nicht mehr gewährt.

Fünfter Leitsatz: Entlastung durch einen einheitlichen Grundfreibetrag und durch eine Senkung der Steuertarife

Jede Person erhält einen einheitlichen Grundfreibetrag von 8.000 €. Der Eingangssteuersatz wird auf 12 % gesenkt. Der linear-progressive Tarif wird durch zwei weitere Steuerstufen von 24 % ab einem Einkommen von 16.000 € und von 36 % ab einem Einkommen von 40.000 € ersetzt. Dieser

Steuerstufentarif wird zur Vermeidung der „kalten Progression" jedes zweite Jahr inflationsbereinigt.

Sechster Leitsatz: Die steuerliche Behandlung der Ehe und der Familie

Der im Grundgesetz verankerte Schutz von Ehe und Familie gebietet auch im Steuerrecht, die Ehe und die Familie gerecht zu besteuern.

Die Herstellung der Gerechtigkeit und die Förderung von Ehe und Familie erfolgt durch die Fortgeltung des Ehegattensplittings und die Gewährung des einheitlichen Grundfreibetrages auch für Kinder vom ersten Tag an. Die zusätzliche Sicherung des Existenzminimums von Kindern erfolgt im Bedarfsfall durch eine zusätzliche Kindergeldleistung.

Notwendige Aufwendungen zur Versorgung, Betreuung und Erziehung von Unterhaltsberechtigten sind steuerlich abzugsfähig. Der private Haushalt wird grundsätzlich als Arbeitgeber anerkannt.

Siebter Leitsatz: Die einheitliche Besteuerung der Kapitaleinkünfte

Die Besteuerung der Kapitaleinkünfte wird vereinheitlicht und vereinfacht. Kapitaleinkünfte, die nicht Dividendenzahlungen sind, werden im Wege des Quellensteuerabzugs einheitlich mit 24 % belastet. Die Kapitalertragsteuer hat Vorauszahlungscharakter und wird im Verfahren des Veranlagungsvorschlags berücksichtigt.

Achter Leitsatz: Die umfassende Besteuerung der Veräußerungsgewinne

Die umfassende Besteuerung der Veräußerungsgewinne ist Bestandteil der Einkommensbesteuerung.

Gewinne aus der Veräußerung von Wirtschaftsgütern, die der Einkünfteerzielung dienen (u. a. Grundstücke, vermietete Immobilien, Wertpapiere), unterliegen der Steuerpflicht. Gewinne aus der Veräußerung von Wirtschaftsgütern, die ausschließlich der Privatsphäre zuzuordnen sind (u. a. selbstgenutzte Immobilien), sind wie bisher nicht steuerpflichtig.

Eine Übermaßbesteuerung und eine Besteuerung von Scheingewinnen durch rein nominale Wertsteigerungen werden durch die zweijährige Inflationsbereinigung des Steuertarifs vermieden. Die Besteuerung realisierter Wertsteigerungen des Erwerbsvermögens wird in einem Übergangszeitraum auf die ab Inkrafttreten des Gesetzes neu entstehenden Wertsteigerungen beschränkt.

Neunter Leitsatz: Die nachgelagerte Besteuerung der Alterseinkünfte

Die Besteuerung der Altersbezüge erfolgt mit einer Übergangsregelung zur Vermeidung von Doppelbesteuerungen nachgelagert und im Wege des Quellenabzugs. Vorsorgeaufwendungen für diese Altersbezüge sind abzugsfähig.

Die Abzugsfähigkeit wird beschränkt auf solche Vorsorgesysteme, die ausschließlich der Alterssicherung dienen.

Zehnter Leitsatz: Die Unternehmensbesteuerung

Einkommensteuerrecht und Körperschaftsteuerrecht werden mit dem Ziel der Rechtsformneutralität aufeinander abgestimmt.

Der Körperschaftsteuertarif beträgt einheitlich 36 % auf ausgeschüttete und thesaurierte Gewinne und wird so dem Einkommensteuertarif angepasst. Dividenden werden bei natürlichen Personen als Anteilseigner grundsätzlich auf die Einkommensteuer im Wege eines vereinfachten Anrechnungsverfahrens angerechnet. Veräußerungsgewinne zwischen Kapitalgesellschaften unterliegen einem ermäßigten Steuersatz von 18 %.

Der Verlustausgleich bleibt als Verlustvortrag uneingeschränkt zulässig.

III. Begründung der Leitsätze

Erster Leitsatz: Neufassung des Einkommensteuergesetzes

Das Einkommensteuergesetz hat die für die Anwendung durch Steuerpflichtige, Berater und Steuerbehörden erforderliche Verständlichkeit der Sprache verloren.

Neben dem Verlust der sprachlichen Verständlichkeit leidet das Einkommensteuergesetz unter einer nicht mehr überschaubaren und systemwidrigen Fülle und Komplexität an Einzelvorschriften und Ausführungsbestimmungen. Das deutsche Steuerrecht besteht mittlerweile aus über 100 Steuerstammgesetzen. Die Zahl der Gesetze, die neben ihrem außersteuerlichen Inhalt auch Regelungen zur Besteuerung enthalten, ist nicht bekannt. Zu den Steuergesetzen bestehen ca. 5.000 BMF-Schreiben. Insgesamt existieren ca. 96.000 Verwaltungsvorschriften. Allein in der 14. Wahlperiode des Deutschen Bundestages (1998 – 2002) erfolgten über 60 Gesetzesänderungen der Ertragsteuern und gab es 247 neue BMF-Schreiben. Im Rahmen der 34 Änderungen allein im Einkommensteuerrecht wurden ca. 100 Vorschriften des Einkommensteuergesetzes mehrfach geändert. Es gibt 185 Steuerformulare im engeren Sinn. Die absolute Anzahl aller Steuerformulare ist nicht bekannt.

Eine Änderung oder Bearbeitung des bestehenden Gesetzestextes kann den Verlust der Verständlichkeit nicht mehr beseitigen. Daher ist eine vollständige Neufassung und Neuformulierung des Gesetzes erforderlich.

Ziel einer Neufassung und Neuformulierung des Gesetzestextes ist es, den Steuerpflichtigen, den steuerberatenden Berufen und der Steuerverwaltung durch eine verständliche Sprache, durch eine Reduktion der Einzelfallregelungen auf Grundtatbestände und durch einen erkennbaren systematischen Aufbau zu ermöglichen, den Steuertatbestand und die Rechtsfolgen im Grundsatz zu erfassen und auf den nicht geregelten Einzelfall anzuwenden.

Verständliche Sprache, Verkürzung der Normenanzahl sowie die klare Definition des Steuertatbestandes und seiner Rechtsfolgen sind Grundvoraussetzung für eine Reform. Klarheit der Steuertatbestände ist auch Voraussetzung für eine Strafbarkeit der Nichterfüllung steuerlicher Erklärungspflichten.

Darüber hinaus leidet das Einkommensteuergesetz unter einer nicht mehr überschaubaren Änderungsflut durch den Steuergesetzgeber (allein im Jahr 2003 werden schon wieder wenigstens zehn wesentliche Gesetzesvorhaben zum Einkommensteuergesetz verhandelt). Stetigkeit ist das Gebot der Stunde. Eine umfassende Änderung ist daher zugleich die Chance, für einen längeren Zeitraum auf Änderungen verzichten zu können.

Das Prinzip der Leistungsfähigkeit ist im bestehenden Recht der Willkür und der Beliebigkeit gewichen. Das Prinzip der Leistungsfähigkeit muss wieder als tragender Grundsatz der Ertragsbesteuerung für Gleichmäßigkeit und Gerechtigkeit freigelegt und erkennbar werden. Die Vermögenssubstanz ist nicht Gegenstand der Besteuerung, sondern allein der Vermögenszuwachs, unabhängig von der Quelle, aus der heraus er entsteht.

Einkommen als Maßstab der Leistungsfähigkeit besteht somit in der realisierten Mehrung eigenen Vermögens durch Tätigkeit und/oder Nutzung vorhandenen Vermögens. Mehrung bedeutet Einbeziehung aller realisierten Einnahmen, aber auch Abzug aller zugehörigen Ausgaben, ohne die die Einnahmen nicht erzielt werden können. Nichterfassung von Einnahmen, bzw. deren partielle Freistellung und Nichtabziehbarkeit von Ausgaben verfälschen die Ermittlung des Einkommens und die gerechte Verteilung der Steuerlast.

Alle Ausnahmen in dieser Hinsicht sind daher zu beseitigen. Allenfalls zur Verwaltungsvereinfachung können Typisierungen in geringem Umfang vorgenommen werden.

Zweiter Leitsatz: Radikale Vereinfachung der Steuererklärung und der Steuerveranlagung

Die bestehenden elektronischen und technischen Möglichkeiten der Datenerhebung und Datenverarbeitung werden nicht ausreichend genutzt. Noch immer wird die überwiegende Anzahl der Vorgänge in Papierform mit einem zu hohen Personal- und Zeitaufwand bearbeitet.

Unser Ziel ist es, Steuererklärungen in Zukunft ganz überwiegend im elektronischen Verfahren abzuwickeln. In der Steuerveranlagung werden eine einheitliche Einkommensteuer-Identifikationsnummer (SteuerPIN) und einheitliche Datenverarbeitungssysteme eingeführt.

Das Lohnsteuerverfahren wird wesentlich vereinfacht. Die Lohnsteuererklärung nach Formularen und die Lohnsteuerkarte in Papier werden durch elektronische Datenübermittlung und -verarbeitung bezogen auf den einzelnen Arbeitnehmer ersetzt.

Im Lohnsteuerverfahren wird die jährliche Einkommensteuererklärung des Steuerpflichtigen in der Regel durch einen elektronischen Steuererklärungsentwurf des Finanzamtes unmittelbar nach Ablauf des Kalenderjahres auf der Grundlage der Daten des Lohnsteuerverfahrens und der gezahlten Quellensteuer auf Kapitalerträge ersetzt. Diesem Entwurf kann der Steuerpflichtige elektronisch zustimmen oder um weitere Einkünfte und Werbungskosten ergänzen. Für die Jahresveranlagung von Lohnsteuerpflichtigen, die die überwiegende Anzahl der Einkommensteuerveranlagungen ausmachen, wird dadurch eine erhebliche Vereinfachung für Erklärung und Veranlagung geschaffen. Das Rechtsverhältnis zwischen Finanzamt und steuerpflichtigem Bürger wird auf die Einkommensteuer-Identifikationsnummer (SteuerPIN) gestützt, die der Steuerpflichtige auch gegenüber allen Kapitalsammelstellen (Banken, Versicherungen pp.) angibt, die Vermögensbestandteile für ihn verwalten, und erleichtert so den Quellenabzug bei der Kapitalertragsbesteuerung.

Dritter Leitsatz: Einkunftsarten und Einkunftsermittlung

Das bestehende System der sieben Einkunftsarten und der sich daraus ergebenden Abgrenzungsprobleme und vielfacher Sonderregelungen führt zu einer wesentlichen Ungleichbehandlung mit starken Belastungsunterschieden und erheblichem Missbrauch durch eine hohe Gestaltungsanfälligkeit. Jede vermeidbare steuerliche Differenzierung schafft Abgrenzungsprobleme und lädt zur steuersparenden Gestaltung ein.

Eine Reduzierung und Vereinheitlichung der Einkunftsarten wird mit dem Ziel der Besteuerung nach gleichen Grundsätzen durchgeführt. Eine Differenzierung nach Einkunftsarten wird nur noch insoweit vorgenommen, als für die Einkunftsermittlung und für den Quellenabzug eine unterschiedliche Ausgestaltung erforderlich ist.

Die Einkunftsermittlung nach dem Grundsatz der Maßgeblichkeit der Handelsbilanz und der handelsrechtlichen Grundsätze ordnungsgemäßer Buchführung ist im bestehenden Recht nicht mehr in vollem Umfang gewährleistet. Die Steuerbilanz dominiert in weiten Bereichen auch die handelsrechtliche Bilanzierung. Der Übergang zu IAS erfordert weitere Anpassungen der steuerlichen Gewinnermittlung. Da Steuer- und Handelsbilanz unterschiedliche Aufgaben erfüllen, wird am Maßgeblichkeitsgrundsatz nicht länger festgehalten. Zur Reduzierung des Zeit- und Kostenaufwandes für die Steuererklärung wird ein weitgehendes Wahlrecht bei den Einkünften aus unternehmerischer Tätigkeit zur Einnahmen-Überschuss-Rechnung oder zur Bilanzierung eingeräumt.

Zur Herstellung der Gleichmäßigkeit der Besteuerung sind die Grundsätze der Einnahmen-Überschuss-Rechnung bei der Neufassung der Regelungen zur Ermittlung des steuerrechtlichen Gewinns zu berücksichtigen. Grundlegende Prinzipien der Steuerbilanz bleiben Netto-, Realisations- und Imparitätsprinzip unter Anlehnung der Gewinnermittlung an Zahlungsvorgänge. Das Wahlrecht, den Gewinn auch nach Überschussgrundsätzen zu ermitteln, trägt zur weiteren Vereinfachung des Steuerrechts bei, da die Periodenabgrenzung von Forderungen und Verbindlichkeiten erspart werden kann.

Die Regelungen zur Abschreibung werden unter Berücksichtigung der tatsächlichen Nutzungsdauer eines Wirtschaftsgutes grundlegend vereinheitlicht und vereinfacht. Eine degressive Abschreibung wird nicht mehr zugelassen.

Ein unbeschränkter Verlustvortrag ist Ausdruck der Besteuerung nach der Leistungsfähigkeit und bleibt erhalten. Der Verlustrücktrag wird abgeschafft.

Vierter Leitsatz: Vereinfachung der Besteuerungsgrundlagen und die Beseitigung von Steuervergünstigungen

Der Abbau von Steuervergünstigungen ist nicht nur zur Gegenfinanzierung einer Senkung der Tarifsätze erforderlich. Er bedeutet zugleich auch eine wesentliche Vereinfachung und eine Rückkehr zur Gleichmäßigkeit der Besteuerung.

Steuervergünstigungen sind bis auf Befreiungen zur Vermeidung von Doppelbesteuerungen umfassend abzubauen. Dies betrifft unter anderem steuerfreie Abgeordnetenbezüge, Ausgaben der allgemeinen Lebensführung, Sonntags-, Feiertags- und Nachtzuschläge, Abfindungen, Übergangsgelder, Beihilfen, Geburts- und Heiratsbeihilfen, Bergmannsprämien, Auslandszulagen, Streikgelder, Trinkgelder u.v.a.m. Steuervergünstigungen dieser Art gibt es nicht mehr. Auf den Arbeitnehmer im Zuge einer Sozialreform übertragene Arbeitgeberbeiträge zu Sozialversicherungen werden ebenfalls steuerpflichtiges Einkommen.

Die bestehenden Regelungen zum Sonderausgabenabzug und zur Berücksichtigung von außergewöhnlichen Belastungen sind lenkungsüberfrachtet und widersprechen dem Grundsatz der Gleichmäßigkeit der Besteuerung. Sie alle werden durch den Grundfreibetrag ersetzt. Im Übrigen werden Sonderausgaben und außergewöhnliche Belastungen unter Berücksichtigung der Leistungsfähigkeit und der Sicherung des Existenzminimums zusammengefasst und reduziert. Der Sonderausgabenabzug für Zinsen von Steuerforderungen, für Steuerberaterkosten, für Ausbildungskosten, für Schulgeld usw. sowie Steuervergünstigungen für die eigene Wohnung werden aufgehoben. Anerkannt bleiben nur solche Werbungskosten, die ausschließlich der Einkommenserzielung dienen. Dies ist beim häuslich genutzten Arbeitszimmer ebenso wenig der Fall wie bei Bewirtungskosten. Der bisherige Abzug von Vorsorgeaufwendungen entfällt mit der Steuerbefreiung der Vorsorgeaufwendungen für Alterseinkommen. Die Berücksichtigung von außergewöhnlichen Belastungen wird auf Aufwendungen infolge von Behinderungen und chronischen Krankheiten beschränkt.

Die Kirchensteuer bleibt als Zuschlagsteuer erhalten und abzugsfähig.

Der Spendenabzug für anerkannte gemeinnützige Einrichtungen einschließlich der politischen Parteien wird unter Vereinheitlichung und Vereinfachung beibehalten. Die steuerbegünstigte Finanzierung der Freizeitgestaltung wird ausgeschlossen.

Fünfter Leitsatz: Entlastung durch einen einheitlichen Grundfreibetrag von 8.000 € pro Person und durch eine Senkung der Steuertarife

Hohe Steuersätze und eine ausgehöhlte Bemessungsgrundlage bei steigender Steuerlast durch das Hineinwachsen immer größerer Bevölkerungsgruppen in die Steuerprogression allein durch nominale Lohnzuwächse verletzen das Prinzip der Steuergerechtigkeit. Familien mit Kindern werden besteuert und erhalten gleichzeitig Kindergeld vom Staat: Der Steuerstaat nimmt und gibt zugleich. Bliebe das existenznotwendige Minimum von Anfang an steuerfrei, könnten viele Steuerpflichtige in Deutschland für sich selbst und ihre Familien sorgen ohne die fürsorgliche Hilfe des Staates in Anspruch nehmen zu müssen.

Es wird deshalb ein einheitlicher Grundfreibetrag von 8.000 € pro Person eingeführt, der innerhalb einer Familie, die in häuslicher Gemeinschaft lebt, frei übertragbar ist. Eine vierköpfige Familie verfügt damit im Jahr über ein steuerfreies Einkommen von 32.000 €. Der volle Grundfreibetrag steht Kindern vom ersten Lebenstag an zu und ersetzt den bisherigen Kinderfreibetrag. Damit wird gleichzeitig die Übertragung von Einkommensquellen auf die Kinder steuerlich uninteressant, da das bisher mögliche Nebeneinander von Kinderfreibetrag und zusätzlichem Grundfreibetrag für Kinder mit eigenem (in der Regel widerruflich von den Eltern übertragenem) Einkommen entfällt.

Die Akzeptanz der Einkommensbesteuerung ist schließlich auch und vor allem durch die Höhe der Tarifsätze bestimmt. Niedrige Steuersätze und eine für alle gleiche Bemessungsgrundlage sind das wirksamste Mittel gegen steigenden Steuerwiderstand und Steuerhinterziehung. Der steuerpflichtige Bürger will auch ohne komplizierte Tarifformeln wissen, wie hoch seine Steuerschuld ist. Daher wird der nur in komplexen Tabellen darstellbare linear-progressive Formeltarif zugunsten eines einfachen und für jeden nachvollziehbaren Stufentarifs ersetzt. Oberhalb des Grundfreibetrages beträgt der Steuersatz für die nächsten 8.000 € des Einkommens 12 %. Für Einkommen zwischen 16.000 € und 40.000 € beträgt der Steuersatz 24 % und oberhalb dieses Einkommens beträgt der Steuersatz einheitlich 36 %.

Zur Vermeidung einer schleichenden Steuererhöhung durch die sogenannte kalte Progression und zur Vermeidung der Besteuerung von Scheingewinnen, die durch nominale Wertzuwächse entstehen, werden der Grundfreibetrag und die Einkommensgrenzen für die Tarifstufen im Rhythmus von zwei Jahren nach Inkrafttreten der Reform an die Lohn- und Preisentwicklung angepasst.

Sechster Leitsatz: Die steuerliche Behandlung der Ehe und der Familie

Die Familie ist und bleibt die wichtigste Einheit von Gesellschaft und Staat. Ohne Kinder haben unsere Gesellschaft und unser Staat keine Zukunft. Der besondere Schutz, den der Staat der Ehe und der Familie von Verfassungswegen zu gewähren hat, muss auch im Steuerrecht dauerhaft zum Ausdruck kommen.

Zur Verbesserung der steuerlichen Rahmenbedingungen für Ehe und Familie erfolgt eine deutliche Ausweitung des Freibetrages zugunsten der Kinder, die in häuslicher Gemeinschaft mit den Eltern oder einem Elternteil leben. Sie erhalten von Geburt an ebenfalls den Grundfreibetrag in Höhe von 8.000 € im Jahr. Bis zur Volljährigkeit üben die Eltern die Rechte aus dem Grundfreibetrag für ihre Kinder aus. Während der Fortdauer der Unterhaltsverpflichtung (z. B. während der Ausbildung) haben Kinder und Eltern ein Ausübungswahlrecht. Der Grundfreibetrag ist an der zivilrechtlichen Unterhaltsverpflichtung ausgerichtet und wird alle zwei Jahre an die Lohn- und Preisentwicklung angepasst. Dieser Anpassungsmechanismus wird im neuen Einkommensteuergesetz gesetzlich festgelegt.

Dort, wo die Berücksichtigung des Grundfreibetrages das Existenzminimum von Kindern nicht sichert, wird eine ergänzende Kindergeldleistung gezahlt.

Der private Haushalt wird grundsätzlich als Arbeitgeber anerkannt. Alle Aufwendungen, insbesondere die für Kinderbetreuung, und alle sonstigen Beschäftigungsverhältnisse, die einkommensteuerpflichtig und sozialversicherungspflichtig sind, werden als Werbungskosten/Betriebsausgaben steuerlich anerkannt und sind abzugsfähig. Diese Regelung ist zugleich ein Beitrag für die Vereinbarkeit von Familie und Beruf.

Siebter Leitsatz: Die einheitliche Besteuerung der Kapitaleinkünfte

Die bestehende hohe Tarifbelastung und die Vielzahl und Unübersichtlichkeit von Sonderregelungen zur Minderung der Besteuerung der Kapitalerträge im Einkommensteuerrecht führen dazu, dass die Gleichmäßigkeit der Besteuerung auch im Zusammenhang mit den Kapitaleinkünften nicht mehr gegeben ist. Die Besteuerung der Kapitalerträge, insbesondere der Zinsen, ist von der Allgemeinheit der Steuerpflichtigen nicht akzeptiert und kann in der Praxis nicht durchgesetzt werden. Ausweichgestaltungen und Kapitalflucht sind in einem besorgniserregenden Ausmaß angestiegen.

Um das Übel an der Wurzel zu packen, werden die Einkommensteuersätze drastisch gesenkt. Damit wird die steuerliche Belastung der Kapitalerträge, die bislang zu Ausweichreaktionen geführt hat, deutlich reduziert. Zur Herstellung der Gleichmäßigkeit der Besteuerung auf Kapitaleinkünfte, die nicht Dividendenzahlungen sind, wird eine Quellensteuer von einheitlich 24 % eingeführt. Sie gilt beim Steuerinländer als Einkommensteuervorauszahlung und wird im Verfahren des Erklärungsvorschlags zur Lohn- und Einkommensteuer berücksichtigt.

Das Problem der Besteuerung inflationsbedingter Scheingewinne, die gerade bei der Besteuerung von Kapitalerträgen besonders problematisch ist, wird auch in diesem Zusammenhang durch eine zweijährige Anpassung der Einkommensteuertarife an die Lohn- und Preisentwicklung beseitigt.

Voraussetzung einer gleichmäßigen Erfassung der Kapitaleinkünfte ist zugleich eine umfassende Amnestieregelung zur Rückkehr des Fluchtkapitals. Die daraus erzielbaren Steuereinnahmen kommen durch die Tarifabsenkung auch denen zugute, die ihre Kapitaleinkünfte bisher gesetzestreu erklärt und versteuert haben.

Achter Leitsatz: Die umfassende Besteuerung der Veräußerungsgewinne

Die Besteuerung der betrieblichen und privaten Veräußerungsgewinne führt im geltenden Recht zu sachlich nicht angemessenen Belastungsunterschieden. Die Gleichmäßigkeit der Besteuerung bei Veräußerungsgewinnen ist nicht mehr gewährleistet.

Durch die Vereinheitlichung und Neufassung der Einkunftsarten unterliegen auch die Wirtschaftsgüter zur Erzielung von Einkünften aus Vermietung und Verpachtung und zur Erzielung von Einkünften aus Kapitalvermögen dem steuerlich verhafteten Erwerbs- oder Betriebsvermögen. Der Gewinn aus der Veräußerung solcher Vermögensbestandteile wird daher steuerpflichtig. Die Besteuerung realisierter Wertsteigerungen des Erwerbsvermögens wird in einem Übergangszeitraum auf die ab Inkrafttreten des Gesetzes neu entstehenden Wertsteigerungen beschränkt.

Wirtschaftsgüter, die ausschließlich dem Privatvermögen dienen, wie selbst genutzte Immobilien, private Sammlungen u.ä., unterliegen der Besteuerung des Veräußerungsgewinns nicht. Diese Ausnahme trägt zum einen dem Umstand mangelnder Erfassbarkeit Rechnung und zum anderen, dass auch der Erwerb des selbst genutzten Wohneigentums steuerlich nicht berücksichtigt wurde und Wohneigentum gleichzeitig in hohem Umfang der Sicherung des Lebensunterhalts im Alter dient.

Neunter Leitsatz: Die nachgelagerte Besteuerung der Alterseinkünfte

Die Feststellung des Bundesverfassungsgerichts über die Verfassungswidrigkeit der bestehenden Besteuerungspraxis erfordert eine grundsätzliche Neugestaltung der Besteuerung der Altersbezüge spätestens zum 1. Januar 2005.

Alle Formen der Alterseinkommen müssen ab diesem Zeitpunkt steuerlich gleich behandelt werden. Nur die steuerliche Freistellung der Aufwendungen für die Altersvorsorge und die Besteuerung der Auszahlungsleistungen (nachgelagerte Besteuerung) kann diesem Anspruch gerecht werden. Die Folgen des demografischen Wandels für die sozialen Sicherungssysteme verlangen in diesem Zusammenhang ebenfalls eine steuerliche Anerkennung der Vorsorgeaufwendungen über den Grundfreibetrag hinaus, denn die steuerliche Leistungsfähigkeit des steuerpflichtigen Bürgers wird um den Betrag gemindert, den er in Systeme der Altersvorsorge einzahlt und in der Regel als Pflichtversicherter einzahlen muss. Diese Pflicht muss ihre Anerkennung im Steuersystem finden. Die Auszahlungsleistungen, die auf der Grundlage zuvor steuerfreier Beiträge möglich werden, müssen nach dem System der Besteuerung jedes Markteinkommens dann aber auch – oberhalb des selbstverständlich auch dort zu gewährenden Grundfreibetrags – mit dem normalen Steuertarif belastet werden. In der notwendigen Übergangsphase muss eine Doppelbesteuerung der Rentner vermieden werden.

Abzugsfähig sind alle später verrenteten Vorsorgeaufwendungen, die nicht veräußerbar, nicht übertrag- und vererbbar, nicht beleihbar und nicht kapitalisierbar sind. Abzugsfähige Vorsorgeleistungen werden durch ein Zertifizierungsgesetz festgelegt. Die Abzugsfähigkeit ist auf einen bestimmten Anteil des Einkommens (etwa das 1,5 fache der Beitragsbemessungsgrenze der gesetzlichen Rentenversicherung) begrenzt. Private Rentenversicherungen werden in dieses System integriert. Die Kapitallebensversicherung verliert ihr bisheriges Steuerprivileg; bestehende Verträge haben Bestandsschutz.

Zehnter Leitsatz: Die Unternehmensbesteuerung

Einkünfte aus unternehmerischer Tätigkeit in Personengesellschaften werden auch in Zukunft nach dem (neuen) Einkommensteuergesetz besteuert. Daneben bleibt für Kapitalgesellschaften das Körperschaftsteuergesetz erhalten. Eine vollständige Integration des Körperschaftsteuerrechts in ein neues Einkommensteuergesetz erscheint aus heutiger Sicht nicht möglich. Gerade das Körperschaftsteuerrecht ist sehr abhängig von europäischen und internationalen Schritten der Steuerharmonisierung. Diese Steuerharmonisierung wiederum beruht auf einer Steuerrechtsdogmatik, die nicht einseitig durch nationales Steuerrecht verändert werden kann. Dies gilt auch für die Verankerung des Körperschaftsteuerrechts in den zahlreichen Doppelbesteuerungsabkommen mit Drittstaaten. Die Anwendbarkeit der Doppelbesteuerungsabkommen darf durch eine Reform in Deutschland nicht in Frage gestellt werden.

Trotzdem können Einkommensteuer und Körperschaftsteuer nach Belastungsgrund und Belastungshöhe wieder zu einer Einheit zusammengeführt werden. Insbesondere lässt sich der Grundsatz der Rechtsformneutralität durch die Angleichung der Gewinnermittlung und eine Vergleichbarkeit der Tarifsätze wiederherstellen. Die Gewinne der Körperschaften unterliegen daher nach dem Prinzip der Einmalbesteuerung im Rahmen eines Quellensteuerabzuges auf der Ebene der Körperschaft einer einheitlichen Körperschaftsteuer von 36 % für thesaurierte und ausgeschüttete Gewinne. Eine gesonderte Gewerbesteuer wird nicht zusätzlich erhoben. Dividenden werden bei natürlichen Personen als Anteilseigner grundsätzlich auf die Einkommensteuer angerechnet.

Gewinne aus der Veräußerung von Beteiligungen zwischen Kapitalgesellschaften werden mit dem halben Körperschaftsteuertarif von 18 % besteuert.

Die grundsätzliche Unbeschränktheit des Verlustausgleiches ist Ausdruck des Prinzips der Leistungsfähigkeit und bleibt als Verlustvortrag erhalten.

Die große Einkommensteuerreform kann auf diese Weise mit einer „kleinen" Unternehmensteuerreform verbunden werden. Sie wird insbesondere dem Mittelstand zugute kommen und stellt den Grundsatz der Neutralität des Steuerrechts bei der Unternehmensbesteuerung so weit wie möglich wieder her.

Begleitende Reformschritte: Gewerbesteuer, Vermögensteuer, Grundsteuer und Erbschaftsteuer

Gewerbesteuer

Die heutige Gewerbesteuer ist eine Sondersteuer, begrenzt auf eine ökonomische Quelle und auf einige wenige Steuerpflichtige. Ihre hohe Gestaltungsanfälligkeit und ihre Konjunkturabhängigkeit widersprechen dem berechtigten Bedürfnis der Kommunen nach einer stetigen und ausreichenden Finanzierung ihrer Aufgaben. Die Probleme der kommunalen Haushalte liegen zudem und vor allem auf der Ausgabenseite. Diese Probleme können nicht durch eine systemwidrige und gleichheitswidrige Besteuerung auf der Einnahmenseite gelöst werden.

Die vorgeschlagene große Einkommensteuerreform sieht deshalb eine gesonderte Gewerbesteuer nicht mehr vor. Einkünfte aus gewerblicher Tätigkeit als selbständige Einkunftsart gibt es nicht mehr. Die Gewerbesteuer passt auch nicht mehr in eine Neuordnung der Unternehmensbesteuerung, in dem ein einheitlicher Körperschaftsteuersatz aus steuersystematischen Gründen an den Spitzensteuersatz der Einkommensteuer angeglichen und ein vereinfachtes Anrechnungsverfahren wieder eingeführt wird.

Gerade die Neuordnung der Körperschaftsteuer eröffnet aber die Chance, mit der Einkommensteuerreform auch eine Reform der kommunalen Finanzen zu verbinden, die den Kommunen eine stetige und verlässliche Einnahmenbasis verschafft und ihnen ihre Eigenständigkeit sichert. So können die Kommunen neben der heute bereits bestehenden Beteiligung an der Einkommensteuer auch an der Körperschaftsteuer beteiligt werden. In einem solchen Beteiligungsmodell müssen die kommunalen Anteile offen ausgewiesen und getrennt erhoben werden. Auf beide Anteile – den kommunalen Anteil an der Einkommensteuer und den kommunalen Anteil an der Körperschaftsteuer – können Hebesätze angelegt werden. Über die Hebesätze, die Zerlegungsmaßstäbe und einen kommunalen Finanzausgleich könnte ein gerechter interkommunaler Ausgleich geschaffen werden, der fairen Wettbewerb ermöglicht. Kommunale Selbstverwaltung fände dann auch wirklich wieder statt durch Einnahmen-, Ausgaben- und Aufgabenverantwortung in einer Hand.

Eine auf diesen Grundsätzen aufgebaute Finanzierung der Kommunen wäre ein wesentlicher Beitrag zur Vereinfachung des Steuerrechts, zur Rechtsformneutralität der Besteuerung und zur Sicherung der Einnahmen der Kommunen durch Einbeziehung der Unternehmen und der Einwohner in die Finanzierung der kommunalen Aufgaben.

Vermögensteuer

Die Vermögensteuer wird seit 1997 nicht mehr erhoben, da sie durch eine Entscheidung des Bundesverfassungsgerichts mit dem Gleichheitsgrundsatz für unvereinbar erklärt wurde.

Im Zuge einer Vereinfachung und einem klaren Signal für eine moderne und gerechte Besteuerung nach dem Prinzip der Leistungsfähigkeit muss die Vermögensteuer durch Gesetzesbeschluss des Deutschen Bundestages und des Bundesrates endgültig förmlich aufgehoben werden.

Grundsteuer

Mit dem Ersatz der Gewerbesteuer durch eine Beteiligung der Gemeinden an der Einkommen- und Körperschaftsteuer wird eine Reform und Vereinfachung der Grundsteuer verbunden.

Eine reformierte Grundsteuer ist eine kommunale Steuer, die die Nutzung der Grundstücke auf kommunalem Gebiet und die Leistung der Kommune gegenüberstellt. Die Anerkennung der kommunalen Autonomie erfordert ein kommunales Hebesatzrecht und die Durchführung der Verwaltung der Grundsteuer durch die Kommunen.

Die verfassungswidrige und verwaltungsaufwendige Einheitsbewertung, die nur noch für Zwecke der Grundsteuer erfolgt, wird durch einen Grundstückswert ersetzt. Der Grundstückswert berücksichtigt Grundstück und Nutzung.

Erbschaftsteuer

Auch die Erbschaftsteuer wird vor dem Hintergrund der Rechtsprechung in den nächsten Jahren geändert werden müssen. Dabei sollte eine Höherbelastung mit Erbschaftsteuer im Saldo vermieden werden und der Erbanfall darf, entsprechend dem Leistungsfähigkeitsprinzip, in der Person des Erben nur einmal und nicht zweifach einer Besteuerung unterliegen.

Im Erbschaftsteuerrecht muss der besondere Schutz von Ehe und Familie berücksichtigt werden. Das Erbschaftsteuerrecht muss die Erbrechtsgarantie, mithin die Testierfreiheit und das Prinzip des Verwandtenerbrechts berücksichtigen. Die Fortführung von Betrieben darf durch Erbschaftsteuer nicht gefährdet werden. Differenzierungen zwischen Betriebsvermögen und Privatvermögen können auch in Stundungsregeln mit endgültigem Steuerverzicht nach einem bestimmten zeitlichen Ablauf des Verbleibs des ererbten Vermögens im Betriebsvermögen erreicht werden.

Ausblick

Eine Reform des Steuerrechts in Deutschland mit dem Ziel einer modernen Einkommen- und Körperschaftsteuer muss in besonderer Weise den Anforderungen des gemeinsamen europäischen Marktes, der Globalisierung der Märkte und der über Ländergrenzen hinausgehenden Mobilität der Bürger und des Kapitals Rechnung tragen.

Eine umfassende Neugestaltung insbesondere des Körperschaftsteuerrechts und der Besteuerung der Kapitaleinkünfte erfordert daher eine Änderung der nationalen Rechtslage im Kontext der europäischen und internationalen Steuerrechtsentwicklung.

Deutschland muss nicht nur zu seiner Rolle als einer der Wirtschaftsmotoren des europäischen Marktes und der Weltwirtschaft zurückfinden, sondern

auch in der Fortentwicklung der internationalen Rechtsetzung und Besteuerung Impulse setzen. In diesem Sinne werden alle Ergänzungen und Konkreti-
sierungen der Leitsätze in einem späteren Gesetzgebungsverfahren die internationale Entwicklung zu berücksichtigen haben. Eine angemessene und
tragfähige steuerliche Belastung des Bürgers, ein gewünschtes und für die staatlichen Aufgaben notwendiges Steueraufkommen und die internationale Stand-
ortkonkurrenz stehen in einem Spannungsverhältnis zueinander, das der Steuergesetzgeber zu beachten hat. Wir gehen dabei davon aus, dass der rechtstreue
Staatsbürger den Wert der staatlichen Leistungen für sich und seine Familie zu
schätzen weiß. Ebenso muss der Staat seinerseits das Recht des Bürgers respektieren, dass dieser den überwiegenden Anteil seines Einkommens für sich
selbst nach seinen freien Wertentscheidungen verwenden kann.

IV. Finanzierung

Die Neugestaltung der Tarifsätze und des Tarifverlaufs führen für die Einkommensteuer zu Mindereinnahmen in Höhe von ca. 45 Mrd. €.

Aus dem umfassenden Abbau von Steuervergünstigungen und Sonderregelungen ergeben sich durch eine deutliche Verbreiterung der Bemessungsgrundlage Mehreinnahmen für die Einkommensteuer in Höhe von
ca. 35 bis 40 Mrd. €. Hierzu zählen insbesondere folgende Maßnahmen:

Aufhebung allgemeiner Steuerbefreiungen, §§ 3/3b EStG	5,0 Mrd. €
Aufhebung sonstiger Steuerbefreiungen	1,5 Mrd. €
Streichung Entfernungspauschale	5,0 Mrd. €
Reduzierung Arbeitnehmer-Pauschbetrag	2,0 Mrd. €
Streichung Sparer-Freibetrag	2,5 Mrd. €
Vereinheitlichung und Reduzierung Abschreibungen	6,0 Mrd. €
Einbeziehung Veräußerungsgewinne	2,0 Mrd. €
Reduzierung Sonderausgaben/Außergewöhnl. Belastungen	3,0 Mrd. €
Aufhebung sonstiger Steuervergünstigungen	4,0 Mrd. €

Die Differenz von 5 bis 10 Mrd. € verbleibt als Nettoentlastung.

Die Integration der Gewerbesteuer in die Einkommensteuer und Körperschaftsteuer erfolgt grundsätzlich aufkommensneutral durch die Ersetzung
des kommunalen Anteils an der Einkommensteuer und eine Erhöhung der
Körperschaftsteuer.

Berlin, den 3. November 2003,   Friedrich Merz MdB

Ausgewählte Literatur

Adam, Konrad Die deutsche Bildungsmisere, Berlin/München 2002

Beck, Ulrich Die Risikogesellschaft, Frankfurt am Main 2003

Birg, Herwig Die demographische Zeitenwende, München 2001

Bofinger, Peter / Hefeker, Carsten / Pfleger, Kai Stabilitätskultur in Europa, Stuttgart 1998

Broder, Henryk M. www.Deutsche-Leidkultur.de, Augsburg 2001

Dahrendorf, Ralf Der Wiederbeginn der Geschichte, München 2004

Deutsche Gesellschaft für Auswärtige Politik (Hrsg.) Internationale Politik Heft 2, 59. Jg. 2004: „Terrorismus", Berlin 2004

Erhard, Ludwig Wohlstand für alle, Aktualisierte Neuausgabe, Düsseldorf 1990

Fischer, Thomas R. Der unverstandene Kapitalismus, in: Merkur, Deutsche Zeitschrift für europäisches Denken Heft 653/654, Stuttgart 2003

Geppert, Dominik Maggie Thatchers Rosskur – Ein Rezept für Deutschland?, Berlin 2003

Gersemann, Olaf Amerikanische Verhältnisse. Die falsche Angst der Deutschen vor dem Cowboy-Kapitalismus, München 2003

Glotz, Peter/Süssmuth, Rita/Seitz, Konrad Die planlosen Eliten. Versäumen wir Deutschen die Zukunft?, München 1992

Grönemeyer, Dietrich H.W. Mensch bleiben. High-Tech und Herz – eine liebevolle Medizin ist keine Utopie, Freiburg 2003

Habermas, Jürgen Rede aus Anlaß der Verleihung des Friedenspreis des Deutschen Buchhandels, Frankfurt 2001

Hayek, Friedrich A. von Der Weg zur Knechtschaft, Neuausgabe München 1994

Heuser, Uwe Jean Das Unbehagen im Kapitalismus. Die neue Wirtschaft und ihre Folgen, Berlin 2000

Hoppmann, Erich Unwissenheit, Wirtschaftsordnung und Staatsgewalt, Freiburg 1993

Jahn, Elke J. Der Kündigungsschutz auf dem Prüfstand, Hrsg.: Konrad-Adenauer-Stiftung, Berlin 2004, Schriftenreihe Nr.138

Küstenmacher, Werner / Seiwert, Lothar / Küstenmacher, Tiki Simplify your life. Einfacher und glücklicher leben, Frankfurt/New York 2004

Joffe, Josef Die Offensive des Islamo-Faschismus, in: DIE ZEIT Nr. 12 vom 18.03.2004

Jürgensmeyer, Mark Terror im Namen Gottes. Ein Blick hinter die Kulissen des gewalttätigen Fundamentalismus, Freiburg 2004

Keese, Christoph Rettet den Kapitalismus, Hamburg 2004

Kirchhof, Paul Der sanfte Verlust der Freiheit. Für ein neues Steuerrecht – klar, verständlich, gerecht, München/Wien 2004

ders. Vater Staat ohne Kinder. Ein paar uncharmante Bemerkungen zu einem ernsten Problem, in: Der Tagesspiegel vom 23.08.2001

ders. Wer Kinder hat ist angeschmiert. Die kinderfeindliche Gesellschaft zerstört sich selbst, in: DIE ZEIT Nr. 3 vom 11.01.2001

Lambsdorff, Otto Graf Frische Luft für Bonn, 2. Aufl. Stuttgart 1987

Leicht, Robert Der globale Krieg, in: DIE ZEIT Nr. 49 vom 27.11.2003

Lübbe, Hermann Der Lebenssinn der Industriegesellschaft. Über die moralische Verfassung, der wissenschaftlich-technischen Zivilisation, Berlin/Heidelberg 1990

Miegel, Meinhard / Wahl, Stefanie Das Ende des Individualismus, Bonn 1993

Miegel, Meinhard Die deformierte Gesellschaft, 2. Aufl. Berlin / München 2003

Miller, Alice Das Drama des begabten Kindes, Neufassung Frankfurt 1996

Nell-Breuning, Oswald von Baugesetze der Gesellschaft: Solidarität und Subsidiarität, Neuausgabe Freiburg 1990

Nollman, Gerd / Strasser, Hermann Armut und Reichtum in Deutschland, in: Aus Politik und Zeitgeschichte, Bonn/Berlin B 29–30/2002

Nolte, Paul Generation Reform. Jenseits der blockierten Republik, München 2004

Röpke, Wilhelm Jenseits von Angebot und Nachfrage, Neuaufl. München 1992

Scherpenberg, Norman von Wie Deutschland die Zukunft gewann. Eine finanzpolitische Vision, Berlin/Frankfurt am Main 1990

Schirrmacher, Frank Das Methusalem-Komplott, 6. Auflage München 2004

ders. Die Darwin AG, Köln 2001

Schlecht, Otto Grundlagen und Perspektiven der Sozialen Marktwirtschaft Tübingen 1990

Schmid, Josef Die Moralgesellschaft. Vom Elend der heutigen Politik, München 1999

Sinn, Hans-Werner Ist Deutschland noch zu retten?, München 2003 *ders.* Auf dem Weg in die Basar-Ökonomie, in: Financial Times Deutschland, 21.04.2004

Steingart, Gabor Deutschland – Der Abstieg eines Superstars, München 2004

Strüven, Peter Der Befreiungsschlag. Gesamtkonzept für Deutschlands Zukunft, Weinheim 2003

Tibi, Bassam Europa ohne Identität? Die Krise der multikulturellen Gesellschaft, München 2000

ders. Der Islam und Deutschland. Muslime in Deutschland, Stuttgart/München 2000

Weber, Max Wirtschaft und Gesellschaft, Tübingen 1922

Pausenloses Glück?